福建社会科学院
中国社科院哲学所

宋明理学研究中心游酢学术文化研究所

资助出版

游酢理学思想研究

游雪琴　陈璋　著

游泳鳌题

厦门大学出版社　国家一级出版社
XIAMEN UNIVERSITY PRESS　全国百佳图书出版单位

图书在版编目（CIP）数据

游酢理学思想研究 / 游雪琴，陈璋著. -- 厦门：
厦门大学出版社，2023.7
ISBN 978-7-5615-9035-5

Ⅰ．①游… Ⅱ．①游… ②陈… Ⅲ．①游酢－理学－
哲学思想－研究 Ⅳ．①B244.6

中国版本图书馆CIP数据核字(2023)第119549号

出 版 人　郑文礼
责任编辑　薛鹏志　林　灿
美术编辑　李嘉彬
技术编辑　朱　楷

出版发行　厦门大学出版社
社　　址　厦门市软件园二期望海路 39 号
邮政编码　361008
总　　机　0592-2181111　0592-2181406(传真)
营销中心　0592-2184458　0592-2181365
网　　址　http://www.xmupress.com
邮　　箱　xmup@xmupress.com
印　　刷　厦门市明亮彩印有限公司

开本　720 mm×1 000 mm　1/16
印张　14.25
插页　2
字数　250 千字
版次　2023 年 7 月第 1 版
印次　2023 年 7 月第 1 次印刷
定价　80.00 元

厦门大学出版社
微信二维码

厦门大学出版社
微博二维码

2023 年是游酢先生和杨时先生 970 周年诞辰，
游酢携杨时"程门立雪"930 周年，
游酢先生逝世 900 周年，
谨以此书向先贤致以敬意！

序

高令印

　　游酢是宋代卓越的理学(哲学)家、政治思想家、教育家,游酢的思想是理学中的重要组成部分。如果说理学的先驱者是胡瑗、孙复、石介,发展者是周敦颐、张载、程颢、程颐和邵雍,那么则可以说,游酢、杨时把理学移植到南方,特别是理学南传入闽,使中华文化有了一个大转机,并且开辟了中华文化发展的光辉灿烂的未来。因此,我们又可以说,中华文化在宋以后所出现的又一辉煌期,是由游酢等人奠基的。正是因为这样,这些年来越来越多的专家、学者对理学问题予以了高度重视,并且出现了一系列的论文和著作,这部《游酢理学思想研究》就是其中之一。

　　我为这部著作写序就在于,有一天接到陈璋的电话,他对我说,他已经写好了关于游酢理学这部著作的草稿,正在修改,修改好之后发给我,请我提出修改意见,还想请我为他写序,我感到非常高兴,因此愉快地答应了他的请求。之所以高兴就在于,我深深感到对包括游酢理学在内的程朱理学研究,这些年来是人才辈出。当陈璋把修改好的书稿发给我认真读后,我感到这部著作有着许多独到之处。特别是表现在研究游酢理学的时候,不是就事论事,即不是就游酢的理学而论游酢的理学,而是结合古今中外许多思想进行研究。最重要的就是著作中引进了不少从古希腊、古罗马,到文艺复兴、宗教改革、启蒙运动,直至现代的思想,并且将这些思想同游酢的思想有机地结合起来。而且可以说,在这部著作中,这种结合仿佛表现出是用游酢及其中华优秀传统文化,来解读西方从古到今的先进思想。例如,谈到国家理论的时候,书中说,欧洲文艺复兴及其后,许多哲学家、政治思想家针对基督教神权统治和封建领主制,像但丁、马基雅维利、博丹、霍布斯等,提出必须建立一个使帝王具有绝对权力和权威的国家制度。但如果我们对游酢的思想及其整个中华优秀传统文化进行认真分析的时候可以说,在游酢那里已经有了这种思想的原型或萌芽。如果把西方现代国家理论说成是从但丁开始,那么同游酢的思想相比,晚了二百年左右。如果再往前追溯到秦统一全国的公元前221年,由"大一统"的帝王制取代封建制(封地建邦),那么这种国家制度的建立,则比他们提出的国家理论要早一千四五百年,只不过是当时还没有形成系统的国家理论。因此,本书在这方面所具有的独到之处,对于我们研究、弘扬中华优秀传统文化有着十分重要的意义。

还有就是谈到共性与个性问题的时候,这部著作同样从游酢的论述中找到了原型,并且一直延伸到南宋时期朱熹提出的"理一分殊"问题,指出"一理"属于共性,不同事物所具有的不同的"理",则属于个性。在二者的关系中,个性是共性的基础,共性是个性的有机结合与综合。谈到这个问题时又使我想起了陈璋还是我的学生时,我在讲授关于朱子理学中的"理一分殊"问题之后,要求同学们在课后进行分组讨论,我参加他所在的那个组讨论时,他发言说可以把"理一分殊"解读为共性与个性的关系问题。看到书中对从游酢到朱熹诸问题的论述及其所进行的联想,便可以说,他对这个问题的独到见解是在我的预料之中,这同他当时还是一个二十几岁的大学生就有着这种思考能力是分不开的。因为这部著作篇幅很大,无法一一列举,就只以上述两个方面进行说明。

谈到书中的主要观点时我还要说明,这部著作不仅谈到了对游酢理学的理解和借鉴,而且还使我们认识到,如果说中华文化及其中的哲学思想在宋之前,无论是发源地还是核心区,都在中原地区,那么则可以说,从北宋开始,游酢将理学南传入闽后,对于福建,尤其是对于闽北地区来说,这里便成了中华文化及其中的哲学思想的重要核心区之一。正是因为这样,才使闽北地区有着深厚的中国哲学底蕴,这些有待于我们不断发掘,而这部著作在这方面则起了一个十分积极的作用。因此,相信这部著作出版后,一定会引起学术界,尤其是哲学界、史学界的重视,从而促使学界在闽北地区更进一步发掘中国哲学,让中华文化不断以崭新的面目出现。

2021 年 10 月 19 日
于厦门大学哲学系

目　录

导　言

　　游酢（1053—1123年），字定夫，号广平、豸山，北宋著名的理学家，受学于理学家程颢、程颐兄弟，与吕大临、谢良佐、杨时同为程门四大弟子。北宋元祐八年（1093年），游酢携杨时到洛阳拜谒程颐（即伊川先生），立雪程门，留下美谈。游酢和杨时学成之后南归，将伊洛之学传播到南方。游酢于北宋元符元年（1098年）在建阳麻沙长坪筑豸山草堂，著书立说，因筑草堂于故乡豸山之麓，又称豸山先生。次年在武夷山五曲接笋峰下筑水云寮，传扬理学。游酢登第入仕，诏为监察御史，历任萧山县尉、河阳知府、和州知府、监察御史等职，谥文肃。著有《诗二南义》《易说》《中庸解义》《孟子解义》《论孟杂解》《二程语录》《论仕风疏》等文集，留下《诲子》等二十余首诗。南宋隆兴元年（1163年），建宁府太守陈正同于府学建成游酢祠，由朱熹作《建宁府学游御史祠记》以表高山仰止，并撰联"道南首豸山学共龟山同立雪，理窟从洛水本归濂水引导源"，肯定游酢、杨时倡道东南，开启闽学先河。宋理宗下诏褒扬游酢，神主进入孔庙，享受国家祀典。游酢是将理学南传福建最早的思想家之一，是将理学南传福建的第一人。

　　游酢继承和发展二程理学，在哲学、政治学、教育学等方面有着巨大的成就，在中国哲学史上享有崇高的地位。今天我们发掘和研究游酢思想，具有十分重要的意义。在发掘和研究他的思想中，最重要的就是必须对他的思想进行借鉴。

　　所谓借鉴，是指把别的人或事当镜子，对照自己，以便吸取经验或教训，比喻别人的可供自己对照学习的经验或吸取的教训。① 后以"借鉴"或"借

---

　　① 《淮南子·主术训》："夫据干而窥井底，虽达视犹不能见其睛；借明于鉴以照之，则寸分可得而察也。"高诱注："鉴，镜也。"北齐刘昼《新论·贵言》："人目短于自见，故借镜以观形。"

镜"比喻把别人的经验或教训借来对照学习或吸取。本书中借鉴指的就是在发掘和研究游酢理学思想的过程中我们必须认识到,他的思想有许多的精华,今天仍然十分值得我们继承和发扬,但是不能将他的思想全盘作为今天的指导思想,要对其思想进行批判地继承,即在继承中批判和在批判中继承。研究他的思想,我们必须做到既是中华优秀传统文化的继承者,同时又是中华优秀传统文化的批判者,即继承者和批判者的统一。

我们在思考怎样借鉴游酢思想的时候首先必须认识到,他所思考的问题是十分深刻的。他携杨时拜程颢、程颐为师,倾心学习理学,载道南传入闽,在南方开辟理学先河,使理学达到了一个新的起点。他把二程理学从河南洛河传入闽北,将儒家思想继孔子之后推向了一个新的高峰,在福建达到了一个更新、更高的阶段,使福建,特别是闽北地区,在宋代成为中华文化传播的核心区之一。

理学是以儒家为主,根据当时社会发展的情况,对儒家思想进行了新的解读。游酢对理学的继承和发展表现在吸纳道家的元素,从根本上反对佛教。游酢在对理学进一步发展的过程中,把"中庸"作为了整个儒家思想的核心。他强调说话、做事都不要走极端,认为"中"体现为绝对强势。强势不仅表现在不受各方的左右,而且还能驾驭各方,起着一个"裁判"的作用,游酢对此在有关著作中对这个问题进行了深刻的论述,十分值得我们借鉴。这种借鉴还表现在于坚持一个"中"字,就是坚持自己独立的思想和人格,对各种思想都予以吸纳,然后进行分析,并加以综合,去除其消极之处,吸收其积极的因素,找到共同的方面,从而形成自己的思想。

在对游酢的思想进行借鉴的时候,我们不能就游酢的思想而谈游酢的思想,特别是不能仅仅在一些文字上堆砌、罗列;而是要在对他的思想进行分析的过程中,同古今中外优秀的科学文化成果有机地结合在一起,在比较中发现它们的不同之处,找到它们的共同之处,从而形成新的思想文化。

真正推动社会发展的思想动力是新思想文化。对于传统思想文化来说,只能作为借鉴,而不能全盘作为今天的指导思想。对于历史上曾经存在的各种优秀思想文化,只能说是对当时的社会实践具有重要的指导意义,推动当时社会的发展。对于今天来说,只能作为借鉴。如果一个国家、一个民族,整天沉湎于历史上曾经的辉煌,而不是根据今天社会的发展,不断研究和吸收新的科学文化成果,这个国家、这个民族是不会进步的。

《大学》①谈到的"修身、齐家、治国、平天下"理念体现了中华文化关于"家政与国政合一"的思想。在"家政与国政"的关系中，家政是国政的基础，国政则是家政的延伸和扩展。在"家政与国政的合一"中，儒家又将个人作为治国、平天下最后的、最根本的基础。如果我们用古希腊哲学家、政治家、思想家亚里士多德（前384—前322年）所著的《形而上学》，即形式逻辑关于传递关系的推理进行分析，就是天下（指一个王朝，当时指的是周天下）的基础是国（指当时的诸侯国），国的基础是家（这个家是指家庭、家族、宗族等方面的合一）。我们可以把"家"解读为家庭、家族、宗族等，并且指出是国的基础。国的基础是各个姓氏家族、宗族。各个姓氏家族、宗族的基础又是各个家庭，家的基础则是家庭中的每一个成员，即个人。儒家认为个人是天下最终的、最根本的基础。儒家是以人为根本的文化，并且特别强调了个人是整个天下最终的基础。中华文化是以人，以个体为出发点和归宿的文化。

游酢的思想还使我们充分认识到，天下能否安定，能否成为一个和谐的天下，归根到底，在于每个人的修身好坏。一个人修身好坏，关系一个家庭、家族、宗族的家政的好坏。家庭、家族、宗族的家政情况如何，又关系一个国家的国政好坏。普天之下，如果每个家庭、家族、宗族都有了一个好的家政，这个国家从根本上讲，就有了一个好的国政。家政的好坏又是同个人修身的状况密切联系在一起的，个人修身的好坏最终成为一个国家国政好坏的最终基础。

在对中华优秀传统文化关于从个人到家庭、家族、宗族再到国家的关系所进行借鉴时，无论一个人过去有多么辉煌，并且多么有成就，这些只能代表他的过去，而不能代表他的现在，更不能代表他的将来。如果他总是喋喋不休地说自己过去多么辉煌，多么有成就，而不去创新，不去拓展，就说明他的思维已经停滞固化。当一个人一旦认为自己什么都行，别人这也不如他，

---

①　《大学》是一篇论述儒家修身齐家治国平天下思想的散文，为秦汉时儒家作品，经北宋程颢、程颐竭力尊崇，南宋朱熹又作《大学章句》，最终和《中庸》《论语》《孟子》并称"四书"。宋元以后，《大学》成为学校官定的教科书和科举考试的必读书，对中国古代教育产生了极大的影响。《大学》提出的"三纲领"（明明德、亲民、止于至善）和"八条目"（格物、致知、诚意、正心、修身、齐家、治国、平天下），强调修己是治人的前提，修己的目的是治国平天下，说明了治国平天下和个人道德修养的一致性。

那也不如他的时候,实际上就是他自己什么都不行了。这时,他是这也不如别人,那也不如别人。如果一个国家、一个民族,总是不厌其烦地述说自己国家、自己民族曾经辉煌的历史文化和所取得的巨大成就,而不愿意努力地学习和积极吸收新的科学文化成果,那这个国家、这个民族的思维亦停滞、固化了。我们只有进行不断地创新,不断地批判吸收人类社会一切新的科学文化成果,才能不断地推陈出新,不断地推动今天社会的发展。

推动社会发展的思想动力是科学文化成果。科学文化新成果包含发现新问题,然后对新问题进行概括,同时也包括对优秀传统思想文化成果进行分析、综合,在重新组合之后所产生的思想理论。

我们要将游酢思想同国外从古到今的一切科学文化成果结合在一起。经过研究、分析和比较,寻找共同之处,摒弃消极因素,汲取积极因素,加以综合,形成新的思想,建立新的思想文化体系。因此,对游酢的思想进行阐述并对其思想文化进行借鉴,是在建立一种新的思想文化体系。如何建立这种新的思想文化体系呢? 不是仅仅围绕着这些论述,也不能只是研究一些文字。而是要将这些论述中的一些精华吸收过来,去除糟粕的部分进行借鉴,再注入最新的科学文化成果,呈现出新时代的要求。

19 世纪法国数学家埃瓦里斯特·伽罗华(1811—1832 年)开创的群论,旨在解决五次以上方程的问题。在此之前,进行解方程时,当解到四次方程之后就无法再运行下去了。这时,伽罗华思考着,既然依靠本方程组根本解不了方程四次以上的根,那么,是否可以建立一个群,将群里的各元素用置换的方式来解决。伽罗华经过一次又一次的演算,终于演算出来,从而创立了数学的群论。在阐述数学家伽罗华的群论时,我们思考着这样的一个问题,就是对游酢的理学进行借鉴时,我们也可以参照数学群论的方式,将中华优秀传统文化,如游酢继承和发展的理学,同古今中外各种思想组成一个元素群。在这个元素群里,如果遇到仅凭着某种思想文化无法解决的问题时,便可以采取类似于"元素置换"的方式,找出它们之间的不同之处和共同之处,然后进行各种思想文化之间互相解读的方式,使优秀传统思想文化以另一种方式出现,从而成为推动社会发展的指导思想。

我们不缺乏优秀的思想文化,不缺乏辉煌的历史,所缺乏的是对文化发展进程的逻辑思维。正是因为这样,才无法更好地将优秀的传统思想文化上升到理论思维的高度。游酢,还有中国古代许多优秀的哲学家、政治家、思想家,对诸多问题都进行了深刻的分析和论述,远远超过了同时期西方思想家的思维高度。然而,这些优秀的思想文化成果更多的是停留在一些碎片化的言论上,而没有上升到理论思维的高度。用孙中山先生的论断来说,就是在"知"与"行"的关系上,只停留在"行"上,而没有上升到"知"的高度。用游酢的论述来进行解读,就是我们从来不缺乏"形而下",即"器"(可以解读为对具体事物的分析);缺乏的则是"形而上",即"道"(可以解读为理论思维)。在对游酢思想的借鉴中,必须将这些思想文化同今天世界一切科学文化的最新成果结合起来,使之上升到理论思维的高度。

在对游酢的思想进行借鉴时,我们又联想起中世纪末至文艺复兴初的西欧。当时的西欧仍然是处在基督教神权统治的最黑暗时期,但是,意大利的佛罗伦萨共和国出现了由美第奇家族所倡导的文艺复兴。意大利文艺复兴的心脏是佛罗伦萨那些最为人熟知的艺术家,例如,文艺复兴"后三杰",即米开朗基罗·博纳罗蒂(1475—1564 年)、达·芬奇(1452—1519 年)和拉斐尔·桑西(1483—1520 年),他们与这座城市有着千丝万缕的联系。文艺复兴进入后期的公元 1517 年,又出现了德国的马丁·路德(1483—1546年)发起的宗教改革,比文艺复兴又向前迈进了更大的一步。

文艺复兴、宗教改革继承发展了古希腊、古罗马、古埃及的文化,从绘画、雕刻、建筑、诗歌、音乐、戏剧等方面入手,提出各种新的看法;同时也对基督教内部,以不违反《圣经》为前提的情况下,对教义进行改革,从而产生了有关基督教的新解读,即产生了新教,然后延伸和扩展到哲学、经济学、政治学等相关领域。正是因为对古希腊、古罗马、古埃及这些思想以及基督教《圣经》等进行了批判地继承,这些思想才以一种崭新的方式出现。显然,文艺复兴时期的西欧,对各种传统思想文化进行分析、综合,在思想文化、科学技术各方面进行创新,形成了新的科学文化成果,推动了西欧社会的飞速发展。正是因为有了文艺复兴和宗教改革,各种先进科学文化方能在西欧出现,从而引领西欧社会的发展。

早在中世纪末至文艺复兴初期,在先进科学文化指导下,人们迫切要求打破封建领主制和神权统治。如文艺复兴刚开始时出现的"前三杰"之一,意大利政治家、思想家、诗人但丁·阿利吉耶里(1265—1321 年)所著的《论世界帝国》;文艺复兴进入中后期,意大利历史学家、政治家、思想家尼可罗·马基雅维利(1469—1527 年)所著的《君主论》;法国政治家、思想家让·博丹(1530—1596 年)所著的《主权论》等,都认为封建领主制束缚了社会的发展。他们提出必须建立一个使帝王具有绝对权力和权威的社会,即

"大一统"的帝王制。但丁在《论世界帝国》中认为,罗马帝国所建立的制度是最理想的一种制度,因为但丁认为,罗马帝国实行的是"大一统"的帝王制。正是因为这种"大一统"的帝王制,才有当时欧洲社会的辉煌无比。在但丁看来,当罗马帝国解体,成了封建制的欧洲后,即使是在一个国家内,帝王也如同虚设,各封建领主在自己被分封和统治的领地内,实际上把这些领地变成了"国中之国"。但丁指出这种制度阻碍了欧洲社会的发展。但丁认为,只有回到罗马帝国时期那种"大一统"的帝王制中,才能促进欧洲社会的发展。除了这些思想家的思想以外,对于在中世纪形成的市民阶层来说,也是如此。当他们的经济实力不断壮大后,便感觉到自己被束缚在某个封建领地内,阻碍了社会进一步的发展。于是,他们便向封建领主施加压力,要求冲破封建领地,自由发展。当结束了封建制之后,他们又进一步向帝王施加各种压力,要求冲出国门,向海外发展,如威廉·莎士比亚(1564—1616年)创作的剧本《威尼斯商人》,反映的正是这种情况。

在当时社会中,代表市民阶层利益的西班牙航海家克里斯托弗·哥伦布(约1451—1506年),向国王施加压力,要求寻找一条通往印度最短的海上航道。在市民阶层的压力下,西班牙国王终于同意了哥伦布的冒险行为。经过航行,哥伦布虽然没有找到这条海上航道,但是,他却于1492年发现了美洲新大陆。为了探索我们居住的这个世界到底是一个什么样的世界,葡萄牙航海家斐迪南·麦哲伦(1480—1521年)也进行了海上探险。他率领船队沿着一个方向航行,虽然他于1521年在海上探险中去世,但是他的船队始终沿着他所指定的方向继续航行,经过数年的海上航行,最后于1522年回到了出发地,结果是他们发现了我们居住的这个世界是圆的。从那个时候开始,欧洲殖民主义者便疯狂向海外扩张。我们暂且不谈欧洲殖民主义者在向海外扩张中所用的"血与火"的手段进行殖民的历史。我们所要指出的主要是在于通过文艺复兴、宗教改革,有了新的科学文化指导,才促进了欧洲社会的飞速发展。

我们对游酢的思想进行借鉴,目的就在于,今天我们要推动中国社会不断发展,要对中华优秀传统文化进行复兴,欧洲文艺复兴、宗教改革是十分值得我们借鉴的。对中华优秀传统文化进行复兴在于对优秀的传统文化进行批判地继承,不断地吸收当今新的科学文化成果,进行批判地吸收。我们对游酢思想进行研究,正是一个十分重要的方面。

今天我们复兴中华优秀传统文化,在研究游酢等许多古代优秀思想家的思想时,不是照搬照抄他们的思想,不能在文字上照本宣科。中国历史上的许多事实充分说明,如果不根据时代的要求,对优秀传统文化进行创新,仍然是对传统文化进行照搬照抄,用这种思想文化指导不仅不可能使王朝兴盛,还可能无法阻止这个王朝最终走向灭亡。

我们在对游酢的思想进行借鉴,是遵循上述所提出的问题。但是,这并不妨碍我们对游酢思想、程朱理学等中华优秀传统思想文化的研究和借鉴。我们研究和借鉴游酢的思想,是要不断地同现代最新的科学文化成果密切地结合在一起,并且对此进行批判地吸收,形成新的思想文化,推动中国社会的不断发展。

第一章 "道"支配一切事物

春秋末期的思想家老子著的《道德经》①一书包括大量朴素辩证法观点②和丰富的民本思想③。他的哲学思想和由他创立的道家学派,对中国两千多年来思想文化的发展产生了深远的影响。

老子的哲学思想是试图建立一个囊括宇宙万物的理论。老子认为一切事物都遵循这样的规律(道):事物本身的内部不是单一的、静止的,而是相对复杂和变化的,事物本身就是阴阳的统一体,相互对立的事物会互相转化,即阴阳转化。方法(德)来源于事物的规律(道)。老子的"无为"并不是以"无为"为目的,而是以"有为"为目的。因为根据之前提到的"道","无为"会转化为"有为"。这种思想的智慧在于,虽然主观上不以取得利益为目的,客观上却可以更好地实现利益。从"天地无人推而自行,日月无人燃而自明,星辰无人列而自序,禽兽无人造而自生,此乃自然为之也,何劳人为乎?"这一论述可见,老子所说的"自然"不是类似于神的概念,万物的规律(道)由自然来指定,即"道法自然"。

游酢继承了老子的道家思想,将"道"作为世界万物的本源。游酢所论

---

① 《道德经》《易经》《论语》被认为是对中国人影响最深远的三部思想巨著。全书的思想结构是:道是德的"体",德是道的"用"。

② 他以为一切事物均具有正反两面,并能由对立而转化,是为"反者道之动","正复为奇,善复为妖","祸兮福之所倚,福兮祸之所伏";又以为世间事物均为"有"与"无"之统一,"有、无相生",而"无"为基础,"天下万物生于有,有生于无"。

③ 如"天之道,损有余而补不足,人之道则不然,损不足以奉有余";"民之饥,以其上食税之多";"民之轻死,以其上求生之厚";"民不畏死,奈何以死惧之?"。

述的这个"道"是以儒家思想为主,引用了道家的因素,体现出"儒"与"道"的合一。对于游酢提出的"道",我们可以将其解读为"规律"。在游酢看来,"道"支配世界万物,是世界的本源。

一、"道"的自然主义和浪漫主义的超脱性

游酢的"道"体现了自然主义和浪漫主义的色彩。从他对理学的继承和发展中我们可以看出,与许多思想家一样,他的思想是通过所撰写的一些诗体现出来的。游酢的诗留存在世的大约只有二十首,今天我们所见到的虽然不多,但他的诗充分表达了关于"道"的思想。他的诗体现了理学中所包含的自然主义和浪漫主义具有超脱世俗的思想,主要从以下几个方面体现。

(一)"道"贯穿于一切事物之中

理学从根本上讲,是"儒"与"道"的合一,游酢对理学的继承和发展也是这样。游酢将"儒"与"道"二者融合在一起,指出"道"贯穿于一切事物之中。"道"虽然看不见,摸不着,也听不到,却是通过具体事物体现出来的。在实践中谈到"忠恕"问题时,游酢认为,"忠恕"看起来好像违背了"道",然而却离"道"并不远。"忠恕"实际上也是"道"所要求的,即游酢在《中庸义》中所写:

> 夫道一以贯之,无物我之间。既曰忠恕,则已违道矣。然忠以尽己,则将以至忘己也;恕以尽物,则将以至忘物也。则善为道者莫近焉,故虽违而不远矣。[①]

游酢认为"道"是以"一理"贯穿于一切事物之中,不存在主观(我)与客观(物)之间的间隔。"道"体现在人那里,就是通过这个人的"忠恕",即通过他对君国的效力和对他人的宽恕等方面体现出来。在他看来,这两方面似

---

① 《宋·游酢文集》卷四,《中庸义·"道不远人"三节》,延边:延边大学出版社,1998年,第 128 页。

乎是违反了"道"。例如,谈到对人的宽恕问题时,从表面上看,好像是为别人的错误开脱,违反了"道"的要求;然而,当我们认真分析的时候却可以知道,这正是"道"所要求的。游酢认为,"忠"表现为尽自己的力量,担负起自己应尽的责任,忘记自己;"恕"就是要尽自己的力量,容忍对方,忘记对方。因此,"忠"与"恕"这两种行为就接近了"道"。

在游酢的思想中,"忠"与"恕"这两种行为即使看起来好像违反了"道",但是,却离"道"并不会很远。当提升到现代哲学的高度来进行认识时,就是"忠"和"恕"二者之间的关系表现为抽象与具体的关系,即抽象是通过具体表现出来,具体又包含着抽象。

游酢认为"道"作为万物的本源,最关键在于达到"一"。阐述游酢对理学的继承和发展时,我们必须认识到,理学以儒学为主,在吸收道家思想的过程中,就是强调万物归于"一"。游酢实际上就是将"道"与"一"看成具有同一含义,即他在《论语杂解》中所说:

> 夫道一而已矣,天地一指也,万物一马也,无往而非一,此至人所以无己也。岂参①彼己所能预哉! 此忠恕所以违道,为其未能一以贯之也。虽然,忠所以尽己,恕所以尽物,则欲求人道者,宜莫近于此。此忠恕所违道不远也。②

游酢将"道"说成是一切事物的本源,并且贯穿于一切事物之中,同老子《道德经》谈的"道生一,一生二,二生三,三生万物"表现出一脉相承性。他认为只有坚守"道",始终如一,才能达到最高境界。

游酢认为,人要达到最高境界首先要忘掉自己,即达到"无"的境界。"无",含义是"一",只有达到了"一",才能不受外界影响,始终如一。现实社会生活中,就是要做到无论是子女对父母的孝,还是臣对君的忠,乃至朋友之间的友谊等,都要做到始终如一,而"始终如一"就是坚持了一个"一"字,并且同道家所指的"道"表现的含义是一致的。游酢以儒家为基础,引用道

---

① "参"即曾参、曾子(前505—前435年),春秋末年思想家,儒学大家,孔子晚年弟子之一,儒家学派的重要代表人物。

② 《宋·游酢文集》卷三,《论语杂解·"参乎! 吾道一以贯之"章》,延边:延边大学出版社,1998年,第96页。

家的一些观点,使理学体现为"儒"与"道"的合一。

游酢认为,"道"最重要的在于它的持久性,即无论世界万物如何变化,"道"始终是不变的。"道"是由天地所产生的。"道"是持久的,是永恒的。只要天地永存,"道"必然是永存。正是因为这样,"道"才能产生出万物,即他在《中庸义》中所说的:

> 博厚而不久,则载物之德堕矣;高明而不久,则覆物之道缺矣。是则悠久者天地所以成终始也。故所以成物。[①]

游酢认为,天地是永存的,如果天地不能永存,那么由天地所产生的"道"也就不存在了。由于天地是永存的,因此"道"也是永存的,并且创造出世界万物。这就是理学一贯主张的"道"与天地并存的逻辑所在。

(二)"道"体现超脱

"道"强调超脱。老子认为,"道"就是达到"无"的境界,游酢有关"道"的论述充分体现了这个思想。游酢对"道"体现超脱这个问题的论述同游酢所处的环境和他所担任的官场重要职务又是分不开的。他在担任官场要职的时候,目睹了争权夺利、尔虞我诈的官场纷争,促使他产生一种逃离官场的想法。在他看来,逃离官场具有超脱的精神,这种想法从他的《韩魏公读书堂》这首七言古风诗中充分体现出来,该诗写道:

> 去郡五里安国寺,断蓬荒条成邱墟。
> 郡人不置瓜李嫌,公亦甘与泉石居。
> 想憎俗事败人意,独愿灯火勤三余。
> 今人不出如处女,陋室暗屋跎不如。
> 闻君读书胡乃尔,政恐心地怠芟锄。
> 前辈浑厚应有此,难弟难兄俱可书。[②]

---

① 《宋·游酢文集》卷四,《中庸义·"故至诚无息"章》,延边:延边大学出版社,1998年,第142页。

② 《宋·游酢文集》卷七,《韩魏公读书堂》,延边:延边大学出版社,1998年,第199页。

《韩魏公读书堂》这首诗,反映的就是当时社会"礼崩乐坏"的状况。但是,人们对此却无能为力。因此,不少的儒生逃避现实,也包括游酢自己。

这首诗描写的是离府城五里的安国寺,那里长满了野草,只剩下荒废的土丘。本城的百姓不在这里耕种,韩公和魏公却甘心住在这样的山野之间。游酢此时所想的是,他们极有可能是厌烦那些令人不欢心的俗事,而独自来到这里,伴着灯火读书。

游酢认为,他们在安国寺过的是十分悠闲的生活,足不出户、闭门不迈,如同守身如玉的女子,虽然他们住得那么简陋,并且还是阴暗的房子,但是,就连先秦的起义领袖柳下跖也不比他们自由。韩公和魏公之所以这样刻苦地读书,就是要铲除脑子里所具有的各种杂念。游酢认为前辈质朴厚重、德才兼备,所以,自己便把难兄难弟的事迹记载了下来。

游酢通过描写韩公和魏公的读书室,表达了一种超脱的心境。韩公和魏公已经厌倦了世俗中的"礼崩乐坏",不愿意与那些贪官污吏同流合污,不愿意在权贵面前摧眉折腰。这种状况与东晋末至南朝刘宋王朝初的陶潜[①]当时的处境十分相似。陶潜不为五斗米而折腰,归隐田园,写下了著名的《饮酒》等诗篇。

游酢所处的北宋后期已没落衰退。许多儒生对当时制度十分不满,又感到无力对抗这种现实,只能用隐居的方式回避现实。游酢十分羡慕这些儒生所具有的独立人格。这个问题同样又使我们联想起老子关于"无"和"静"的思想。面对这种社会状况,有不少的儒生感到还是要选择逃避现实的方式,寻找一个地方静心地读书、修身。游酢认为,这就是在遵循"道"的过程中所体现的一种超脱。

(三)对自然的描写体现了"道"包含的自然主义和浪漫主义色彩

游酢《春日山行有感》诗中充分体现了自然主义的色彩。在"儒"和"道"合一的过程中,道家和儒家都体现了自然主义。游酢在诗中是这样写的:

> 十里桥西别有天,青天欲断翠云连。

---

① 陶潜(365/372/376—427年),字渊明,晋世名渊明,入刘宋后改名潜,也称"五柳先生",谥号"靖节先生"。

园林寂寂鹿为友,野服翩翩儒亦仙。

风咏舞雩正此日,雪飘伊洛是何年?

追寻往事顿成梦,回首春光倍黯然。[①]

　　我们认真阅读游酢的这首诗,便可以领悟到,通过诗这种高度的理论思维,他叙述了对大自然的热爱,同时又描写了大自然的和美,仿佛把自己也融入大自然中。他通过对大自然的赋诗,体现出叙述"天""地""人"为一体的和谐发展,同时又体现出一种超脱。因此,我们可以通过他所写的一些诗来说明这个问题。

　　在游酢的思想中,理学体现出"儒"与"道"的合一中,除了论述道家的自然主义以外,还将儒家也融入自然主义中。因此,在理学中,儒家同样体现出自然主义色彩。

　　《春日山行有感》描述的就是他春日山行间看到的别有洞天。这一切都是原来在河南洛阳时,从程氏兄弟那里学习后领悟到的。诗中写的"伊洛"指的是伊川和洛阳,游酢当年在洛阳拜伊川为师,向其学习理学,是当年程氏兄弟教他如何将儒家进一步发展,并且将儒学与道学密切地结合在一起。因此,他想起了当年"程门立雪"之事,更加怀念程颐和程颢先生。是他们教自己弘扬理学,同时也使自己得以超脱。所以,作为程氏兄弟的学生来说,游酢是永远不会忘记自己的先生的。

　　这首诗不仅描写了自然风光,描写了自己仿佛也融入大自然中,体现了"天""地""人"三者的和谐,还描写了自己当年如何向程氏兄弟求教。这说明了儒家吸收道家的因素,发展成为理学之后,儒家逐渐地走向自然主义的同时,也体现出了浪漫主义情怀。

　　游酢所写的《游宝应寺》《山中即景》《题河清县廨》《水亭》这几首诗,通过对大自然的感触,写出了大自然的壮美。他认为,这一切都是"道"所赋予的,都是对"道"的遵循。《游宝应寺》这首七言律诗中,游酢是这样写的:

卓荦三峰带白湾,谁开兰若翠微间?

竹林云懒禅心定,草径苔荒屐齿斑。

_____

　　① 《宋·游酢文集》卷七,《春日山行有感》,延边:延边大学出版社,1998年,第201~202页。

天入碧岚成玉宇,鸟飞青嶂出尘寰。
此中即是蕊珠境,遮莫闲吟一解颜。①

《游宝应寺》这首诗描写了宝应寺后面是高峻的三座山峰,前面是如带的一湾白水。他感叹到,是谁在这翠绿山色掩映之中建了这座禅寺,使竹林中有着那么美的风光,哪怕是天上飘过来的云彩看到之后都不想走。然而,此时此刻,寺里僧人的心境却是如此平静、安定。寺里长满了青苔的小径留着斑斑的脚印;山上的风光映入天空,仿佛成了神仙居住的地方;小鸟从青山里飞出去,离开了人间。游酢认为,这些美好的风景都是大自然赋予的,即"道"所创造的。在这样一个如此美丽的地方,即使是不用吟诗来描述这里的美景,也同样会使来到这里的人们格外开心。游酢认为宝应寺周围的美景都遵循"道",即"天道"创造了一切。

在《山中即景》这首六言绝句中,游酢写道:

翠霭光风世界,青松绿竹人家。
天外飞来野鸟,涧中流出桃花。②

对这种景色的描写使我们联想起陶潜所写的《桃花源记》中的景色。陶潜的《桃花源记》和游酢这首《山中即景》的共同之处是体现了自然主义和浪漫主义色彩,游酢将"儒"与"道"进一步融合,对美的描写体现的也是"儒"与"道"的融合,体现的是自然与人文的合一。因此,游酢的理学思想体现的是自然与人文的统一。提升到现代哲学的高度,就是"美"体现的是自然界与人的思维的合一,自然界与人的思维是"美"的两个对等的本源。也就是说,美体现的是"二源一流",自然界和人的思维是产生"美"的两个"源",二者缺一不可,是有机的统一。自然界和人的思维二者的有机统一,汇合成为"美"的两个"流"。因此,游酢的诗又体现了一种高度的理论思维。

在七言绝句《题河清县廨》这首诗中,游酢写道:

小院闲亭长薜萝,鹿来穿径晚经过。

---

① 《宋·游酢文集》卷七,《游宝应寺》,延边:延边大学出版社,1998年,第202页。
② 《宋·游酢文集》卷七,《山中即景》,延边:延边大学出版社,1998年,第203页。

夕阳萧散簿书少,窗里南山明月多。①

晚上的月光透进窗户,照在他那个"簿书少"的案头上,此时此刻的游酢是格外轻松愉快的。他所治理的这个地方没有发生案件,祥和安定,百姓安居乐业,民风淳朴厚重。此时此刻,他能尽情地享受大自然的美景,通过诗把自己心情描写出来,从而抒发对大自然的喜爱之情。游酢认为,大自然的美景是上天所赋予的,上天即"道"。

《水亭》这首诗中,游酢也描写了大自然的美景,体现自己自然主义和浪漫主义的情怀,即七言绝句《水亭》中所写的:

清溪一曲绕朱楼,荷密风稠咽段流,
夹岸垂杨烟细细,小桥流水即沧州。②

游酢这首诗描写了水亭四周的风景,包括清溪、朱楼、荷池、垂杨、岚烟,还有小桥、流水,他把这个地方想象成是古代隐士居住的地方。寓情于景,触景生情。

游酢是一名政府官员,这首诗说明了诗人对这里风景的喜爱,也隐藏着诗人对官场生活的厌倦情绪。他十分含蓄地写出了自己想离开官场,去过一种自由自在的生活的想法。

通过对这四首诗的解读我们可以看出,游酢吸收了道家的自然主义,对儒家思想进一步继承和发展,而这种自然主义又是把人与自然融为一体,把人作为自然的一部分,体现了人与自然的和谐。儒家关于和谐的思想被游酢予以了继承和发展。当游酢把"儒"与"道"结合在一起之后,不仅体现了人与人之间的和谐,而且还体现了人与自然之间的和谐。对这种和谐的解读,如果能做到人与自然之间的和谐,就能做到人与人之间的和谐。但是,如果能做到了人与人之间的和谐,却不一定能做到人与自然之间的和谐。如果人与人之间都不能做到和谐,人与自然之间是根本谈不上和谐的。

儒家发展到理学,强调的是建立人与人之间、人与自然之间的和谐,游酢的诗正是体现了这种思想。

---

① 《宋·游酢文集》卷七,《题河清县廨》,延边:延边大学出版社,1998年,第203页。
② 《宋·游酢文集》卷七,《水亭》,延边:延边大学出版社,1998年,第204页。

二、遵循"道"的重要意义

游酢指出了"道"的重要性之后,他认为,人们还必须遵循"道"。只有遵循了"道",人们才有可能认识和利用它,使之为自己服务,其实也就是强调人们还必须遵循规律。主要从以下方面表现出来。

(一)人们对"道"只能遵循,不能违反

游酢认为,遵循"道"就如同儿子要听父亲的话一样,虽然有时儿子会感到不是很开心,甚至还会对父亲说的话产生厌烦和反感。但是,游酢却指出,父亲无论如何是绝对不会伤害自己儿子的。我们对此进行的解读就在于,当人们遵循"道"的时候,有时会感到这是在违背自己的意志,并且感到心情十分不舒畅。然而,由于遵循了"道",最后的结果却是只会对自己有利,而不会对自己有害。游酢因此在《易说》中指出:

> 顺其序而弗扰,因其情而无咈。如子之任父事,则观听不骇而害已消矣。且有而为之其易邪。如欲以发强刚毅,勇于作为,多所纷更者任是,犹治丝而棼之,益以坏乱而已,非治蛊之道也。[1]

游酢的论述使我们认识到,人们遵循了"道",只会有利而不会有害。

游酢的论述既体现十分深刻的思想,同时又使人们感到通俗易懂。他特别提出遵循自然规律就如同儿子替父亲做事,是不会有任何惊恐的,并且也不会有任何的祸害,"道"与人之间的关系就如同父亲与儿子之间的关系。这种比喻在于使人们充分认识到,在现实社会中,父亲不仅不会害儿子,而且只会想着如何对儿子有利,说明了父亲对儿子总是真心的、仁慈的。"道"就如同父亲对待儿子一样,在对待人的方面是十分仁慈,也是十分公平的。

游酢的思想又认为,如果违反了"道",破坏了秩序,就如同儿子不听父

---

[1] 《宋·游酢文集》卷二,《易说·"象曰,蛊,刚上而柔下"至"天行也"》,延边:延边大学出版社,1998年,第47页。

亲的话就会吃亏一样,只会给自己带来严重的危害。论述主要是针对统治者如何治理国家的问题,"非治蛊之道也"针对的就是帝王及其整个统治集团。在游酢的思想中,帝王虽然身为统治集团的成员,却不能为所欲为。无论做什么事,都要遵从"天道",而不能违反"天道",更不能反复无常。否则,就要受到"天"的惩罚,即受到规律的惩罚。这样的思想今天仍然值得借鉴。

游酢所写的《接花》就充分体现了这样的思想,他指出人们无论有多么大的能力,都必须遵循"道","道"是不可违抗的。他的五言古风诗《接花》是这样写的:

> 色红可使紫,叶单可使千。
> 花小可使大,子少可使繁。
> 天赋有定质,我力能使迁。
> 自矜接花手,可夺造化权。
> 众闻悉惊诧,为我屡叹吁。
> 用智固巧矣,天时可易欤?
> 我欲春采菊,我欲冬赏桃。
> 汝不能栽接,汝巧亦徒劳。
> 雨露草必生,霜雪松不死。
> 有本性必生,亦时雨与之。
> 所遭有变易,是亦时所为。
> 时乎不可违,何物可违时?①

游酢这首诗强调万事万物的存在必须遵循"道",这个"道"可以解读为规律。

从诗中可以看出,游酢认为人们可以通过自己的能力,把所要做的事情做得更好,但不能改变其性质,因为这是由"道"决定的。诗中他认为,花的颜色可以从红色变成紫色;植株可以从一片叶子变成许多片叶子,可以从很渺小的花蕊变成硕大的花朵;虽然种子很少,但却可以变成许多植株。游酢认为,这一切都是"道"的体现,都是由于人们精心栽培合理管护的结果,即"道"决定了花必须这样生长。按照"道"的要求,如果想在春天去摘采菊花,

---

① 《宋·游酢文集》卷七,《接花》,延边:延边大学出版社,1998年,第198页。

在冬天去欣赏桃花,就是有再高的栽培技术,也是不可能做到的。游酢还指出,又如同小草遇到雨露滋润之后一定会生长,松树遇到霜雪冻压也不会枯死,这一切也是由"道"所决定的。因此,"道"的本性是不可因人的意志所改变的。

人们可以根据自己的能力,在遵从规律的前提下,把事情做得更好。但是,规律却是不可以改变的。游酢认为,在以儒家为主,吸收道家的同时,最重要的就是强调遵循规律。理学体现了道学的自然主义,即必须遵循自然法则。游酢这首诗所指的遵循、认识和利用规律便是如此。

如何才能更好地遵从"道"呢?游酢认为,最重要的就是要实现"天人合一",强调人与自然的和谐,这个"天",我们又可以解读为自然界,"天人合一"就是人与自然的和谐。游酢在《易说》中写道:

> 天人交助之,宜其吉无不利也。自天云者,理之必至,非有求而得也。①

游酢继承和发展了西汉时期董仲舒②关于"天人合一"与"天人感应"的思想,把"天"解读为自然界。与董仲舒一样,游酢也认为,人与自然界是互相影响的。对于人来说,必须遵从自然规律,即遵从"天道",而不能破坏它、消灭它。只有遵从了"天道",才能达到大吉大利,对人也是有利的。否则,就要受到"天"的惩罚。因此,这个思想今天仍然值得我们借鉴。

(二)必须引导人们认识和遵循"道"

我们把"道"解读为规律。在游酢的思想中,人们只能认识"道",遵循"道",而不能创造和破坏它。"道"是有序的。游酢认为"道"虽然是看不见,摸不着和听不到的,但是,"道"却是按照自己所固有的方式运行。游酢在《中庸义》中指出:

---

① 《宋·游酢文集》卷二,《易说·"上九,自天祐之,吉"节》,延边:延边大学出版社,1998 年,第 46 页。

② 董仲舒(前 179—前 104 年),西汉广川(河北景县广川镇大董故庄村)人,思想家、政治家、教育家,唯心主义哲学家和今文经学大师。董仲舒提出了"天人感应""三纲五常"等重要儒家理论。游酢深受其影响。

经者,其道有常而不可易,其序有条而不可紊。①

游酢认为"道"是有序的,是不可改变的,一旦违反了"道",整个世界就会变得紊乱和无序。因为"道"是有序的,才决定了一切事物都是遵循"道"所规定的秩序发展。无论是自然界还是社会都是如此,这正是我们对游酢的思想进行的借鉴。

游酢由于坚持这样的思想,才认为必须引导人们认识和遵循"道",按照"道"的要求办事。游酢在《易说》中写道:

> 不耕而获,不菑而畬,以明君子之于物也,应而不倡,其于事也,述而不作,非乐通物也。乐循理而已矣。循理而已,则有行有为,皆天命也,何妄之有焉。故其势不得以始事;得中矣,而非大中,故其才不足以创物,是故象以为未富。若夫通其变,使民不倦,神而化之,使民宜之,应时而造,以敏成功,其为无妄,敦大于此?②

从游酢的论述中我们认识到,对于君子,在于顺应天时,即遵循事物发展的规律。如何顺应人心,即如何使人心所向,实际上就是要遵循"天道"。游酢认为,"天道"是不可抗拒的,人们只能遵从"天道",而不能创造"天道"。君子对于事物的"理"必须是"应而不倡",事物的"理"与"道"是同一含义。对于规律我们只能顺应它,而不能倡导它。如果将这个原理运用到社会领域内,作为圣人来说,必须是"其才不足以创物",即从他的才能来看,不是要他创造事物,他也不可能创造事物,而是要他"通其变,使民宜之,应时而造"。游酢认为,圣人最关键在于能够认识和把握事物的变化,使百姓也能适应这种变化,即引导百姓遵循和适应"道",从而发挥自己的积极性和创造性。

游酢的论述使我们认识到,遵循事物发展的规律与顺应人心,让百姓掌握规律,发挥自己的积极性和创造性,两者是一致的。在游酢的思想中,只有掌握并遵循事物发展的规律,然后向广大百姓推广,才能使他们顺应规

---

① 《宋·游酢文集》卷四,《中庸义·"凡为天下国家,有九经,曰修身也"节》,延边:延边大学出版社,1998年,第136页。

② 《宋·游酢文集》卷二,《易说·"六二,不耕获"至"未富也"》,延边:延边大学出版社,1998年,第52~53页。

律,掌握规律,并且利用和驾驭规律,从而发挥他们的积极性与创造性。因此,这种思想十分值得借鉴。

(三)只有遵循"道"才能更好地驾驭"道"

游酢虽然指出人们只能遵循"道",不能违反和创造"道",但在"道"的面前人们并不是消极被动的,不仅能够认识"道",而且还能利用"道",并且驾驭"道"。只有遵循了"道",才能驾驭"道",从而把握"道"。他在《易说》中这样写道:

> 力厚而义不行,才全而用有序,上非我应也;而其德同己,非上比也,而其志合内之畜于己者如此,其周外之畜于君者如此,其审则安往而不利哉?[①]

游酢的论述使我们认识到,如果自己有足够的能力,但却没有达到"义",我们就必须遵循现有的秩序。游酢所说的"义",我们可以将其解读为"道",因为理学所指的"义",本质上是体现为"道"。现有的秩序正是"道"在特定情况下体现出来的。游酢认为,在特定情况下,人们不是要外界顺应自己,而是要自己顺应外界。只有这样,才能驾驭一切,而不会被周围纷繁复杂的一切所困扰。要想驾驭"道",必须首先遵循"道"。只有遵循了"道",才能更好地驾驭"道"。

驾驭"道"的前提必须遵循"道",游酢特别指出,驾驭"道"体现在必须把握时机,发现"道"的发展趋势,采取果断的行动。在游酢的思想中,认为无论做什么事,把握时机是十分重要的。当把握住了时机之后,就要采取果断的行动。这种思想如何体现出来呢?游酢在《易说》中写道:

> 山下出泉,其一未散,其势未达,观其势之未达则果行,观其一之未散则育德。[②]

---

① 《宋·游酢文集》卷二,《易说·"九三,良马逐,利艰贞"节》,延边:延边大学出版社,1998 年,第 56 页。

② 《宋·游酢文集》卷二,《易说·"象曰,山下出泉"节》,延边:延边大学出版社,1998 年,第 29 页。

在游酢的思想中,无论做任何事,要从事物的发展还处在萌芽状态的时候,就要认真观察它,发现它的发展趋势。只有这样,才能更好地把握它。当发现了事物的发展趋势后,必须果断地处理。

游酢认为,把握事物的发展趋势就如同看到山下刚涌出来的泉水,在它还未散开的时候,就要立即把控住它,使它朝着自己指定的方向发展。可以根据自己的需要,或者是挖成水塘,把水蓄起来从事各种用途;或者是开成水渠,用以灌溉田地。对于游酢的论述,我们可以解读为"把握时机""抓住机遇"。

当人们在谈论有的人为什么能成功的时候,大多数人几乎是认为遇到了好的机遇,人们持有这样的思想是有一定道理的。人们的成功在很大的程度上同所遇到的机遇是分不开的。成功者同机遇之间的关系最重要的表现为,当机遇到来的时候,首先必须努力,做好准备。人的努力是基础,机遇是努力的延伸与扩展。如果平时不努力,再有机遇,机遇只会擦肩而过。

我们在对游酢的思想进行解读的时候,进一步指出对于"道"的驾驭除了把握时机以外,更重要的还是首先必须进行努力。同把握时机相比,努力比机遇更加重要。归根结底,就是认识和遵循了"道"之后,最重要的还在于对"道"的驾驭。

三、"道"对人提出的要求

游酢论述"道"决定一切事物发展的时候,也包含了"道"决定着人。游酢认为,"道"决定着人们所提出的各种要求。"道"如何体现对人提出各种要求呢?是从这些方面体现出来的。

(一)认为公平、正义是由"道"所决定的

公平、正义是儒家到理学一贯主张的,游酢对此予以了继承和发展,认为这是由天道所决定的。他在《论语杂解》中指出:

> 大公至正之道,古今所共由也。合乎此则为是,外乎此则为非。其所谓是者,非惟圣人之所是,天下亦以为是而好之;斯所谓非者,非惟圣人之所非,天下亦以为非而恶之。圣人因民心之是非好恶还以治之,非

故矫揉其性,而为不可顺从之事也。三代之君所以治者如此,孔子亦出乎大公至正之道而已。①

游酢认为"大公至正"的道理是古今所共同认可的,与这个道理相符合就是正确的。如果在这个道理之外,就说明是错误的。所谓的"正确",不仅是圣人所认为是正确的才是正确的,而且是天下的人都认为是正确的,才是正确的;所谓的"不正确",不仅是圣人认为不正确的就是不正确的,而且是天下人都认为是不正确,坚决反对的,才是不正确的。圣人是因为顺应人心,才认为此事对与不对,是赞成还是反对,必须根据广大群众的看法,再根据广大群众的要求治理天下。游酢特别指出,这并不是在扭曲人们的本性,做出使他们不能顺心的事,而是夏、商、周三代圣君都是这样做的。现在也这样做,就是对三代圣君治理天下的方法进一步继承和发展。孔子提出的理论也是从"大公至正"这个道理中引申出来的。

游酢所阐述的"道",强调的是公平、正义,即"大公至正",说明了从儒家到理学,古今共同信奉的就是公平、正义。游酢认为公平、正义,对于政府来说,就是要顺应人心,这是最根本的。因为儒家是把"民本"作为立国之本,如孟子所说的"民为贵,社稷次之,君为轻",说明的正是这样的道理。因此,在今天十分值得借鉴。

(二)强调"存天理,去人欲"

"天理"体现"天人合一"的思想,也是从儒家到理学一贯主张的。阐述到天理时,儒家提出要尽"心"。所谓尽心,就是要把人的"善"的本性表现出来,要表现得淋漓尽致。游酢正是继承和发展了这样的思想。他在《孟子杂解》中写道:

> 尽其心,则心地无余蕴,而性之本体见矣;知其性则广大悉备,天理全而人伪泯矣。夫是之谓极高明。在其心者,闲邪以存其诚也;养其性者,守静以后其本也。欲不外驰,忿不内作,外听内视,以归有极,则存

---

① 《宋·游酢文集》卷三,《论语杂解·"吾之于人也"章》,延边:延边大学出版社,1998年,第112~113页。

其心之道也。其志致一,其气致专,至大至刚以直,则养其性之道也。存养至此,则与天地相似而不违矣,故足以事天。夫是之谓道中庸。极高明者,理极于知天也;道中庸者,德全于事天也。知天者,造其理也;事天者,履其事也。徒造其理而不履其事,是为知君上之为我尊,而未尝致恭也;知父母之为我亲,而未尝致养也,其忠孝安在哉![1]

游酢认为,理学强调把"善"要发挥出来,这是天理的要求。既然"善"是天理的要求,就要用天理去除人欲。对于凡人而言,是为了防止邪恶,要保持一种良好的心态。人的个性不能向外放纵,忿怒也要克制自己,不能随性暴发,而是要认真倾听别人的诉说,然后努力审视自己。他认为,这就是一种修养,也是天理所要求的,重在体现修养的程度。

在游酢的思想中,这就是体现了"天人合一"。他认为要遵循天理,不仅要认识天理,并且要知道什么是天理,必须体现在实际行动中。如何体现在实际行动中呢?游酢认为,对上要知道君主是自己必须尽忠的;在家中,要知道父母是自己的长亲,必须尽孝。如果对父母不能尽孝,是不可能做到对君主尽忠,在人与人之间的关系上,也不可能做到对他人友善。游酢认为,这一切都由"天理"所决定的。

(三)认为对于人来说,"道"体现为"仁"

游酢所阐述的"道"是体现为儒家与道家二者的合一,这是研究游酢理学的人都认同的。游酢认为,"道"对于人来说,就是体现为"仁","仁"是"道"所要求的。因此,游酢在《孟子杂解》中指出:

> 仁者,以道之在人者名之也。立人之道,则仁之名所以立。合而言之,则仁与人泯矣。此其所以为道也。[2]

游酢认为,"道"是最根本的,"仁"是"道"在人们意识形态的具体体现。

---

① 《宋·游酢文集》卷三,《孟子杂解·"尽其心者"章》,延边:延边大学出版社,1998年,第121~122页。

② 《宋·游酢文集》卷三,《孟子杂解·"仁也者,人也"章》,延边:延边大学出版社,1998年,第123页。

虽然"道"是看不见、摸不着和听不到的,但是,"道"却是通过具体事物的变化所体现出来的。在"人"那里,就是体现为"仁","人"所表现的"仁",正是"道"的具体体现。

对于游酢的思想我们可以这样解读,游酢认为儒道合一体现的"仁爱",实际上是一个自然的社会过程。游酢思想以儒家为主,吸收道家的各种因素,并且将儒道二者有机地结合在一起。特别是他强调,"道"贯穿于一切事物之中。"道"对于人来说,第一位就是"仁爱"。因此,游酢所阐述的"仁",就是一个自然的社会过程,正如他在《易说》中所写:

> 道者,天也。道为万物之奥,故足以统天。仁者,人也。仁为众善之首,故足以长人。犹之万物发育乎春而震为长子也。①

游酢所阐述的"道"就是规律,游酢所阐述的"天",可以解读为无限大的宇宙。

游酢所阐述的"天"(无限大的宇宙)与"人"之间的关系表现在,"道"属于自然现象,贯穿于天地一切事物之中,任何事物都必须遵循"道"。对于"人"来说,仁爱正是"道"的根本体现,在所有"善"的行为中是属于第一位的。这正是由"道"所决定的。游酢认为"人"是万物之首,对于"人"来说,必须把仁爱放在第一位,如同万物在春天发育生长是由"道"所决定的一样。在这个问题上,游酢认为,人的"善"的本性体现的仁爱,就是由"道"所决定的。这是游酢对儒家"性善论"的继承和发展。儒家"性善论"指出人的本性是"善"的,如同水的本性是向下的一样。即使是人也会走向"恶"。但是,经过修身,及其外界事物对其给予了一些积极的影响,最终会使其回到"善"的本性中。

游酢的论述使我们认识到,"仁"体现"儒"与"道"二者的合一还体现为,他指出的这个"仁",在继承和发展儒家关于"仁者爱人"的同时,又继承和发展了道家的思想,即把"仁"理解为是由"天道"所决定的,是"天道"在人那里具体的体现。因此,"仁"体现了将"儒"与"道"二者有机地结合在一起。

老子《道德经》所阐述的"道生一,一生二,二生三,三生万物",就是把"道"理解成是世界万物的起源,即世界万物都是从"道"产生的。由于人也

---

① 《宋·游酢文集》卷二,《易说·"君子体仁"节》,延边:延边大学出版社,1998年,第19页。

是世界万物的其中之一,游酢认为,"仁"对于人来说,是第一位的。"仁"从根本上讲,是由"道"所决定的,从而体现"儒"与"道"二者的合一。游酢对这个问题的论述,既体现将儒家与道家二者有机地结合在一起,又体现是对儒家和道家的继承与发展。

我们指出游酢的思想体现为"儒"与"道"二者合一,应当认识到游酢在继承和发展理学思想的过程中,他认为,一切事物都必须遵循"天道",这是他继承和发展老子道学过程中所体现的自然观。对儒家的继承和发展中,他所指出的人性第一位是"仁爱",则可以这样认为,人性第一位是"仁爱"是他的社会观。这种社会观就是将人作为研究社会的出发点和归宿,这种"仁爱"是儒家所要求的。所以,当他把"儒"与"道"结合在一起阐述"仁爱"的时候,归根结底,就是他将道家的自然观与儒家的社会观有机地结合在一起,体现了他所阐述的"仁爱"是一个自然的社会过程,又是自然的人性过程。

(四)认为"道"要求人们知晓礼、义、廉、耻

儒家提出人们必须知礼、义、廉、耻。游酢认为,人们必须知晓礼、义、廉、耻,同样是由"道"所决定的。游酢特别强调,能做到知晓礼、义、廉、耻,就有了战胜一切的精神武器。如果把道家的思想引进来,就达到了"无"的境界,即最高境界。因此,知晓礼、义、廉、耻在理学中又体现出是"儒"与"道"二者的合一。游酢在《中庸义》中这样写道:

> 知者不惑,仁者不忧,勇者不惧,此成德也。孔子自谓"我无能焉"。夫成德岂易得乎?能知好学,力行知耻,则可以入德矣。①

游酢认为,"道"就是能使人们知道礼、义、廉、耻,并且按照要求去做。只有知晓礼、义、廉、耻的人,才能变得聪明、仁爱和勇敢;才能真正做到不迷惑,不忧虑,什么困难都能战胜。

游酢认为,"道"容易修,又不容易修。所谓"容易修",对于任何一个有阅读能力的人来说,经典著作都是很容易读的,也都能读懂。从这个意义上讲,"道"

---

① 《宋·游酢文集》卷四,《中庸义·"好学近乎知"节》,延边:延边大学出版社,1998年,第136页。

是很容易修的。所谓"不容易修",就在于能使自己真正认识自己,能真正认识到自己是无知的,同时又能真正认识到自己有错误,这却是很不容易的。

在现实生活中,人不怕自己无知,就怕自己不知道自己无知。如何才能克服这些缺点呢? 游酢认为,就是要做到认真学习,喜欢学习,使自己真正掌握知识,能改正错误。只有这样,才算进入了道德之门。对于人来说,最担心的就是自己无知,有错误,却认识不到,而且别人指出了之后还仍然不改。因此,游酢又指出,"道"对于这样的人来说,是很难修成的。

(五)认为认识别人要先从认识"天"开始

游酢的思想同样使我们认识到,在指出"道"决定人们的一切时,当然包括了对人的识别。特别是对于统治者来说,是更加重要的。对于统治者,能不能很好地识别一个人,对于江山的巩固具有至关重要的作用。如何识别一个人呢? 游酢认为,要先从对"天"的认识,即先从对自然规律的认识开始。对人的识别也是由"天道"所决定的。只有遵循了"天道",才能更好地识别一个人。在这个问题上,游酢还是从家政与国政合一的观点进行论述。他认为,能不能同某个人交朋友,特别是对于统治者来说,能不能重用这个人,必须首先对他进行识别。游酢在《二程语录》中这样写道:

> 不知天,则于人之愚智贤否有所不能知,虽知之有所不尽,故思知人不可以不知天。不知人则所亲者或非其人,所由者或非其道,而辱身危亲者有之,故思事亲,不可不知人。[①]

游酢认为,不认识"天",即不认识自然,或不认识自然规律,对于人的愚蠢和聪明,贤惠或不贤,也就不能够更好地认识。即使是认识了,也是不全面的。所以,要认识人不能不先从认识"天"开始,这就决定了认识"天"是十分重要的。在游酢的思想中,认为只有先认识了"天",在人与人之间的交往中,才能更好地识别各种各样的人。就会远离那些不贤者。游酢同样是从家政与国政合一的观点出发,认为对于普通的家庭来说,要识别一个人,最重要的就是要看他是不是真心地对待,很好地孝敬自己的父母。

---

① 《宋·游酢文集》卷五,《二程语录》,延边:延边大学出版社,1998 年,第 152~153 页。

对于统治者,最重要的就是所用的人是不是真正品德好的人。如果用了品德好的人,就能实现天下大治。反之,必然会给国家造成巨大的危害。所以,游酢又在《二程语录》中这样写道:

> 盖有天下者以知人为难,以亲贤为急。[①]

这句话的含义是,对于帝王来说,要把天下治理好,对人的识别是一件十分重要、十分困难,还是最为紧迫的事。游酢认为,要先从对"天"的认识开始。只有认识了"天",才能看到这个人是不是按照"天道"的要求去做。如果能做到,就说明这个人可以得到重用。

(六)关于如何认识"道"的问题

游酢认为,"道"同人的修身是密切联系在一起的。修身实际上是对"道"认识的一个重要方面。如何使修身同对"道"的认识密切联系在一起呢? 这是由内向外和由外向内同时进行的。游酢在《中庸义》中写道:

> 自诚明由中出也,故可名于性;自明诚自外入也,故可名于教。诚者因性,故无不明;明者致曲,故能有诚。[②]

从游酢的论述中我们可以看出,在对"道"的认识方面,游酢认为,只要心诚,即真心实意和明白事理,就能真正认识"道"。"真心实意"和"明白事理"这两个方面,如果是由内心产生的,就叫作"性"。如果是由外部输入的,就叫作"教"。在认识"道"的过程中,只能通过由内向外和由外向内同时进行,才能达到对"道"的认识。在"真心实意"和"明白事理"二者的关系中,最重要的还是必须心诚,即"真心实意","明白事理"则是在"真心实意"这个基础上产生的。

游酢认为,由内心而产生的认识之所以认为是"性",是由人们的本性所决定的。由外部输入的认识之所以认为"教",则是由外界的作用形成的。

[①] 《宋·游酢文集》卷五,《二程语录》,延边:延边大学出版社,1998年,第153页。

[②] 《宋·游酢文集》卷四,《中庸义·"自诚明,谓之性"章》,延边:延边大学出版社,1998年,第139页。

"诚"顺着"性",就不会不"明"。对事理明白了之后,进行反复思考,就能达到"诚"。从游酢的论述中可以看出,对"道"的认识是从"性"和"教"这两个方面同时展开的。对"道"的认识就是通过人的内部因素和外部因素这两个方面同时作用而实现的。在艺术哲学方面,自然与意识是"美"的两个对等的本源,即"美"体现为"二源一流",在对"道"的认识上,也是由人的内因和外因二者同时作用而形成的。

(七)在反对佛教中对"道"的阐述

从北宋时期胡瑗、孙复、石介等理学先驱者,到周敦颐、张载、程颢、程颐和邵雍等理学发展者,再到游酢、杨时、罗从彦、李侗,直到南宋时期理学集大成者的朱熹,都是以儒家为主,吸收道家的因素,从根本上反对佛教。游酢和杨时把理学南传入闽,在传承和发展的过程中就是在反对佛教中阐述理学。游酢理学中的"道",就是反对佛教的。

我们首先要认识到,游酢最初也是崇尚佛教的。自从他拜程颢、程颐为师后,就从根本上反对佛教了。二程思想从根本上就是反对佛教的。因此,正如游酢在《二程语录》中所指出的:

> 先生(指程氏兄弟中的程颐)不好佛语,或曰:"佛之道是也,其迹非也。"曰:"所谓迹者,果不出于道乎?然吾所攻其迹耳。其道则吾不知也。使其不合于先王,固不愿学也;如其合于先王,则求之六经足矣。奚必佛?"[①]

游酢深受二程的影响,他从根本上反对佛教。他认为,佛教与儒家所要求的一切,是根本不相符合的。

程颐认为佛教与理学所阐述的"道"是根本不同的。程颐认为,假设佛教同理学所阐述的思想有着一致之处,佛教也不可能有儒家经典阐述得那么详细和深刻。从儒家经典学习"道"就足够了,没有必要再从佛教那里去领悟"道"。从北宋初的理学先驱者到北宋末的发展者,一直到南宋理学发展到了高峰,都是从根本上反对佛教的。

---

① 《宋·游酢文集》卷五,《二程语录》,延边:延边大学出版社,1998年,第150页。

游酢认为同儒家历来主张的以人为出发点和归宿一样,理学也是如此。现实社会中的一切人伦关系是以人为出发点和归宿,都是按照理学的要求所做的。这一切都体现为"天理",只有这样,才能使整个社会安定、和谐。佛教所提出的理念则是破坏了所有的人伦关系,即他在《答胡康侯借佛书〈周易〉》中所写:

> 《易》书非佛书并也。佛自立一说,使人割其所亲,独立于空寂之地。爻象象系,何尝无人伦哉! 其欲拜孔氏庙,不宜以佛书加之于"易"。[①]

他在《答吕居仁辟佛说》中还写道:

> 儒者守父子、君臣、夫妇、兄弟、朋友,各尽其分,罔有不合道者。释氏谓世间虚幻,要人反常合道,皆殊用异,而声可入,心可通。此其说之谬妄矣。吾道岂若是哉! 敢以管见陈白。[②]

在游酢的思想中,所主张的是"儒"与"道"二者的合一,从根本上反对佛教。游酢的思想又使我们进一步认识到,从儒家到理学就是关于人的学说,是游酢把《易》解读为关于人的学说,指出《易》与佛教是根本不同的。

道家和儒家都是源自《易》。游酢认为《易》所谈的各种卦象涉及人伦关系。在他的思想中,佛教则是把这一切人伦关系都抛弃了,儒家与道家同佛教是根本对立的。游酢还认为,佛教同儒家与道家也是格格不入的,即他所说的:"不宜以佛书加之于'易'。"他认为,没有必要把佛教强加到《易》里面。

游酢也是针对有人主张将儒道与佛相统一这种思想而提出的。《易》是道学的来源之一,道学所阐述的问题是关于人与人之间的关系。游酢认为老子的《道德经》虽然把"无"作为最高境界,但是离不开人与人之间的关系。《道德经》对"无"进行论述的时候,老子阐述"小国寡民"的问题,指的就是在

---

① 《宋·游酢文集》卷六,《答胡康侯借佛书〈周易〉》,延边:延边大学出版社,1998 年,第 175 页。

② 《宋·游酢文集》卷六,《答吕居仁辟佛说》,延边:延边大学出版社,1998 年,第 175 页。

单一的小国里,人与人之间和睦相处,从而使单一的小国成为和谐的国家,最后延伸和扩展到整个天下,便实现了整个天下的和谐。因此,游酢指出,无论是儒家还是道家,所阐述的问题都是关于人的问题,即强调实现人与人之间的和谐,这一切在佛教那里是根本不存在的。

游酢特别指出,人与人之间的父子、君臣、夫妻、兄弟、朋友等关系都是由天理所决定的。在这些关系中,他们各尽自己的本分按照天理的要求所作所为。然而,佛教却把人世间的一切关系都说成是空幻的,口口声声念叨着所谓的那个"空"字。佛教所主张的一切是十分荒谬的,佛教不仅违背了人与人之间的常情,更重要的是违背了天理。游酢的论述还使我们认识到,从儒家到理学是关于人的学说,即是以人为出发点和归宿的学说。

杨时[①]也是以人为出发点和归宿,在反对佛教中阐述具有人文主义萌芽的理学。杨时同游酢一样,对理学的继承和弘扬也是以儒家为主,在吸收道家的过程中,从根本上反对佛教。杨时在《与陆思仲》中写道:

> 闻吾友乃欲削发为僧,甚乖所期。中夜思之寐不交睫,不觉起立,为之叹也。且佛之为中国害久矣。士之有志于古者,力排而疾攻之,世常有焉。若唐之韩退之(韩愈,字退之)、今之孙明复(孙复,字明复)、石守道(石介,字守道、公操)、欧阳公(欧阳修)之徒,皆其人也。然此数人者,其智未足以明先王之道,传孔孟之学,其所守不叛于道盖守寡矣。况如彼何哉,是犹以一杯水救一舆薪之火,其不胜也宜矣。[②]

杨时深受孔子、庄子思想影响,他指出佛教只有消极之处,是天下一大害。从唐朝的韩愈开始,到宋代的孙复、石介、欧阳修等学者也是反对佛教的。虽然他们从根本上反对佛教,但是,在反对佛教中却没有抓住佛教的要害,提不出令人信服的思想,就决定了他们反对佛教的有关论述只能是杯水车薪。

---

① 杨时(1053—1135 年),字中立,号龟山,世称龟山先生。祖籍弘农华阴(今陕西华阴东),南剑西镛州龙池团(今福建省三明市将乐)人,北宋哲学家、文学家、政治家。杨时学于程颢、程颐,同游酢、吕大临、谢良佐并称"程门四大弟子"。又与罗从彦、李侗并称为"南剑三先生",和游酢一样,被后世尊为"闽学鼻祖"。

② 《杨龟山集》,上海:商务印书馆,1937 年,第 54 页。

怎样才能从根本上驳斥佛教呢？杨时认为，必须从人出发，即以人为出发点和归宿，才能真正驳斥佛教。儒家从根本上讲，就是关于人的学说，这种学说是通过具体的人体现出来的。杨时从儒家理念出发，特别是在"四书五经"的《论语》和《大学》中引经据典，对佛教进行驳斥，从君臣、父子、夫妻等人伦关系中进行论述。

杨时在《与陆思仲》中写道：

> 君臣父子夫妇乎，故君臣而有君臣之义，即父子而有父子之仁，即夫妇而有夫妇之别。此吾圣人所以无适而非道也。离此而即彼，则取舍之心多矣。以取舍之心求道，则其分于道也，不已远乎。彼其君臣父子夫妇且不能容之，则其为道也，果足为道耶，其信然也。无古之大学之道，必先明天德。知天德则死生之说，鬼神之情状，当自见矣。[1]

他在《与陆思仲》中还写道：

> 儒佛之是非较然，而信吾言之不惑也。世之为佛之徒者，将以为道耶，则废人伦，逆天理，非所以为道也。[2]

他还认为佛教实际上是十分虚伪的，即：

> 将以求福田之利益，则与世之行谒公门，以徼名逐利者，无以异也。[3]

从杨时的论述中，我们可以看出，他对佛教的根本否定在于，他认为佛教扼杀了各种人伦关系，并且违反了天道和人道。

杨时的思想所包含的人文主义萌芽在于，强调人与人之间的关系，就是君臣、父子、夫妻、兄弟、朋友之间的关系。他认为无论这些关系怎样，首先表现为他们是人。既然他们是人，就决定了无论是君臣、父子、夫妻、兄弟、

---

① 《杨龟山集》，上海：商务印书馆，1937 年，第 54 页。
② 《杨龟山集》，上海：商务印书馆，1937 年，第 54 页。
③ 《杨龟山集》，上海：商务印书馆，1937 年，第 54 页。

朋友之间,只要是人所具有的各种属性,除了所具有的自然属性以外,更重要的是每个人都有恻隐之心、羞恶之心、辞让之心、是非之心。佛教破坏了人与人之间的各种关系,不仅表现为反人性、反人道,更重要的是在反天道,佛教是极其虚伪的。由此说明了在杨时的思想中,是把人作为理学的出发点和归宿。杨时指出佛教徒称自己"超脱红尘",跳出"三界五行","不问红尘之事"。在现实生活中,佛教徒则是逐名逐利,甚至远远超过了世俗社会。

在反对佛教中对"道"的阐述,游酢和杨时在这个问题上观点是一致的,不仅使我们认识到游酢和杨时在继承和弘扬理学的过程中,包含了人文主义萌芽。更重要的是在于使我们认识到,当人们把人文主义理解为是始于欧洲文艺时期的时候,理学关于"道"的理论所包含的人文主义萌芽,至少要早于欧洲文艺复兴两百年以上。

四、"无"在理学中的重要意义

理学体现"儒"和"道"合一表现为吸收道家关于"无"的思想,并且用儒家思想加以改造,从而成为理学一个十分重要的方面。对于这个问题,《易说》进行了深刻的论述。

(一)"有"和"无"的关系在儒道合一的理学中的重要意义

对于这个问题,游酢先从"有限"与"无限"的统一问题上进行论述。关于"有限"与"无限"的统一,是游酢思想中的一个重要方面。《易说》中写道:

> 乾曰大哉,坤曰至哉。大则无所不包,至则无所不尽。乾之大无方,而坤则未离乎方也。[1]

游酢所论述的是关于"有限与无限"相统一的关系问题。游酢认为"有

---

[1] 《宋·游酢文集》卷二,《易说·"象曰大哉乾元"节》,延边:延边大学出版社,1998年,第18页。

限"与"无限"的关系是通过"乾"与"坤"之间的关系体现出来的。他所阐述的"乾"就是"天",指的是无限;"坤"则是"地",指的是"有限"。"乾"是无限的大,大到了无边无际,什么都可以包容。"坤"是有一个限度,"乾"与"坤"之间的关系表现为:对于"天",是大到无边无际,对于"地",总是离不开边际。天地乃万物容身之处。"天地"是东亚民族对宇宙的专有概念,没有地理、时间和空间的限制。道教认为:天中复有万天,"万"是虚词,指的是很多的意思,其中有会毁灭的"天地"与永恒不灭的"天地"。游酢认为"乾"与"坤"二者是统一的,对于人类来说,可以理解为人是生活在无边的"天"和有限的"地"之间。

有限与无限是物质世界固有的矛盾之一,是反映物质运动在时间和空间上辩证性质的一对哲学范畴。物质是不灭的、无限的,处在永恒的绝对运动之中,物质及其运动的永恒性、无限性,也就是物质的存在形式,即时间持续和空间广延的无限性。物质的时空无限由具体的物质客体的有限时空所构成,并通过具体物质客体在有限时空上的运动和变化表现出来。有限和无限的范畴,反映了物质世界中客观存在的矛盾和辩证联系。对于"无限",就是人们对世界的认识和所进行的实践活动,是永无止境的,甚至思考着如何把这个无限大的宇宙全部认识完全。"有限"对于具体的某个人,或者是对于某一个群体的人,或者是对于某一时代的人来说,在实践和认识方面则是有限的。在大千世界,对不断进步的人类来说,其实践和认识则是无限的。处于"天"与"地"之间的人,体现的是"无限"与"有限"二者的统一。

总之,对于"有限"与"无限"的关系,游酢认为:"无限"包容了一切,"无限"又是由具体的有限的因素所构成,无数的有限构成了无限。"有限"与"无限"的关系,老子《道德经》表现为就是"有"与"无"的关系。老子把"无"作为出发点和归宿,认为"无"是万物的起源,"无"高于"有",无数的"有"构成了"无",最后又归于"无"。老子认为"有"与"无"的关系是"无-有-无"这样一个否定之否定的过程。在这个过程中,"无"是最高境界。

在现实社会中,以"财富"为例,即使一个人拥有数以无计的财富,都可以用具体数字来衡量。因为财富可以用具体数字衡量,因此体现为"有",即财富无论有多么大的数字,都是有限的。人们所创造的精神财富,价值是无法用数字来衡量的,是无价的,就达到了"无",即无限。

(二)"无"体现出超脱

作为儒道合一的理学在吸收道家关于"无"的过程中,吸收了道家关于超脱的思想。游酢对此进行了深刻的论述,他认为,"静"是十分重要的,只有始终保持一个"静"字,才能争取更多的主动权,强调"以静制动"。因此,游酢在《易说》中写道:

> 见善未必明,用心未必刚,故以之守文,以之持正可也;若应变以成务,则非其任矣。盖疑问一生,则危乱之机将不可解,故居正则吉,而不可涉大川也。[①]

游酢认为,无论遇见什么事情,保持冷静的头脑是非常重要的。游酢的论述使我们充分认识到,在对事物的观察中,最好的方法莫过于观察后不一定马上行动。他认为能观察到的事物不一定能立即认识,即使是观察了较长的一段时间后,也难以真正认识。

如何解决这个问题呢?游酢认为,要使自己保持"静"的状态。保持"静"的状态在于必须守住"道"。"静"是"道"所要求的,即"道"本身就是体现为"静"。只有守住了"道",保持一种"静"的状态,才能适应千变万化与一定之规的环境。当外界有变化时,沉不住气,也跟着"动",就会被周围的一切"牵着鼻子走",失去更多的主动权。如果始终保持平静的状态,认真思索,善于观察,就极有可能驾驭周围的一切,这正是我们对掌握"道"的一种认识。游酢认为,也许做不成什么大事,却不会出现大的错误,"居正则吉,而不可涉大川也",即能达到平安无事,但也不可能成就大事,渡过大河。

阐述"超脱"问题的时候,游酢以扇子为例,对此进行了十分生动的说明,又将"静"与宽容、包容等密切地结合在一起。在游酢的思想中,超脱就是对待一切事物都要予以宽容和包容,漠视一切。游酢认为,扇子最能体现出这个方面。即他在《扇铭》中写的:

---

① 《宋·游酢文集》卷二,《易说·"六五,拂经,居贞,吉"至"顺以从上也"》,延边:延边大学出版社,1998年,第61页。

隆暑赫曦,汝可力挥;谗舌火炽,汝未御之。西风尘起,汝足外蔽。谤声昧目,汝莫防只。不御不防,德风载扬。自谗自谤,道心清凉。①

游酢对扇子的描写使我们认识到扇子所具有的宽容和包容的风格。

游酢认为,扇子在酷热的夏天可以散热,却扇不动各种流言蜚语,当西风把尘土吹起来的时候,扇子可以把尘土遮蔽在外面,对于他人所说的各种诽谤之言却扇不动,只能把自己的眼睛遮住,而抵挡不住诽谤者的声音,这些情形并没有什么不好。对于各种谗言和诽谤之言,根本没有必要去防范和辩驳它,也没有必要将它当成一回事,若不去防范和辩驳它,反而还更加显示自身宽广的胸怀和雅量,对于实施诽谤的人来说,反而被毁坏的是自己的名声。

游酢的论述给了我们这样的启示,在他的思想中,既阐述了儒家的修身,又阐述了道家关于"无"与"静"的思想,将"无"与"静"二者有机地结合在一起。我们对此进行的借鉴就在于,在现实生活中,无论别人在背后怎样说闲话,并且到处诽谤,甚至是当面辱骂,对他最好的回击就是不回应,任由他为所欲为。当不回应他的时候,不仅体现出所具有的极高修养和教养,而且还使诽谤、辱骂的人自惭形秽。在现实生活中,一个有着极高修养和教养的人,当有人对他传言其他人说他的闲话,或者是传言其他人诽谤他的时候,他一定是持这三种态度:一是十分鄙视对他传闲话的人,或者是鄙视背后说他闲话的人,或者是诽谤他的人。在他看到背后说他人闲话的,或者是背后诽谤他的人,他认为其就是一个"小人"。他对说闲话的,或者是诽谤他的人,根本不屑一顾。二是在他的思想中,传闲话的人比说闲话的人更加令人鄙视。三是认为背后说别人闲话的人,或者是背后诽谤别人的人,比被说闲话,或者是比被诽谤的那个人,更加令人鄙视。对于这个有着极高修养和教养的人来说,他所坚持的就是道家老子《道德经》关于"无"和"静"的思想。

游酢在继承和发展理学的过程中,吸收了老子思想中的精华。我们先谈谈老子《道德经》关于"无"的思想。

在谈及老子《道德经》的时候,我们要认识到,《道德经》最重要的论述就是"无"。老子认为,世界万物源自"无",最终又归于"无",是"无—有—无"这样一个否定之否定的过程。老子还认为,"无"是出发点和归宿,"无"高于

① 《宋·游酢文集》卷六,《扇铭》,延边:延边大学出版社,1998年,第193页。

"有"，无限多的"有"组成了"无"，"无"是最高境界。老子又从"无"引申了一系列的思想，如刚与柔、动与静等。

从老子关于"无"的思想中引申出"静"与"动"之间的关系，体现出"静"高于"动"。"以静制动""以不变应万变""你有你的千变万化，我有我的一定之规""任凭风云变，稳坐钓鱼船"，都充分体现了"静"与"动"之间的关系，大到宏观世界的天体、星系，小到微观世界的基本粒子，都是处在不断运动、变化之中，是绝对的运动，静止却是相对的。正是因为运动是绝对的，静止是相对的，就决定了对于"动"来说，比较容易把握。对于"静"来说，却不是那么容易把握。

如何才能把握住"静"呢？首先要把运动着的事物假设成是静止的。例如，在研究天体运动时，我们所居住的地球同所有的天体一样，是处在绝对的运动之中。为了研究和把握其他天体的运动，又必须先把地球假设成是静止的一个点，还要把地球假设成是宇宙的中心，一切天体都是围绕着地球转。我们之所以进行这样的假设就在于，只有把不是宇宙的中心并且是运动着的地球看成是静止的，或者是假设成宇宙的中心才能更好地把握其他天体的运动，实际上就是把地球当成是其他运动着的天体的参照物。这样才能做到以地球为参照物，从而把握其他天体的运动，并且更好地研究天文学。

游酢的思想和老子的思想给我们的启示是要用老子关于"无"的思想引申出的"动"与"静"的关系来看待一切，而游酢将"儒"与"道"密切结合，正是说明了这样的问题。

古今中外有许多思想家的思想和行为都十分值得我们借鉴。例如，18世纪末至19世纪上半叶，俄国著名小说家、诗人亚历山大·普希金（1799—1837年）在《纪念碑》这首诗的最后部分中是这样写的："无论是赞扬还是诽谤，都可以漠视。同愚蠢的人又何必较量！"特别是马克思主义创立者之一的弗里德里希·恩格斯（1820—1895年），在1883年3月14日卡尔·马克思（1818—1883年）逝世后安葬他时，在马克思墓前发表的演讲中说道，"马克思的一生遭到了各种诽谤和谩骂，各国政府，无论专制政府或共和政府都在驱逐他；资产者，无论是保守派或极端民主派都纷纷争先恐后在诽谤他，诅咒他。他对这一切毫不在意，把它们当做蛛丝一样轻轻抹去"[①]。这都说

---

① 《马克思恩格斯选集》第三卷，北京：人民出版社，1972年，第575页。

明了这样的道理,根本没有必要同那些无知的小丑、市井小人辩论。

如果遇到那些持不同观点,却是真心诚意要一起探讨问题的人,却应该同他共同探讨,求同存异。用儒家关于"和谐"的思想解读,可以定义为"和而不同",这就是我们从理学中得到的启示,这种行为体现为人的一种胸怀、修养和教养。

(三)圣人治国体现出"无为而治"

游酢在继承和弘扬理学的过程中,他始终以儒家思想为根本,在吸收道家的因素中,坚持认为圣人治国应该是"无为而治"。对于圣人治国的问题,游酢在《易说》中写道:

> 含德之厚,比于赤子抱一不离,此蒙以养正之谓也。夫唯抱一不离,故智虽满天地而不自虑,能虽穷海内而不自为,付百职于众贤而我无为焉。其致功也,吾不尸其事;其成功也,吾不处其名。此圣人之功也。[①]

从道家的角度进行解读,其意思就是在治国理政方面表现为"无为而治""有所为而有所不为",这种"无为"才是真正的有为。只有这样,才能称得上是圣人。从儒家的角度进行解读,"无为而治""有所为而有所不为"的这种"无为"就是一种很好的修身,并且体现一种宽广的胸怀,归根结底,体现的是"儒"与"道"的合一。

从游酢的论述中我们还可以看出,从道家的角度进行解读,在他的思想中,他认为作为一个开明的真正有智慧的君主来说,进行治国理政最主要的就是要从总体上把握大局,必须做到不独断专行,要让有德有才的专业人员去处理具体的事物,自己把握总体方向,进行综合、概括,形成系统的思想,用系统的思想去指导他们的工作。

从儒家的角度进行解读,就是要体现君主的修养。游酢认为,对于有德有才,并且有着很强能力的君主来说,还应当做到"其致功也,吾不尸其事;

---

① 《宋·游酢文集》卷二,《易说·"象曰,蒙,山下有险"至"圣功也"》,延边:延边大学出版社,1998年,第28~29页。

其成功也,吾不处其名。此圣人之功也"。其含义就是作为一个开明的有着高度智慧和超强能力的君主来说,当自己的臣子做出成绩的时候,把成绩全部归为自己的臣子。不争功劳,不争名利,把所取得的成绩当成是大家共同努力所取得的,这才是显现出圣人的品格。同时还认为,作为君主来说,把所取得的成就归为大家,大家之所以能取得那么好的成就,最重要的是因为自己领导得好。如果没有自己的领导,是不可能取得那么好的成就,无法体现自己的英明和智慧。只有这样的君主,才是真正的圣人。

第二章 "善"是人性的出发点和归宿

关于人性的问题,从儒家到理学始终主张的是"性善论",如《三字经》开篇这样写,"人之初,性本善"。

虽然说《三字经》成书的年代,及其作者是谁,历代的说法不一,如有的说是宋元之交的王应麟①所作,也有的说是宋元之交的区适子②。不过,绝大多数学者的观点是更加倾向于是王应麟所作。认为王应麟编《三字经》最初的目的是更好地教育本族弟子读书,用一些通俗易懂的语言,编写了集经、史、子、集的《三字经》歌诀。

随着历史的发展,为了体现时代的变迁,各朝代都有学者对《三字经》进行不断补充,如清道光年间的贺兴思增补了有关元、明、清三代的历史。但是,无论最初是谁写的,或者是随着时代的变迁,由谁进行了补充,都无关紧要。重要的是有一点必须肯定,《三字经》将人性认为是"善"的这一人性观点贯穿始终,即"人之初,性本善"。作为载道南来、开启闽学先河的游酢来说,他正是坚持这一观点,并且对"人性善"观点进行了阐述,主要从以下方面表现出来。

---

① 王应麟(1223—1296年),字伯厚,号深宁居士,又号厚斋,南宋官员、学者,祖籍河南开封,后迁居庆元府鄞县,即今浙江省鄞县,理宗淳祐元年的进士。

② 区适子(1234—1324年),生于广东顺德书香之家,少年时代聪明颖悟,有"神童"之称。长大后,沉稳厚重,精通经史,工文善词,著有《绮业集》等。

一、人性从根本上讲体现为"善"

从儒家到理学,将人性理解为"善"的时候,实际上游酢这位理学家把"人性善",已经理解为一个自然的社会历史过程和自然的人性发展过程。他认为"人性善"是"道"的体现和"道"所要求的。对于这个问题,游酢从以下方面进行了论述。

(一)"性善论"体现了"儒"与"道"的合一

游酢从"道"的观点出发,阐述了儒家的"性善论"。他的思想把"人性善"理解为人的自然属性,认为是由"天理"所决定的,体现了"人性善"是从儒家到理学一贯主张的思想。对于"性善论"思想,游酢吸收了道家的自然主义,体现的是"儒"与"道"的合一。游酢在《论语杂解》中写道:

> 孔子之言性,有以其本言之者,若继之者善,成之者性是也;有以人所见言之者,若性相近,习相远是也。孟子亦然,其道性善,深探其本也,其曰"孺子将入井,皆有怵惕恻隐之心"。乃若其情,则可以为善矣,姑据人所见而语之也。是以当时学者不能无疑。夫道未始有名,感于物而出,则善之名立矣;托于物而生,则性之名立矣。善者,性之德,故庄子曰"物得以生谓之德"。性者,善之资也,故庄子曰"形体保神谓之性"。盖道之在天地,则播五行于四时,百物生焉,无非善者也,无恶也,故曰"继之者善也"。[①]

游酢在提出"性善论"问题的时候,指出孔子已经对这个问题论述得十分清楚。孔子认为,对于人性来说,人的本性从根本上讲是"善"的。人所继承的也是"善",虽然人们有时也会从"善"走向"恶",即"性相近,习相远"。但是,人性最终还是要回到"善"的本性中。游酢同时列举了孟子对这个问

---

① 《宋·游酢文集》卷三,《论语杂解·"唯上知与下愚不移"章》,延边:延边大学出版社,1998 年,第113 页。

题的论述,孟子认为"善"仿佛是人的一种本能。当一个小孩快要跌到井里的时候,旁边的人看到之后,都有一种恻隐之心,会立即将他救起来。因此,游酢认为无论是孔子还是孟子,所谈及的问题都是强调人性始终是"善"的,这也是"道"所要求的,并且是"道"的体现。

"道"存在于天地之间,当"道"将五行传播于四季,就使百物滋生。当"道"把五行传播到人,就使人产生"善"。由此说明了"道"所体现的一切从来都是"善"的,并且不存在"恶"。因此,游酢认为,包括人在内,一切事物所继承的都是"善"。"性善论"体现为"儒"和"道"的合一。

(二)"善"是一个自然的社会历史进程和自然的人性发展过程

关于"人性善"的问题,本来就是从儒家到理学一贯主张的。游酢认为"善"又是人们所向往的,"善"也是人的一种本能。游酢把"善"看成是人的一种本能的时候,他认为"善"是一个自然的社会历史过程和自然的人性发展过程,即他在《论语杂解》中所写的:

> 理也,义也,人心之所同然也。学问之道无他,求其心所同然者而已。学而时习也,则心之所同然者得矣,此其所以说也。故曰理义之说我心,犹刍豢之说我口。①

游酢认为,理学不仅传承了儒家的"性善论",即强调人性是"善"的,还指出了"善"是人们所共同指向的。他指出的"理也,义也,人心之所同然也",说明的正是这样的问题。在游酢的思想中,道理、正义皆是人们所共同追求和向往的美好事物。

人们共同向往道理、正义其实就是共同向往"善"。为此,游酢还进行了十分通俗的比喻,人们对道理、正义等一切"善"的向往,如同吃猪肉、牛肉、羊肉的时候感到口中十分舒服一样。他认为人们对"善"的向往和追求是一种十分舒畅的心情。

游酢将这种思想同人们日常的生产、生活实践密切结合在一起,即他在

———————

① 《宋·游酢文集》卷三,《论语杂解·"学而时习之"章》,延边:延边大学出版社,1998年,第76页。

《论语杂解》中所写的：

> 道之在人，则出作而入息，渴饮而饥食，无非性也，无妄也。苟得其性之本然，反身而诚，则天地万物之理得，而道自我成矣。①

　　从人的自然属性方面分析的时候，游酢认为，人"善"的本性就如同人在劳作后回到家时，累了必然要休息，口渴了必然要喝水，饥饿了必然要吃饭一样。这一切行为都是人的一种本能。"善"同这些行为一样，也是人的一种自然属性。游酢所论述的"善"，既是一个自然的社会历史过程，又是一个自然的人性发展过程。

(三)"性善论"观点体现了一定的逻辑思维

　　虽然我们指出同西方文化相比较，中华文化相对来说是缺乏逻辑思维的，但是，游酢的思想却使我们认识到，理学还是存在一定逻辑思维因素的。游酢所阐述的"性善论"就具有逻辑思维的萌芽，即他在《孟子杂解》中所写：

> 恻者，心之感于物也；隐者，心之痛于中也。物之体伤于彼，而吾之心感应于此，仁之体显矣。故君子之于禽兽，见其生不忍见其死，见其全不忍见其伤，而况于民乎？况于亲戚乎？故恻隐之心，莫隆于亲，而民次之。孟子曰："君子亲亲而仁民，仁民而爱物。"此自然之序也。彼爱无差等者失其本心也已。又曰："恻隐，痛伤也。伤在彼而疲我伤之，痛在彼而我痛之。"伤痛非自外至也，因心则然，此恻隐所以为仁之端也。至于充其心体之本然，则万物一体矣，无物我之间也，故天下归仁焉。②

　　游酢解读孟子时提出的"性善论"，表现了一定的逻辑推理。
　　游酢所论述的"人性善"早已是众所周知的话题，关键在于他进一步指

---

　　①　《宋·游酢文集》卷三，《论语杂解·"唯上知与下愚不移"章》，延边：延边大学出版社，1998 年，第 113 页。
　　②　《宋·游酢文集》卷三，《孟子杂解·"人皆有不忍人之心"章》，延边：延边大学出版社，1998 年，第 118 页。

出,作为君子来说,如果对于动物都有恻隐之心,那么对于处理人与人之间的关系来说,肯定也具有恻隐之心。由此得出的结论是,在对自己亲人的问题上,是更加具有恻隐之心的。游酢认为在孟子的思想中,论述到对于任何一个人而言,对亲人的挚爱是仁爱的基础,当把这种思想进一步延伸和扩展到整个社会的时候,就是对普天之下众人的仁爱,再由对普天之下众人的仁爱延伸和扩展到对动物的爱护。这就是一种传递关系的逻辑推理。

游酢对"性善论"的阐述具有一定的逻辑推理,我们可以认为,这是人与人之间的和谐同人与自然之间和谐的统一。只有做到了人与人之间的和谐,才能更好地做到人与自然之间的和谐。如果能够做到人与自然之间的和谐,必然能做到人与人之间的和谐。如果不能做到人与人之间的和谐,是根本不可能做到人与自然之间的和谐。从儒家到理学所谈及的"性善论"体现的是在家政与国政的合一中,就是把家政中对父母的"孝",延伸和扩展到全社会,表现出他人的友好、友爱,再进一步延伸和扩展自然界,表现出的就是对自然的保护和对动物的爱护。因此,如果能真正做到对自然界的爱护,就一定能真正做到对他人的友好、友爱。如果人们能够真正做到对他人的友好、友爱,在家政中就一定是一个对父母真正有孝心的人,这又是形式逻辑中一种传递关系的推理。游酢的思想有着逻辑思维的因素,这一点十分值得我们借鉴,并且极有必要对这种思想进行批判地继承。

二、"善"与"诚"是密切联系在一起的

在游酢的思想中,始终把"善"与"诚"密切地联系在一起。游酢认为,"善"与"诚",包括了仁、义、礼、智、信等方面,这是一个完整的整体。"善"与"诚"二者是互相包含的。"善"体现为"诚","诚"又体现为"善",有了"善"才能做到"诚",做到了"诚",才能更进一步体现为"善",二者是互为基础的。从儒学所继承和发展的理学体现的是"儒"与"道"的合一。"善"与"诚"既是儒家的要求,同时也是道家所要求的,也是"道"的体现。由此说明了"善"与"诚"体现的是"儒"与"道"二者的合一,游酢从以下方面进行论述。

(一)强调遵循"道"在于坚守一个"诚"字

在游酢的思想中,认为遵循"道"最重要的就是要坚守一个"诚"字。坚

守"诚"是"道"的要求,"诚"又是"天道"运行的结果。"诚"是由"天道"所产生的,并且与天地共存。与天地一样,"诚"又具有包容性,即他在《中庸义》中写的:

> 至诚无息,天行健也,其为物不二,天地之得一也。一则不已,故载万物、雕刻众形,而莫知其端也。故生物不测。[①]

游酢认为,"善"是由"天道"决定的,是天道在人的行为上的体现。"诚",则是"善"的具体表现形式,"善"则是"诚"的基本内容。从现代哲学的角度进行分析,"善"与"诚"二者之间的关系是内容与形式的关系。因此,"诚"是由"天道"所产生和决定的。

游酢认为,"诚"表现为专一性和包容性,可以容纳一切事物。从这点出发,我们可以进一步认识到,儒学是世界上最具包容性的文化之一。回顾历史,我们可以知道,从西汉元寿元年(前2年)佛教传入中国,到唐贞观九年(635年)基督教第一次传入中国,以儒家为主的中华文化都给予了包容。随着时间的推移,这些文化循序渐进地走向中国化。由此说明了儒学是至今世界上最具包容性的文化之一。为什么会这样呢?游酢认为,儒家始终坚信的是一个"诚"字。"诚"在治国理政方面具有特别重要的意义。认为"诚"对于圣人来说尤其重要。圣人在治国理政方面并不是仅仅依靠各种刑罚和政令就可以实现的,最重要就是必须体现出"诚"。认为只有坚守住了"诚",才能在老百姓面前有威信,从而把国家治理得更好。游酢在《易说》中写道:

> 圣人从于其道而天下化成,盖天下之化非有资于号令之鼓舞也,刑赏之惩劝也,一于诚而已。诚至则天下倏盘其志而从之,如恐不及矣。故曰:"盥而不荐,有孚颙若"。先王之化民,岂能拂其所有而与之所无哉!亦曰顺以巽而已。中正,民之性也,顺其性而入之,则将沦肌肤而

---

① 《宋·游酢文集》卷四,《中庸义·"人皆有不忍人之心"章》,延边:延边大学出版社,1998年,第142页。

浃骨髓矣。下观而化,自然之理也。①

游酢的论述使我们认识到,"道"所要求的就是一个"诚"字。特别是作为统治者来说,只有做到了"诚",才能得人心,天下的人才会跟随着前进。如果心不"诚",只是要小聪明,搞歪门邪道,是不可能得到人心的,最终是要失败的。作为统治者来说,如果只是从维护自己的统治利益出发,对广大百姓来说不是心诚,而是用谎言对百姓进行欺骗宣传,那只能欺骗百姓一时,却不可能长久把百姓欺骗。用谎言欺骗老百姓,时间一长,老百姓就会识破他们的谎言,从而动摇他们的统治地位。所以,对于统治者来说,要想治理好天下,在老百姓面前必须始终坚持一个"诚"字。

(二)诚信真正体现了聪明和智慧

在这个问题上游酢进行了深刻的论述,并且特别用家政与国政合一的思想予以说明。游酢认为,把"诚"从家庭延伸和扩展到全社会,坚守一个"诚"字,才真正体现聪明和智慧。要想达到聪明和智慧,就要坚守一个"诚"字,从家庭到社会都要这样要求。他在《易说》中写道:

> 意承考者,子道之正也……况夫一家之事固不烦,而初亦未广也。持吾承考之意以从事,则何事而不济耶?《书》曰:"罔曰弗克,惟既厥心。"意在于承考,斯能尽其心矣。人心其神矣乎,能尽其心,则虽愚必明,虽柔则强,才之不足,非所患也。②

在一个家庭中,做到专心秉承父亲的意志,是做儿子的真正本分,家族中的事本来就不繁杂,所涉及的范围最初也不是很大,儿子只要按照父亲说的话办事,是没有办不成的事,这就是体现在家政中所坚持的"诚"。在家政中作为儿子来说,只有坚守"诚",这个儿子才是真正聪明和有智慧的儿子。

游酢认为,在一个家庭中,儿子对父母尽孝心是不能掺杂念的。只有对

---

① 《宋·游酢文集》卷二,《易说·"象曰,大观在上"至"天下服矣"》,延边:延边大学出版社,1998年,第50页。

② 《宋·游酢文集》卷二,《易说·"初六,干父之蛊"至"意承考也"》,延边:延边大学出版社,1998年,第48页。

父母诚心孝顺的儿子,才是真正聪明和有智慧的儿子。延伸和扩展到整个社会,在人与人之间的关系中,必须坚持一个"诚"字。只有坚守着"诚",才真正体现一个人的智慧和刚强。这也说明了心不诚、耍小聪明的人,实际上是最愚蠢的人。这就是关于"诚"的问题所体现的家政与国政的合一。

游酢提出"诚"是处理一切事务的关键。游酢认为处理一切事物最关键的在于心诚。只有做到心诚,才能把一切事务处理好。论述到关于"诚"的问题时,具有一种自觉或不自觉的逻辑推理过程,并且是一环扣一环的。游酢在《中庸义》中写道:

> 豫者,前定之谓也。惟至诚为能定,惟前定为能应,故以言则必行,以事则必成,以行则无悔,以道则无方。诚定之效如此,故继九经言之。①

如果用逻辑推理的方式来说明在处理一切事务中必须做到心诚,那么只有做到了心诚,才能取得成功。游酢认为当一件事还没有做的时候,就要有准备。怎样准备呢?就是要做到心诚才能确定下来,当做到了心诚,就能下决心,当下了决心之后,就必须做下去,如同说出来的话一定要做,做这件事一定要成功一样,当做了这件事之后,是不能反悔的。而这一切都归结为一个"心诚"。所以,做任何事都必须有诚意。正是因为坚持了心诚,才能把每一件事做好。这种逻辑推理过程是"心诚—决心—坚持—成功"。之所以能成功,是因为能坚持到底。之所以能坚持到底,是因为有决心。之所以有决心,是因为心诚。这就是一种传递关系的逻辑推理。游酢认为心诚是处理一切事务的基础,不仅表现出具有逻辑思维的萌芽,同时又体现具有契约因素的萌芽。因此,我们可以认为,游酢将理学南传入闽后对其进行的发展,最重要的在于,理学既包含有逻辑思维的萌芽,同时又包含有契约精神的萌芽,十分值得我们借鉴。

(三)"诚"与"善"互为根本

论述游酢的思想时我们同样要指出,游酢认为"诚"与"善"又是互为根

---

① 《宋·游酢文集》卷四,《中庸义·"凡事,豫则立"节》,延边:延边大学出版社,1998年,第138页。

本的。没有"诚"就没有"善",没有"善"也就没有"诚"。在"诚"与"善"二者的关系中,"诚"与"善"的关系表现为形式与内容的关系。"善"是"诚"的内容,"诚"则是"善"的表现方式,即形式。因此,游酢在《孟子杂解》中写道:

> 欲诚其意,先致其知,故不明乎善,不诚乎身矣。学至于诚身,安往而不致其极哉!以内则顺乎亲,以外则信乎友,以上则可以得君,以下则可以得民,此舜之允塞,所以五典克从也。然有诚者,有诚之者,不勉而中,无为也,不思而得,无思也。从容乎中道,是圣人之事也,故为天道。至于择善则有思矣,固执之则有为矣,拳拳乎中道,是贤人之事也。故为人之道,圣贤虽异禀,其为诚身一也。[①]

游酢认为"善"是十分重要的,是一切人伦的根本。只有做到了"善",才谈得上心诚。"善"是内容,心诚是"善"的表现方式,即形式。如果不懂得"善",或者说根本就没有善心,是根本不可能做到心诚的。只有做到了"善",才能做到"诚"。做到了"善",在家中才能做到对父母行孝,在外才能做到对他人友好、友爱。作为政府的官员来说,才能做到对上忠于君主,对下才能深得民心。因此,"善"是最根本的。

游酢的这个思想十分值得我们借鉴。在借鉴中我们又必须指出其中的不足之处。不足之处表现在于,他过于强调了人的本性是"善"的,而没有考虑到如何才能真正达到"善"的境界。他认为人只要能做到很好地修身就能达到"善",这种思想表现出了片面性。我们对这种思想在继承中进行批判的目的就在于,要使这种思想更加完整,还必须加上法律手段,建立一种人与人之间互相监督、制约、制衡的机制,这样才能更有效地遏制人性中所存在的"恶"的因素。

儒家也说过,人由于受到外部环境的影响,人的本性也会由"善"变成"恶"。如何解决这个问题呢?儒家只是强调通过个人的修身,回到"善"的本性中。儒家提出的这个思想当然是正确的,但也仅仅是强调其中的一个方面。要在肯定"人性善"这个前提下,必须认识到如果没有受到监督、制约、制衡等机制,人的本性也会从"善"走向"恶"。俗话说"三年清知府,十万

---

① 《宋·游酢文集》卷三,《孟子杂解·"居下位而不获于上"章》,延边:延边大学出版社,1998年,第120页。

雪花银",反映的正是这样的问题。作为政府官员来说,清廉的官,如果没有受到监督、制约和制衡,也很有可能会从一个清官廉吏变成贪官污吏。作为帝王来说,也会从一个明君变成昏君。在中国古代,民间已经认识到了这个问题,关键是只停留在一些碎片化的言论上,而没有形成系统的理论。归根结底,从清官廉吏变成贪官污吏,从明君变成昏君,极大程度上是因为权力没有受到监督、制约和制衡所造成的。

如何解决这个问题呢? 对游酢的思想在继承中进行批判时必须认识到,要建立一种互相监督、制约和制衡的机制,将中国古代民间一些深刻的但却是一些碎片化的言论,上升到理论思维的高度。在这种理论思维的引领下,建立强有力的机制,使儒家一贯主张的"人性善"理念真正体现出来,并且发挥积极的作用。

"善"是通过"诚"体现出来的,在游酢的论述中,又体现出具有本质与现象之间的关系,而这种关系则是属于现代哲学范畴。在游酢看来,"善"是本质,"诚"是现象,"善"与"诚"二者的关系是密切联系在一起的。如何体现这对哲学关系呢? 这是同人的思考是分不开的。因此,游酢在《中庸义》中写道:

> 诚者不思不勉,直心而径行也;其次则临言而必思,不敢纵言也。临行而必择,不敢径行也,故曰致曲。曲折而反诸心也。拟议之间,鄙诈不萌而忠信立矣。故曲能有诚。有诸中必形诸外,故诚则形;形于身必著于物,故形则著;诚至于著,则内外洞澈,清明在躬,故著则明,明则有以动众,故明则动;动则有以易俗,故动则变;变则革污以为清,革暴以为良,然犹有迹也,化则其迹泯矣,日用饮食而已。至于化,则神之所为也,非天下之至诚,孰能与于此。①

游酢认为,真心诚意虽然表现在不考虑,不勉强,居心率直,行为爽直,但是,在一定的情况下还必须有所思考。这就是体现为人们说话的时候必须先思考一下,而不是随意发言。人们行动的时候也要先思考一下,而不是直截了当地行事。先思而行,思后而言。所以,"诚"在这个意义上又表现为

---

① 《宋·游酢文集》卷四,《中庸义·"其次致曲"章》,延边:延边大学出版社,1998 年,第 140 页。

是采取一定的曲折形式实现的。

游酢认为,忠信也是通过曲折的形式实现的,由此说明了"诚"是现象。至于"善",本来就存在于人性中,即"人之初,性本善"。因此,"善"属于本质。二者之间的关系在于,一个人的"诚"表现在说每一句话,做每一件事之前,都在思考说这句话、做这件事会带来什么样的结果,即是带来"善"的结果还是带来"恶"的结果。只有经过周密思考,才能把"恶"的念头压制住,使"善"充分发挥出来。因此,游酢认为"诚"表现出的曲折正是到达"善"的重要途径之一。

与此同时,当我们指出"善"与"诚"的关系体现为本质和现象之间的关系时,又可以发现,游酢思想正具有这样的萌芽,认为本质决定现象,现象必然体现本质。在他看来,一个人的本质如果是"善"的,所说出来的话和做出来的事,必然表现为"诚"。

游酢认为,人有时候也会以假象表现出来。但是,假象也是由本质所决定的。如果他的本质是"恶"的,有时也会呈现出一副"善"的样子,然而,实际上则是假象。这种假象也是由本质所决定的,即"恶"的本质决定了必然要通过虚伪的方式表现为"善"。例如,我们在阐述"孝"是根本的时候认为,一个人如果对父母体现出一片孝心,并且在行动中充分表现出来,就决定了其对别人的态度是真诚和友好的。当一个人对父母没有孝心,他对别人也会表现出所谓的真诚、友好、友爱。然而,这一切都是虚假的,这种对他人虚假的友好、友爱,也是由其虚伪的本质所决定的。这就是游酢所说的"有诸中必形诸外,故诚则形;形于身必著于物,故形则著",在他看来,人们心中所想到的必然会通过外表显露出来。一个人的本质最终会在自身表现出来,并且也必然会在各种场合中显露出来。归根结底,现象反映本质。

(四)"善"体现的"诚"必须是表里如一

从儒家到理学表现为反对虚伪,强调诚实。游酢认为,要从根本上鄙视道貌岸然的伪君子,即他在《论语杂解》中写的:

> 仁者,诚而已矣。无伪也,何有于巧言?仁者,敬而已矣。无谄也,何有于令色?巧言入于伪,令色归于谄,其资与木讷反矣。宜其鲜于仁也。使斯人之志在于巧言令色而已,则孔子所谓"朽木粪墙",孟子所谓

"乡原(伪君子)",终不可以入德。①

从儒家到理学,游酢的论述除了强调人与人之间必须是真心诚意以外,还表现在"诚",就是必须做到表里如一,而不是虚伪极致。游酢所论述的不谄媚、不阿谀奉承等行为,就是从根本上反对虚伪极致。

游酢特别强调"仁"字,实际上就是认为"仁"与"诚"都是"善"的体现。"仁"与"诚"二者具有同一含义,即"仁"就是诚实,而不是虚伪。他引用了孔子的论述,把那种虚伪极致的、巧言令色的人比喻成朽木、粪土之类的人,并且认为,朽木是根本做不成栋梁的,粪土是根本糊不上墙的。由此证明了虚伪的人是根本干不成大事的。他也引用孟子的论述,把那些虚伪的、巧言令色的人定义成"乡原",即伪君子。这充分说明了儒家在强调做人要真心诚意的同时,特别强调了诚实必须做到表里如一。"表里如一"与"诚实"表现出同一含义。

游酢论述"诚"与"善"的关系具有现代哲学关于内容与形式关系的萌芽,游酢的思想还表现为形式和内容具有相对性这种哲学思想的萌芽。作为同一个事物,在"诚"与"善"的关系上,"诚"表现为形式,"善"表现为内容。但是,在与具体一些行为相比较的时候,"诚"又体现为内容,具体的行为则属于形式,游酢以祭祀活动为例予以了说明。

在祭祀问题上如何体现人的真心诚意呢?游酢认为"心诚"是内容,"具体的祭祀活动"则是形式,这种思想的萌芽,游酢对此予以了深刻论述。游酢指出,祭祀活动必须具有真实的意义才叫祭祀活动,必须表现"心诚"。他在《论语杂解》中写道:

> 祭祀之义,非精义不足以究其说,非礼道不足以致其义。盖惟圣人为能飨帝,为其尽人道而与帝同德;惟孝子为能飨亲,为其尽子道而与亲同心也。仁孝之至,通乎神明,而神祇祖考安乐之,则于郊社之礼、禘尝之义,始可以言明矣。夫如是则为天下国家也何有?宜乎众人所不

① 《宋·游酢文集》卷三,《论语杂解·"巧言令色"章》,延边:延边大学出版社,1998年,第80页。

得闻也。①

游酢认为,要真正领会祭祀活动的真实意义,必须知道祭祀活动的本意。只有真正的圣人才能用酒食祭祀上帝,只有真正的孝子才能通过用酒食祭祀自己已故的父母。

如果领悟不到祭祀活动的本意,无论怎样祭天祭地,祭自己已故的父母,都是做给旁人看的,也是十分虚伪的。我们可以联想一些人对父母薄养厚葬的问题:父母在世时虐待父母,对父母辱骂,动手打自己父母,当父母年迈需要服侍时,则在服侍父母时感到厌烦,找种种借口辱骂和折磨父母,整天想着父母早一点离世;当父母离世后,整个场景却伪装成十分悲痛的情形,家人号啕大哭,震耳欲聋,丧事讲究排场,大操大办,铺张浪费,挥霍无度。总之,极其虚伪的表面掩盖着丧尽良心的本来面目。

人的生老病死是自然规律,是任何人都无法改变的。面对这种情况怎么办呢? 父母在世的时候要做到对他们尽孝,让他们愉快地安度晚年。他们离世后,心情悲痛,感到悲伤是十分正常的。为了表示对父母的感恩和怀念,举行丧礼等祭祀活动也是必要的。然而,当父母在世的时候,对父母虐待、辱骂,甚至肢体暴力,父母去世后却十分虚伪地表现悲痛的样子。因此,游酢的论述使我们充分认识到,如果没有真正领会做人之道并予以实行,如果父母在世时没有对他们尽孝,父母去世后所行的一切祭天、祭地、祭父母之礼等,都是虚伪的。从这个意义上讲,游酢的论述具有把"祭祀"与"心诚"二者的关系,理解为形式与内容的关系,即心诚是内容,祭祀等活动是形式。游酢的思想表现为具有内容决定形式这种现代哲学思想的萌芽。因此,十分值得我们借鉴。

(五)"善"与幸福、快乐表现为同一含义

从儒家到理学,将"善"理解为人的本性,这是众所周知的。游酢对理学的传承和发展还表现为把"善"同幸福、快乐密切地联系在一起,把"善"与快乐、幸福理解为具备同一含义。游酢从"道"是万事万物的本源来进行说明。

---

① 《宋·游酢文集》卷三,《论语杂解·"或问禘之说"章》,延边:延边大学出版社,1998年,第92~93页。

他认为只有遵循了"道",才能使人走向"善"。当人走向了"善",才能真正得到幸福、快乐。因此,游酢在《中庸义》中写道:

> 万物皆备于我矣,反身而诚,乐莫大焉。故惟天下至诚为能尽其性。千万人之性,一己之性是也,故能尽其性,则能尽人之性。万物之性,一人之性是也,故能尽人之性,则能尽物之性。同焉皆得者,各安其常,则尽人之性也;群然皆生者,各得其理,则尽物之性也。至于尽物之性,则和气充塞,故可以赞天地之化育。夫如是则天覆地载,教化各任其职,而成位于其中矣。①

游酢认为一切事物都是由"道"所产生的。这种思想又表现为属于"目的论"。世界万物都是"道"为人所准备的,再回到人自身,来印证自己的"诚",人们必须遵循"道"。只有遵循了"道",才能做到"诚"。只有做到了"诚",才真正实现了"善",才能达到人生最大的快乐和幸福。因此,"诚"与幸福、快乐,在"目的论"这个意义上属于同一含义。

在对中西文化进行的比较中,我们可以看出"诚"与幸福、快乐二者的相似之处。中西文化几乎都是把"善"与幸福、快乐密切地联系在一起,都认为它们属于同一含义。19世纪下半叶至20世纪上半叶美国作家西奥多·德莱塞(1871—1945年)写的巨著"欲望三部曲"中的第三部《斯多噶》,谈到柯柏乌夫人爱玲在丈夫暴毙身亡后,她放弃了荣华富贵,到一个十分贫穷的国家,即印度,从事慈善事业,救助许多穷人。她才真正感到找回了自己,从而感受到在精神上十分充实。如果把德莱塞这种创作思想,同游酢的论述联系在一起,德莱塞笔下的柯柏乌夫人爱玲走向了"善",得到了属于自己的真正幸福与快乐。由此说明了在这个问题上,中西文化表现出一致性。

(六)"性善论"指出"仁"是"善"的根本体现

在"善"与"诚"的关系上,"善"表现为内容,"诚"是"善"的表现形式。在游酢的思想中,将"仁"论述为"善"的根本体现。游酢把"仁"与"善"看成是

---

① 《宋·游酢文集》卷四,《中庸义·"唯天下至诚,为能尽其性"章》,延边:延边大学出版社,1998年,第139~140页。

同一的。"仁者爱人"体现了"善"。"性善论"正是儒家所强调的一个极其重要的方面。在游酢的思想中,把"仁"说成是"善",因为有了"仁",才能更加体现一个人的"善"。因此,游酢在《论语杂解》中写道:

> 人而不仁,则人心亡矣。以事父必不孝,其如父子之礼何?以事君必不忠,其如君臣之礼何?在宗庙之中,上下同听之而和敬,彼且不敬,其如宗庙之乐何?在族党之中,长幼同听之而和顺,彼且不顺,其如族党之乐何?是其为礼也必伪,而慢易之心入之矣,岂足以治躬?其为乐必淫,而鄙诈之心入之矣,岂足以治心?[①]

游酢认为人到了不"仁"的时候,人心便没有了,也就根本谈不上"善"。子女对父母的"孝",臣子对君子的"忠",人与人之间的温和、恭顺,都是因为有了仁爱之心才能做到的。一个人一旦失去了"仁",对父母必然就是不"孝",对君主必然是不"忠",对朋友断然不是真正的友好和友爱。即使对君主也有"忠诚"的表现,对朋友也表现出友好、友爱,归根结底却也是虚假的,只是呈现给他人看的。

"仁"是怎样表现出来的?游酢认为,"仁"是通过各种"礼"表现出来的。游酢关于"仁"和"礼"之间的关系其实可以解读为内容与形式之间的关系,即"仁"是内容,"礼"是形式。二者的关系表现为,因为有了仁爱之心,才能做到子女对父母的"孝"和臣子对君主的"忠",对待朋友友好、友爱,这都是通过"礼"体现出来的。只有先做到了"仁",才能在子女对待父母,臣子对待君主,在同各种人的交往中,将"仁"通过各种"礼"体现出来。只有在"仁"这个基础上,即一个人真正有了仁爱之心,才能体现所施行的各种"礼"的真实性。如果一个人没有了仁爱之心,所施行的一切"礼"都是虚伪的。所以,游酢才指出了仁爱的重要性。

在"性善论"问题上,游酢把"仁"认为是根本的善行,认为"仁"是人们生活中不可或缺的重要方面。这也是从儒家到理学一贯主张的,游酢在《论语杂解》中写道:

---

① 《宋·游酢文集》卷三,《论语杂解·"人而不仁"章》,延边:延边大学出版社,1998年,第92页。

仁,人心也,不可须臾离也,犹饥之于食,渴之于饮,一日阙之,则必颠仆饿踣而殒命矣。人心一日不依于仁,则不足以为人焉。[①]

游酢认为,"仁"是人们心中所固有的"善",人们一刻也不能离开它,"仁"如同人们在饥饿的时候要吃饭,口渴的时候要喝水一样。如果饥饿时没有饭吃,口渴时没有水喝,不是饿死也是渴死。作为人来说,人心一天都不能离开"仁"。如果一旦离开了"仁",就不配作为一个人,这是天理所决定的。否则,这个社会就不成为社会。他把"仁"作为"善"的根本,充分说明了是对儒家的进一步继承和发展。这个思想后来又被朱熹予以继承和弘扬,特别是朱熹所提出的"存天理,灭人欲",实际上就是把"仁"看作比任何物质欲望都更加重要,并且认为这也是人与其他动物区别的一个根本标志。

在关于"仁"的问题上,游酢认为"仁"和"义"又是密切联系在一起,是密不可分的。"仁"和"义"二者的关系表现为内容与形式的关系,即"仁"是内容,"义"是形式。在这个问题上游酢认为儒家也是在不断发展的。在游酢的思想中,孔子只谈到了"仁"。孟子则进一步发展,并且将"仁"与"义"密切地结合在一起,孟子发展了孔子的思想。因此,游酢在《二程语录》中写道:

仲尼言仁,未尝兼义,独于《易》曰:"立人之道,曰仁与义。"而孟子言仁,必以义配,盖仁者体也,义者用也。知义之为用而不外焉,可与语道矣。世之所论于义者多外之,不然则混而无别,非知仁义之说者也。[②]

游酢的论述使我们充分认识到,"仁"与"义"是分不开的。游酢认为,孔子只是强调了"仁",还没有涉及"义",孟子则予以发展,即孟子将"仁"与"义"二者密切地结合在一起。孟子的思想是"仁"离不开"义","义"也离不开"仁","仁"与"义"二者是一个有机的整体。游酢关于"仁"与"义"二者之间的关系可以解读为,"仁"是基础,"义"是"仁"的表现形式之一,是在"仁"这个基础上的进一步延伸和扩展。在游酢的思想中,只有将"仁"与"义"两

---

① 《宋·游酢文集》卷三,《论语杂解·"回也,其心三月不违仁"章》,延边:延边大学出版社,1998年,第101页。

② 《宋·游酢文集》卷五,《二程语录》,延边:延边大学出版社,1998年,第155页。

者密切地结合在一起,然后将"仁"延伸和扩展到"义",才是"道"的真正体现。

(七)人与人之间交往必须以"诚信"为根本

在这个问题上,游酢提出了"五德",即圣德、仁德、义德、礼德和智德。游酢认为,"五德"中最根本的就是圣德。所谓圣德,就是一个"信"字,我们对此可以解读为诚信。游酢把仁、义、礼、智、信这五常中的"信"理解成根本。

如何体现出"信"为根本呢?游酢首先指出,做人必须正直,正直是理学所强调的一个极其重要的方面。所谓正直,我们可以解读为做人必须光明正大,而不是要阴谋诡计,处处算计别人。游酢在《论语杂解》中写道:

> 直者,循理之谓也。惟其循理,故能尽生之经,与直养之直同。至于奸罔,则去直也远矣。①

游酢所阐述的正直就是遵循义理。遵循了义理,才使事物能生存,真正的教养与正直是相同的。游酢特别强调,正直又表现出反对一切阴谋诡计,即"至于奸罔,则去直也远矣"。阐述的就是一切奸邪行为,与天理所强调的正直是格格不入的。

游酢在交友的问题上,也予以深刻的论述,认为在人与人之间的关系中,只有大家都做到了诚信,才能成为真正的朋友。他在《中庸义》中写道:

> 聪明睿智,圣德也;宽裕温柔,仁德也;发强刚毅,义德也,齐庄中正,礼德也;文理密察,智德也。溥博者其大无外,渊泉者其深不测,或容以为仁,或执以为义,或敬以为礼,或别以为智,惟其时而已。此所谓时出之也夫。然故外有以正天下之观,内有以通天下之志,是以见而民敬,言而民信,行而民悦,自西自东,自南自北,莫不心悦而诚服。此至圣之德也。②

---

① 《宋·游酢文集》卷三,《论语杂解·"人之生也直"章》,延边:延边大学出版社,1998年,第102页。

② 《宋·游酢文集》卷四,《中庸义·"唯天下至圣二"章》,延边:延边大学出版社,1998年,第146页。

  游酢论述了"五常",并且把"五常"称为"五德"。游酢的论述使我们认识到,在"五德"(即仁、义、礼、智、信)中,最重要的就是"信"。游酢认为,当一个人能真正做到了诚信,不仅能使朋友之间和睦相处,而且真正表现了聪明睿智,诚信与聪明睿智也属于同一含义。

  正是因为这样,游酢认为,"诚"是人与人之间最为重要的方面。只有坚持了诚信,才能做到仁、义、礼、智。特别是作为统治者来说,他才能受到百姓的尊敬,所说的话才能使百姓相信,所做的事才能使百姓喜欢,只有这样,才能使大家得到共赢。

  游酢论述关于"诚"的思想时,又具有现代哲学关于共性与个性之间关系的萌芽。游酢认为,每个人都有每个人的特性,把每个人的特性予以综合,去其不同之处,找其共同之处,就能把他们归结成为一个共同的本性,这个共同的本性就是"诚",即"善"的根本体现。因此,人们共同的本性与每个人特有的个性是互相包含的,即共性与个性是互相包含的,这就是共性中包含了个性,个性中同样也包含了共性。

  游酢认为,每个人所具有的特性,是众人共性的基础。众人所有的共性,则是在每个人特殊的个性基础上产生的,是个性的升华。如果将这个思想延伸和扩展到整个世界,世界上各种事物之所以能生存,又表现出与其他事物的不同,在于每个事物都有它的个性,个性必然具有合理性的因素。如果失去了合理性因素,就不能生存。当我们把不同事物的特性予以综合,找出它们的共同之处,就成了万物的共性。

  进入南宋,朱熹对这种思想又进一步发展,即朱熹思想同样具有现代哲学关于共性与个性关系的萌芽。实际上朱熹就是把不同事物的个性加以综合,指出所产生的共同之处就是共性,这个共性就是"理"。在朱熹思想中,这个"理"实际上就是个性与共性的关系,即"一理与万理"的关系。游酢认为,只有这种共同的"性",才真正体现和谐。

  在这个问题上,游酢又认为当人们遵循了"道",即遵循了人性中所固有的"善",也可以理解为"诚",才能使这个世界成为一个人与人之间、人与自然之间和谐的世界。游酢一直都认为,遵循事物的共性是与和谐密切联系在一起的,这个共性就是由"天理"所产生的"诚","诚"与共性体现为具有同一含义。

  在当今社会领域内,"诚"又包含有契约的因素。尽管存在不同的阶层、不同的政治集团、不同的思想意识、不同的社会制度,相互之间还存在差别,表现为互相之间的势不两立,甚至到了你死我活的地步。但是,游酢的论述却使我们认识到,在它们之间都能找到共同之处,从而达到阶级、政治集团、思想意识、社会制度之间的和谐,而这种和谐就是通过制定共同的契约来实现的。我们可以把契约称之为是不同阶层、不同政治集团、不同思想意识、不同社会制度之间的共同的契约。

如何才能实现不同阶层、不同政治集团、不同思想意识、不同社会制度之间的和谐呢?关键在于互相之间必须坚守一个"诚"字。只有相互之间始终坚守诚信,并且各方都恪守诚意,才能达成共同的契约,并且共同遵守,从而实现社会的和谐。契约虽然是它们之间的矛盾达到了不可调和的产物,但是,契约却体现它们在相互之间进行的斗争中逐渐认识到无休止的争斗,结果是谁也不可能成为最后的、绝对的胜利者,并且极有可能造成多败俱伤,从而给社会带来严重的危害。

为了避免造成多败俱伤给社会带来严重的危害,争斗的各方才不得不坐下来商谈。在商谈中又逐渐认识到,需要订立一个各方都能接受的契约。又认识到当契约订立之后,各方只有遵守了契约,才能使各方都达到共赢。如何才能做到共同遵守契约呢?各方都必须始终坚守一个"诚"字。只有这样,大家才能得到快乐和幸福。

游酢以拐杖为例,对关于人与人之间的交往进行了说明。他指出在人与人之间的交往中,要真正做到有诚意,就必须像拐杖那样,只讲服务,而不讲获取。游酢认为,拐杖具有许多优良的品格,特别是在人有危难的时候,真正体现了它的作用,人与人之间只有在患难的时候,才能真正知道谁有诚意,即他在《杖铭》中写的:

> 用之则行,舍之则藏,惟我与尔。危而不持,颠而不扶,将焉用彼?[1]

游酢认为,人与人之间的互相帮助及朋友之间的关系,就如同拐杖一样,只有在关键时刻,才能看得出他是不是真心诚意的。对于拐杖来说,平时不需要的时候,就把它收藏起来。当走路遇到危险的时候,便用上了它。悟出的道理是与朋友之间所存在的真正友好、友谊、友爱,平时都是收藏在

---

[1] 《宋·游酢文集》卷六,《杖铭》,延边:延边大学出版社,1998年,第192页。

心里。关键时刻能伸出援助之手的人,才是真正的朋友。平时那些嘻嘻哈哈、吃吃喝喝的人,那些阿谀奉承的人,都是一些"酒肉朋友",特别明显的是一些势利小人。只有在关键时刻能伸出援助之手,才是真正的朋友。归根结底,游酢认为,这还是由一个"诚"所决定的。

三、强调"性善论"时指出人性的弱点

从儒家到理学始终强调的是"性善论",游酢主张的正是这种思想。在肯定"性善论"的前提下,游酢又指出了人性中的一些弱点,并且指出产生这些弱点的原因及其对这种状况的正确态度,同时在论述中还体现一定程度上的理论思维,主要体现在:

(一)具有现代哲学关于物质决定意识的萌芽

游酢的思想具有现代哲学关于物质决定意识的萌芽。游酢在肯定"人性善"的前提下,指出人性中所存在的一些弱点。游酢认为孟子已经指出了这个问题,孟子指出人们只有解决衣、食、住、行等问题,才能不断地做到知"礼义"和行"礼义"。即使是在孟子的时代,也有着物质决定意识这种现代哲学思维的萌芽。游酢对孟子这个思想予以继承和发展,即他在《易说》中所写的:

> 群臣毕进,则莅天职而食于朝,此所谓不家食也。群臣不家食,则礼义立而政事修,财用足而百志成,万邦咸宁,吉孰大焉,亦何难之不济乎? 故曰"利涉大川"。当是时,命有德讨有罪,无容心焉,天理而已矣,故曰"应乎天也"。①

游酢认为,当许多贤臣都在朝廷担任着重要职务,拿着朝廷的食禄,生活有了保证的情况下,才能做到一心一意为朝廷服务,才能制定出各种"礼

---

① 《宋·游酢文集》卷二,《易说·"象曰,大畜,刚健"至"应乎天也"》,延边:延边大学出版社,1998 年,第 54～55 页。

义",从而使天下安定,大业成功。人们只有先解决了衣、食、住、行等问题,才能更好地思考礼、义、廉、耻各方面,并且予以实行。

当我们进一步解读游酢的论述,把他的思想延伸和扩展到整个社会,可以认为,对于天下的百姓而言,只有先解决他们的衣、食、住、行等问题,才能使他们能更好地遵循"礼义"。游酢认为这是由"天道",即由规律所决定的,是一个自然的社会过程,这是现代哲学关于物质决定意识的萌芽。也正是因为有现代哲学思维的萌芽,才决定了游酢在肯定"性善论"的前提下,指出人性中的弱点,即在肯定人性"善"的过程中,认为人性中存在"恶"的因素,这种"恶"的因素是受到外界环境的影响而产生的。游酢指出了人性中的弱点,才提出必须首先解决人们的衣、食、住、行等问题。只有先解决了人们的衣、食、住、行等基本生存问题,才能更好地引导人们走向"善"。

(二)在"性善论"的前提下指出人性中存在"恶"的因素

虽然从儒家到理学强调的是"性善论",但是,游酢并没有将"性善论"予以绝对化,而是指出在人性中同样存在着"恶"的因素。这就是游酢对孟子提出的"性善论"的发展,即他在《论语杂解》中写的:

> 孟子曰:仁,"人心也"。则仁之为言,得其本心而已,心之本体,则喜怒哀乐之未发者是也。惟其徇己之私,则汩于忿欲,而人道熄矣。诚能胜人心之私,以还道心之公,则将视人如己,视物如人,而心之本体见矣。自此而亲亲,自此而仁民,自此而爱物,皆其本心随物而见者然也。故曰:"克己复礼为仁。"①

游酢认为孟子将人的本性理解为是"仁",孟子肯定了人性是"善"的。由于人具有喜、怒、哀、乐等本能,孟子也承认人会从"善"走向"恶"。但是,游酢又指出在孟子的时代,都是外界因素对人影响的结果,才使人从"善"走向了"恶"。游酢认为孟子这个思想是正确的。其所存在的不足之处,就是没有意识到人性本身存在的各种弱点。

---

① 《宋·游酢文集》卷三,《论语杂解·"颜渊问仁"章》,延边:延边大学出版社,1998年,第110页。

在肯定"人性善"的前提下,游酢认为人性中存在着"恶"的因素。游酢认为这种"恶"的根本原因在于人总是有私欲的一面。私欲是根据自己的本能表现出的喜、怒、哀、乐,常在实际行动中表现出来。所以,人的这些私欲通过在实际行动中表现出来的喜、怒、哀、乐,极有可能使人本来就具有的"善"的本性,被"恶"所压倒,从而使人从"善"走向"恶"。

游酢的论述又使我们进行这样的联想,《三字经》提出的"曰喜怒,曰哀惧;爱恶欲,七情俱",阐述的正是这样的问题。《三字经》虽然强调的是"人之初,性本善",但是,却认为喜、怒、哀、乐、爱、恨、恐惧都是人所具有的,都是人的本能。游酢对儒家的继承和发展使我们进一步认识到,从儒家到理学,根本上讲就是关于人的学说,即在以人为出发点和归宿的前提下,对人的自然属性予以了充分的肯定。

既然从儒家到理学都指出了人性从本质上讲是"善"的,为什么游酢又要指出人性中存在"恶"的因素呢?这一切同人所处的地位具有十分密切的关系,即游酢在《易说》中所写的:

> 柔质而处刚,又当尊位。质柔则嗜欲易以深,处刚则躁竞易以逞。今而窒其原,则贪欲之情可化为不求,而义不可胜用矣;躁忿之质可化为不忮,而仁不可胜用矣。君仁莫不仁,君义莫不义,则非特人与之而已,天斯祐之矣。故有庆。[①]

游酢认为性格处于阴柔的位置,很容易深陷于各种嗜好的欲望之中;性格处于阳刚的位置,很容易放任狂躁竞争的行为。当人塞住心思的本原,人就有可能压制住贪婪嗜欲,有可能变化为不去追寻不好的东西。会有用不完的正义,狂躁忿怒的性格也可以变化为不忌恨;会有用不完的仁爱,作为君主来说,就会变成遵守正义。因此,人们不但会赞扬他,而且上苍也会保佑他。所以,这是值得庆贺的。

游酢的论述实际上就是用道家关于阴阳二者相互作用的关系,来解读儒家关于"性善论"的问题。他用阴阳二者之间相互关系的原理,说明由于阴阳二者之间是相互作用的,才极有可能使人重新回到"善"的本性中。因

---

① 《宋·游酢文集》卷二,《易说·"六五,貔豕"节》,延边:延边大学出版社,1998年,第57~58页。

此,必须注意调节阴阳二者之间的关系,通过阴阳二者之间的相互作用,把不同的人放在适合的位置上。这样才能使人性中本来就具有的"善"充分发挥出来。游酢指出,如果把性格温柔的人安排在尊贵的位置上,很容易使他深深地陷入各种嗜好的欲望中,使他产生贪婪,给社会带来危害。这就是破坏了阴阳之间的和谐。

游酢论述的问题使我们认识到,由于人具有自然属性,即人的本能,因此,很容易使人受到外界环境中"恶"的因素影响,使人本来就具有的"善"的本性被"恶"所压倒,从而产生了"恶"的行为。

游酢特别谈到"恶"的本源的产生除了是因为外部环境以外,还与人的自然属性,即人的本能有着密切的关系,这就是传承和发展了儒家的思想。游酢提出,要阻挡住外部环境中"恶"的因素对人的心理影响的各种渠道。如何才能阻挡住呢?游酢在继承儒家的过程中,引入了道家阴阳二者之间的相互关系来说明。总之,要使自己始终保持一种"无"与"静"的心态。只有保持"无"与"静"的心态,才能把一切杂念的源头阻挡住。两个对立面的相互作用,可以使人性所具有的"恶"的因素,被双方在互相对立中抵消,才能真正回到人本来就具有的"善"的本性中。特别是作为君主来说,只有这样做,才能使人们走向仁爱,真正遵守道义。如果延伸和扩展到整个社会,人与人之间讲仁爱、守正义,整个社会才能成为真正和谐的社会。

既然人性具有走向"恶"的因素,那么能不能克服人性中的弱点呢?游酢认为,这是可以的。如何解决这个问题呢?游酢认为,必须克制自己,服从礼法。只有这样,才能使人真正回到"善"的本性中。游酢的论述,既体现了对儒家的继承和发展,同时又吸收了道家的因素。在吸收道家因素的过程中,体现出对"道"的服从。也就是说,礼法是"道"的体现,遵从了礼法,就是对"道"的遵从。游酢的思想在对"天道"的认识上,认为"天道"有的方面可以认识,有的方面却是无法认识的。游酢的论述包含着这样的思想,认为"仁"与"天道"一样,也是看不见,摸不着和听不到的,却可以通过人与人之间,人与物之间的各种关系体现出来。

在游酢的思想中,在人与人之间的各种关系中,对于所有的人来说,最根本的就是要对父母孝顺。对于统治者来说,在治国方面要通过对人民施仁政体现出来。在人与物的关系上,就是要通过人对物的爱护等方面体现出来。"仁""善""和谐"等皆属于同一含义,"仁""善"的境界就是"和谐"。这种和谐不仅体现的是人与人之间的和谐,而且还体现为人与自然之间的和谐,即"自此而爱物"。含义就是从人与人之间的和谐产生出对世间万物的爱护。"天人合一""天人感应"等中华优秀传统文化所阐述的正是这个道理。

在这个问题上,杨时的思想与游酢的思想是一致的。在关于"善"与"阴阳"之间相互作用的关系上,杨时予以深刻的论述,不仅是他整个思想中的重要组成部分,而且又体现出具有人文主义的萌芽。杨时在《与陆思仲》中写道:

> 人所资禀,固有不同者。若论其本,则无不善。盖一阴一阳之谓善,阴阳无不善,而人则受之以故也。然而善者其常也,亦有时而恶矣,犹人之生也。气得其和,则为安乐人。及其有病也,以气不和,则反常矣,其常者性也。此孟子所以言性善也,横渠说气质之性。亦云人之性有刚柔缓急,强弱昏明而已,非谓天地之性然也。[①]

杨时认为,人的本性是"善"的。这种"善"是通过阴阳的相互作用体现出来的。杨时特别强调人性是"善"的,在一定的条件下也会向"恶"的方面转化。

为什么人性会向"恶"的方面转化呢?杨时认为是阴阳二气之间的不协调,即在阴阳二者之间的关系中,或者是"阴"处在绝对的强势而压倒了"阳",或者是"阳"处于绝对的强势而压倒了"阴"。无论是"阳"绝对压倒了"阴",还是"阴"绝对压倒了"阳",都有可能使人性从"善"走向"恶"。杨时认为,如同阴阳二气的不协调,造成人必然会患有各种疾病一样。如果阴阳二气的不协调,同样会使人从"善"走向"恶",这个道理适用于世界上一切事物。

如何解决这个问题呢?杨时首先强调的是"性善论"是人的本性,又充分肯定了人的自然属性。杨时认为只要是人,都会为了生存首先想着必须解决自己的衣、食、住、行等问题。人为了解决这种需求,就决定了人们在解决的过程中,极有可能从"善"走向"恶"。经过外部环境一些积极因素的影响,如社会制度、法律、道德等各方面的因素对此进行约束,人们经过自身的修养又可以回到"善"的本性中。只有通过阴阳二气之间的相互作用,才能

---

① 《杨龟山集》,上海:商务印书馆,1937年,第54页。

抑制人的本能,从而走出"恶",回归到"善"的本性中。

对于杨时的论述,我们可以进行这样的解读,杨时认为,"阳"实际上就是各种刑律和各种制度,"阴"则是各种伦理道德和各种教育,以及人的自身修养。二者只有相互作用,才能抑制人性中所出现的"恶",从而回到"善"的本性中,这就是杨时思想中人文主义的萌芽。这种人文主义萌芽表现在:一方面,承认人性是"善"的;另一方面,又认为人性中又具有走向"恶"的因素,这是人的自然属性,即人的本能所决定的。如何使走向"恶"的人重新回到"善"的本性呢?就是要通过阴阳二气的相互作用,即各种刑律、制度和伦理规范等方面的相互作用,使阴阳二气之间达到一种平衡。当阴阳二气之间达到了平衡,就意味着走向"恶"的人重新回到"善"的本性中。

杨时所说阴阳二气之间的平衡与游酢的思想表现是一致的。他们二人共同继承和弘扬了从儒家到理学的积极因素,并且使中华文化的发展达到了一个新的高峰。

(三)具有正确"义利观"的萌芽

我们对游酢的思想进一步解读可以发现,游酢的思想具有正确"义利观"的萌芽。为了说明这个问题,我们不妨先谈谈南宋时期朱熹提出的"存天理,灭人欲"的问题。朱熹将理学推向巅峰的过程中,强调了世界万物都是由"理"所产生出来的。朱熹认为一切都是由"理"所决定的,朱熹所强调的"存天理,灭人欲",正是理学发展到巅峰之后的重要标志之一。

朱熹提出关于天理和人欲之间的关系,与游酢所提出的"义利观"具有一脉相承性。理学从游酢等人南传入闽,发展到朱熹,所强调的都是"天理"决定一切。然而,在谈到"天理"决定一切的过程中,并不是要人们抛弃一切物质利益,而是认为必须建立正确的"义利观"。这种正确的"义利观"就是必须承认人们应当具有的物质利益,必须首先解决人们的衣、食、住、行等基本生存问题,游酢认为这是人的自然属性,或者说是人的一种本能。

当人们解决了衣、食、住、行等问题之后,最重要的就是要向更高的精神层次方面发展,这就是必须按照"天理"的要求,处理好人与人之间的各种关系。从家政中的"孝"延伸和扩展到国政中的"忠",再延伸和扩展到对他人的友谊、友好、友爱。总之,如同《三字经》所说的,必须做到"讲道德,说仁义"。当我们用今天的思想进行解读的时候又可以这样认为,作为人来说,就是在物质利益的追求方面必须做到适可而止,在精神的追求方面则是要做到永无止境。

朱熹提出"存天理,灭人欲"时,实际上游酢已经先其提出。游酢强调的是,要去除远远超出人们衣、食、住、行等基本生活需求以外的,并且是没完没了的,以至于使人到了贪婪地步的那些物质欲望。游酢、杨时以及南宋时期的朱熹等思想家认为,这样的欲望必须坚决去除。理学从根本上讲,并不否定人的物质欲望,最重要的就是要把人所具有的物质欲望这种本能,同"仁"密切地联系在一起,即必须首先做到一个"仁"字。游酢对此在《易说》中予以深刻的论述:

> 所欲皆得也,欲仁而得仁,则无恶于欲矣,谁能推咎之哉![①]

其含义就是当物质欲望,即人们的衣、食、住、行等问题得到了解决之后,就要向精神这个更高的层次方面发展,就是要向"仁爱"这方面发展,当能够真正做到了"仁爱",这种物质利益也不是什么可厌恶的。因此,游酢对于这样的物质欲望也没有什么可指责的。

游酢在强调遵循"理"的过程中,又注意到人所具有的各种物质利益的要求。并且特别强调,人们对物质利益的要求不仅是合理的,而且也是人的一种本能,即人的自然属性。但是,最重要的是必须认识到,这种物质利益的获得必须是正当的,也就是人们所说的"君子爱财,取之有道",而不是见利忘义。当宋代思想家对儒家的继承和发展并创立理学的时候,实际上他们就是将"义"与"利"有机地结合在一起,即强调"义"的同时,又注意到了人们的物质利益要求,只不过这种物质利益要求必须是在坚守"义"的前提下达到的。这说明了理学是从人的自然属性出发,首先考虑的是人的生存。只有使人能够生存,即首先必须解决人们的衣、食、住、行等基本生存问题,然后才谈得上仁、义、礼、智、信等方面。因此,儒学到理学从根本上讲,就是关于人的学问,特别是注意到了人的自然属性问题。

"君子爱财,取之有道",在"利"与"义"关系的问题上,强调"义"是第一位,"利"是第二位,其所反映的就是肯定了人的自然属性,并且认为人们的衣、食、住、行等基本生存问题是必须解决的问题。在解决这个问题的同时,

① 《宋·游酢文集》卷二,《易说·"六四,颠颐,吉"至"上施光也"》,延边:延边大学出版社,1998年,第60页。

始终要把"义"放在第一位,即游酢在《论语杂解》中写的:

> 富与贵非其道得之,则君子不处,以有义也。君子宜富贵者也,今至于贫贱,是不以其道得之也。[1]

游酢认为"富"与"贵"如果不是由正道得来的,作为君子来说,是难以安享的。因为君子首先想到的是"义",而不是"利"。游酢同时又指出,君子应该得到富贵,但是,现在却贫贱了。为什么会这样呢?这是因为没有通过正道取得的富贵,是不可取的。作为君子来说,由于认识到了这个问题,所以,才会宁可使自己贫贱,也不会去取那些不义之财,这也是我们对游酢的论述进行的一种解读。

总之,从游酢的论述中使我们认识到,虽然仁、义、礼、智、信对于人来说最为重要,但是,他并不否定人的物质利益,关键在于强调必须注重一个"义"字,即在义与利的关系上,必须将"义"放在第一位,不能见利忘义。而且这种物质利益必须是通过走正道得来的,即"君子爱财,取之有道"。因此,从儒家到理学,从来都没有忽视人的物质利益问题,关键在于要把"义"放在第一位。

(四)对贤者的尊重必须重视他们必要的物质利益

虽然理学强调的是"天理",但是,无论是北宋还是南宋,理学家所继承和弘扬的思想始终认为,必要的物质利益是必须有的,并且认为这是人们能否生存的根本。如果没有物质利益,人就不能生存。当人的生存都不能得到保证的情况下,也就谈不上什么"理"。在这个问题上游酢在《中庸义》中写道:

> 非礼勿动,则内无逸德,外无过行,内外进矣;则富贵不能淫,贫贱不能移,故修身则道立,去谗则任之专,远色则好之笃,贱货则义利分,贵德则真伪核。夫如是则见善明,用心刚矣。故尊贤则不惑。尊其位

---

① 《宋·游酢文集》卷三,《论语杂解·"富与贵"章》,延边:延边大学出版社,1998年,第95页。

所以贵之,重其禄所以富之,同其好以致其利,同其恶以去其害,则礼备
而情亲,诸父昆弟所以望乎我者足矣。故亲亲则不怨。[①]

游酢认为对于不合理法的行为不要有错误的举动。只有这样,才能做
到对内不会失德,对外不会有越轨的行为,并且内外都有进境,就能做到富
贵的时候不会使自己惑乱,贫贱的时候不会使自己改变志向。所以,把自身
修养好,"德"也就建立起来了。把说人闲话的人驱逐出去,对人的信任就会
专一,就能远离女色,其所好就会趋于端庄。同时又能做到看轻财货,把
"义"和"利"严格分开,特别是重视道德,对"真"和"假"进行严格核实,就可
以很清楚地认识"美"和"善",自己的心也就更坚定了。

游酢同样认为,在尊重贤者方面不会迷惑,就是要给贤者很高的地位,
使他有一种尊贵感。同时,又给他很厚的俸禄,使他能够富有。再就是同意
他做自己所爱好的事,使他身心能得到愉悦,同意去除他所厌恶的事,为他
除去祸害。这样就能使礼节周全、情感亲密,父兄辈对自己的期望就可以满
足了。因此,亲近的人就不会对自己产生各种抱怨。

游酢的论述使我们充分认识到,他的思想和南宋的朱熹所强调的"去人
欲"观点是一致的,实际上指的就是去除各种贪得无厌的欲望。对于必要的
物质利益,理学家都予以认可。游酢特别指出,必须"尊贤"。"尊贤",就是
要满足贤者一定的物质利益,尊敬贤者,满足他们一定的物质利益,实际上
就是承认他们所具有的个人价值和社会价值,并且使他们的个人价值和社
会价值充分体现出来。因此,更进一步说明了从儒家到理学,强调的是以人
为出发点和归宿。归根结底,从儒家到理学论述的就是关于人的学问。

---

① 《宋·游酢文集》卷四,《中庸义·"齐明盛富"至"所以行之者一也"节》,延边:延边
大学出版社,1998 年,第 137 页。

第三章　反思与独立人格的一致性

　　我们中华具有五千年文明史,不缺乏辉煌的历史文化,更不缺乏优秀的思想家,我们缺乏的是对历史文化进行深刻的反思。如果不对历史文化进行深刻反思,极有可能使我们的历史文化中所存在的一些缺点,甚至是一些劣根性的因素,转变成为劣根性的历史文化。因此,我们对历史文化进行深刻的反思是至关重要的。在对游酢的思想进行借鉴的时候,我们特别要指出,从儒家到理学,对这个问题都进行了深刻的论述,特别是强调了反思问题。同时,从儒家到理学所提出的反思,同所强调坚持自身的独立人格也是一致的。只有进行深刻的反思,才能使我们这个国家、这个民族中的每一个人,成为真正具有独立人格的人。当我们这个国家、这个民族中的每一个人都具有自身的独立人格,并且能真正对自己的思想和行为进行反思时,再把每个人的思想和行为进行综合,延伸和扩展到整个国家、整个民族。其实,归根结底就是对国家和民族的历史文化进行反思。只有这样,才能推动这个国家、这个民族的发展。关于这个问题,游酢进行了深刻的论述。

一、最重要的方面体现在反思

　　在深入研究中华优秀传统文化的时候,我们必须认识到,中华文化实际上对反思问题十分重视。从儒家到理学就是强调反思。从儒家到理学,认为只有不断地进行反思,社会才能发展。中华优秀传统文化在涉及反思问题的时候,常常是体现在一些碎片化的言论上,还没有上升到理论思维的高度。然而,正是这些碎片化的言论使我们看到许多关于反思的思想,游酢对

这个问题进行了深刻的论述,即他在《易说》中写的:

> 观我生进退者,省诸己也。度德以就位,量能以任官也。观我生者,验诸民也,所以审好恶而察治忽也。夫如是则兴事造业无过举矣,故无咎。此在上位者与德称而志在民者之所为也,故特称君子。观其生,则观其时之施设也。此有君子之才而无其位,身在畎亩而志常在君者之所为,故亦称君子,而象因其有观以知其未平也。①

游酢认为反思是极其重要的,每个人都要认真地进行自我反思,思考自己的品德如何,然后根据自己的品德和能力,认识到自己能从事什么样的工作,适合担任什么样的职务。特别是对于统治者来说,还要让老百姓来审视自己的品德,评价自己的品行如何,是否德能配位;还要让老百姓评价制定的政策是否符合他们的利益,是否因地制宜,只有这样,才能避免一些错误的发生。从游酢的论述中我们认识到,在他的思想中具有现代哲学关于实践观点和群众观点的萌芽,即他所说的“志在民者之所为也”,阐述的就是只有一心一意为老百姓着想的人,才能称得上是真正的君子。

在强调反思问题的时候,游酢一系列论述又使我们进一步认识到,反思是从儒家到理学历来主张的。在这个问题上,游酢予以继承和发展,这就是他在《中庸义》中写的:

> 君子内省不疚,无恶于志,君子所不可及者,其惟人所不见乎?②

游酢认为,对于君子来说,必须不断地进行反思。只有不断地进行反思,才能发现自己的不足之处,并且予以改正,才能使自身更加感到安心。

阐述反思问题的时候我们同样要认识到,进行自身的修养首先必须对自身进行反思,而不是怨天尤人。我们不缺乏辉煌的历史文化,缺乏的是深刻的自我反思,游酢对这个问题也进行了深刻的论述,他在《论语杂解》中写道:

---

① 《宋·游酢文集》卷二,《易说·“六三,观我生”节》,延边:延边大学出版社,1998年,第51页。

② 《宋·游酢文集》卷四,《中庸义·“潜虽伏矣”节》,延边:延边大学出版社,1998年,第148页。

若夫尊德乐义之士，嚣嚣自得，不怨天，不尤人，遁世无闷，不见是而无闷，非君子成德，孰能至于是哉！故曰"人不知而不愠，不亦君子乎？"语成德也。不然，不念旧恶，怨是用希，与夫遗佚而不怨，阨穷而不悯者，何以称夷、惠？说也，乐也，君子也，言其义则然。若夫所以说乐，所以为君子，则在于学者之心得。学而至于乐，则在我者无憾矣，宜其令闻广誉四驰也。而人有不知焉，是有命也。不知命无以为君子也。今也，人不知而不愠，则非成德之士安于义命者，不能尔也。谓之君子。①

游酢认为，要让自身成为具有公道、正义、重品行的人，最重要的就是要不断地学习，对自己的一切行为进行不断的反思。在实践中必须做到凡事都不能怨天尤人，而是要从自身的主观上寻找原因。只有这样，才能使自身始终保持一种清醒的头脑，从而不断克服自身的缺点和不足之处。

游酢所阐述的问题是对个人而言。然而，游酢的论述同样可以与家政和国政合一的问题联系在一起。游酢所阐述的自我反思问题，与家政和国政合一的问题具有什么样的联系呢？中华优秀传统文化在把人作为出发点和归宿的过程中，始终把个人作为国家最终的基础。正是因为把个人作为国家最终的基础，这就决定了如果把个人的自我反思延伸和扩展到一个国家和一个民族的时候，便可以做出这样的结论：一个人只有不断地进行自我反思，才能使自己不断地进步；对于一个国家和一个民族来说，要想发展，并且走向强大，最重要的就是要不断地对历史文化进行深刻反思，认识到国家和民族所担负的角色。这样，才能使国家和民族不断得到发展，并且不断地走向强大。

当我们批判地继承从儒家到理学的思想时，特别重要的方面就是必须充分认识到，既然从儒家到理学是关于人的学说，并且是以人为出发点和归宿，特别是把个人作为国家最终的基础，那么将个人的反思延伸和扩展到一个民族和一个国家的反思时，对于个人来说，所进行的自我反思表现在于，必须善于学习别人的优点和长处，克服自己的缺点和不足之处。当自己有了缺点和错误的时候，首先要从自身找原因，而不是强调客观因素；延伸和

————————————

① 《宋·游酢文集》卷三，《论语杂解·"学而时习之"章》，延边：延边大学出版社，1998年，第77页。

扩展到一个国家、一个民族的时候,这个国家、这个民族必须善于学习,特别是不断地学习其他国家和其他民族一切优秀的科学文化成果,并且对其进行批判地吸收。在学习中,当出现挫折和失败的时候,首先要进行自我反思。这种反思不仅包括对自身行为进行反思,同时还包括对自己的民族和自己的国家的历史文化进行不断反思;而不是出现了挫折和失败之后,就强调客观原因,如把这些问题说成是天灾,外部"敌对势力的阴谋""亡我之心不死"所造成的。如果持这样的思想,这个民族、这个国家是难以进步和发展的。反思最重要的就是必须从自身找原因,而不是把所出现的问题推给外部的因素,这正是我们从游酢的论述中得到的启示。

二、有关自身的修养问题

游酢在继承和发展儒家关于家政与国政合一的思想方面,认为反思首先要从个人的修身开始,说明了他把个人的修身看得特别重要。游酢认为只有个人进行了很好的修身,并且能很好地对自身的思想和行为进行反思,才能促进国家和民族不断地对自己的历史文化和实践活动进行反思,从而促进国家和民族不断地进步。显然,游酢所阐述的自身修养问题正是从个人的反思延伸和扩展到一个国家和一个民族的反思,正是对儒家关于家政与国政合一问题的继承和进一步的发展。因此,阐述一个国家和一个民族的反思时,游酢认为,首先要从个人的修身开始。个人如何进行修身呢?游酢从以下方面进行了论述。

(一)必须不断地学习

游酢首先指出了学习的重要性,认为一个人经过长期的不断学习,就会改变他的一切。人自身的知识功底和修身,不是显而易见的,而是通过不断的学习,通过不断的实践产生出来的。游酢认为人的气质也是通过长期的学习培养出来的。从一个人的言谈举止等方面,就可以判断出他的修养如何,游酢在《论语杂解》中写道:

> 理也,义也,人心之所同然也。学问之道无他,求其心所同然者而已。学而时习之,则心所同然者得矣,此其所以说也。故曰理义之说我

心,犹刍豢之说我口。今试以吾平居之学验之,若时习于礼,则外貌无斯不庄不敬;时习于乐,则中心无斯须不和不乐。无斯须不庄不敬,则慢易之心无自而入,而本心之敬得矣;无斯须不和不乐,则鄙诈之心无自而入,而本心之和得矣。时习之则时有得矣,时有得矣,其为悦可胜计哉! 流水之为物也,不盈科不行,君子之志于道也,不成章不达,故积于中者厚,然后发于外者广;得于己者全,然后信于人者周。有朋自远方来,则发于外者既已广,信于人者既已周矣,夫非积厚于中,得全于己者,曷至是哉。此其所以乐也。[①]

游酢认为,道理、正义是人心所共同向往的。他首先从儒家关于"人之初,性本善"的观点出发阐述这个问题。

游酢认为真正遵循道理、走向正义的行为,不是自然产生的,是通过修身之后才能做到。如何进行修身呢? 就是自身必须通过不断的学习,不断的积累,并达到一定境界。游酢特别强调,一个人如果自身能静下心来,认真温习礼义,不仅会感到快乐,感到心情十分舒畅,而且还能克服自身轻浮散漫和卑鄙欺诈之心。即使在自身的周围充满各种繁杂的事物,也根本侵入不到思想中。当一个人能认真温习礼义,日积月累,随着时间的积淀,就会得到人们普遍的信任和认同。

对于这个问题,游酢认为个人自身的气质和掌握的知识,是通过认认真真的学习和踏踏实实的实践之后获得的。为此,他进行了通俗的比喻,如同给一个坑灌水,当坑里灌满了水之后,如果继续往坑里灌水,水就会往外溢一样。通过认认真真地学习,把所获得的知识踏踏实实地运用于实践之后,人的气质、修养就会达到很高的境界,即使是自身不言,人们也会知道他具有渊博的知识和良好的修养,从而获得认同和敬重。为什么远方的朋友会从遥远的地方前来追寻、学习呢? 就是因为所追寻和学习的人积累了渊博、扎实的知识。

游酢携杨时到河南拜程颐为师,虚心向他求教,成就了历史上不可复制的"程门立雪"。由此说明了游酢所谈的这些实际上就是自己亲身经历过的。正是因为这样,他才把自己所经历过的这些事提高到理论思维的高度

---

① 《宋・游酢文集》卷三,《论语杂解・"学而时习之"章》,延边:延边大学出版社,1998年,第76页。

来进行论述,进行思考,并形成学说。

(二)治学最重要的表现为低调

阐述个人的修身问题时,游酢特别注意儒生的修身问题。作为儒生来说如何进行修身呢?游酢认为,可以通过治学体现出来。如何进行治学呢?最重要的就是必须做到谦虚、低调。对此他概括成一个"敬"字,即恭敬,我们将这个"敬"解读为谦虚、低调。游酢认为,这个"敬"比"静(沉静)"的意义更加重要,他在《静可书室记》中写道:

> 然伊川先生教人,又用敬不用静者,以敬贯动静,该体用,若只用静,恐都无事了,又失大本当先之意。故曰"敬则自虚静",又曰"静中须有物始得,必如是乃可言静"。虽然,静谓之"可者",亦仅可而有所未尽之辞。[1]

游酢认为程颐在教书育人方面十分强调"恭敬",而不是"沉静"。为什么会这样呢?是因为"恭敬"贯穿于"动"与"静"之中,并且概括了本体和应用。

如果一味地"静",恐怕什么事情都不得明白。所以,"恭敬"自然是"虚静","静"中要有内容才会有收获。只有这样,才是真正的"静"。但对于"静"来说,仅仅是指可以达到的外表,"静"还表现出还未完全达到的境界。

治学的人必须谦虚、低调,程颐正是这样的人。程颐教人首先教他们必须学会恭敬,而不是沉静,并且始终是把"恭敬"放在第一位。游酢认为,"恭敬"贯穿于沉静之中,做到了恭敬,即做到了谦虚、低调,自然能使自己真正沉下心来,认真钻研学问,并且有所收获。只有做到谦虚、低调,才能不断地发现自己的缺点和不足之处。对于儒生来说,就是不断地发现自己在知识方面的欠缺,从而使自己静下心来。一方面,自己努力地钻研学问;另一方面,认真地向有学问的人学习。游酢认为只有通过这样的方式治学,才能真正领悟出"道"的含义。

在与他人进行的交谈中,无论是谈学问,还是谈其他问题,都应当做到

---

[1] 《宋·游酢文集》卷六,《静可书室记》,延边:延边大学出版社,1998 年,第 176 页。

尽量让他人多说话，自己尽量少说话，多听他人的看法。这也是"恭敬"包含的一个重要的方面。不仅表现出自己的谦虚、低调，而且还体现出自己具有很高的修养和教养，同时还可以从他人那里学到自己所没有的知识。

(三)官员学习的重要性

游酢认为，作为政府官员，就是要不断地学习，学无止境。游酢在《中庸义》中，对此进行了深刻的论述：

> 欲诚其意，先致其知，故不明乎善，不诚乎身矣。学至于诚身，安往而不致其极哉！以内则顺乎亲，以外则信乎友，以上则可以得君，以下则可以得民。此舜之允塞，所以五典克从也。[①]

游酢的论述说明了这样的问题，作为各级政府官员，要做到真心实意地为老百姓做事，必须先获得知识。要获得知识，首先必须学习。只有经过不断地学习，系统地掌握了知识，才能知道更多的道理，从而更好地做到真心实意地为老百姓做事。

游酢认为，要做到真心实意地为老百姓做事，最重要的就是要能够辨别什么是"善"。如果辨别不清什么是"善"，怎么能够拥有真心实意的情怀呢？如何才能够辨别什么是"善"呢？游酢认为，就是要不断地学习，不断地充实。只有经过不断地学习，才能具备很高的修养，并且在实践中表现出真正的"诚"；能够做到在家中孝敬父母，在外做到对朋友友好、友爱；对上能取得君主的信任，对下能得到百姓的拥戴。

对于各级政府官员来说，通过学习，进行了很好的修身，就能够使自己真心实意地把国家治理好。游酢把儒家关于家政与国政合一思想予以进一步发展。因此，游酢有关官员学习的重要性这个思想在今天仍然值得我们借鉴。

游酢认为修身对于各级政府官员的重要性还表现在于，能给广大百姓做出一个好的榜样。他认为，这是"上行下效"。对于所有的人来说，都必须

---

① 《宋·游酢文集》卷四，《中庸义·"在下位"节》，延边：延边大学出版社，1998年，第139页。

这样做,即要从自己做起。因此,有关修身的重大意义,游酢在《易说》中又写道:

> 圣人养贤以及万民,则以上养下,颐之正也。若在上而反资养于下,则于颐为倒置矣。夫自养以有所养,养德以需天下之求,颐之常理也。今至于屈己以求诸人,则失理之常矣。[①]

游酢所谈的"养",可以解读为教育、引导。修养在很大程度上起到了一个上行下效的作用,修养要从上层建筑开始做起,才能更好地教育、影响和引导广大老百姓,从而使广大老百姓也有很好的修养,以达到社会的安定、和谐。游酢指出,这才是正道。如果要让广大老百姓的修身来影响各级政府官员的修身,那就是本末倒置,会引起整个社会的混乱。

阐述这个问题的目的在于,为了使社会有一个好的风气,做到社会的和谐,君主及其各级政府官员首先要起到一个表率作用。这样,才能真正使社会和谐。对于每一个人来说,在修养方面必须从自身做起,使自身有一个好的品德。如果每个人在修养中都从自身做起,那么,这个社会从根本上讲就是安定、和谐的社会。这一切在游酢看来,正是"理"所要求的。

(四)反思在于不断地发现自己的缺点和不足之处

对于这个问题,游酢首先从人的自然属性出发,指出人之所以会表现出"恶"的行为是由于受到外部环境的影响。然而,他认为,最重要的就是有了"恶"的行为之后必须改正。对于具有"恶"的行为,或者是对于有一些过失的人来说,是可以对他们进行引导、教育,使他们重新回到"善"的本性中,即他在《二程语录》中所写的:

> 行之失莫甚于恶,则亦改之而已矣;事之失莫甚于乱,则亦治之而已矣。苟非自暴自弃者,孰不可与为君子?[②]

---

① 《宋·游酢文集》卷二,《易说·"六二,颠颐,拂经于邱颐"至"行失类也"》,延边:延边大学出版社,1998年,第59页。

② 《宋·游酢文集》卷五,《二程语录》,延边:延边大学出版社,1998年,第149页。

从游酢的论述中不难看出，只要是人，都免不了会犯一些错误，还会有一些过失。但是，只要还没有发展到"恶"而走向犯罪的地步，都可以进行引导，使其改正错误，避免过失。即游酢所认为的，只要不是自暴自弃，认真改正错误后，仍然能成为一个君子。

游酢认为，对于政府决策者来说，同样也会犯错误，也会有一些过失。无论政府官员怎样有过失，只要是还没有发生人民群众反抗政府的行为，就说明了这个政府从根本上讲，还是能得人心的。对于游酢所论述的这个问题，我们可以认为，政府必须防止有人以此为借口，煽动人民群众从事推翻政府的叛乱行为。如何防止呢？游酢认为，政府官员必须不断地对自身的行为进行认真反思，防止犯错误。如果有了过失，犯了错误，就要及时认真地反思，并且真心诚意地改正自己的过失和所犯的错误。

游酢认为人会犯错误是很正常的事，关键在于人在犯了错误之后必须改正。人们如何改正错误呢？这是同不断地修身密切联系在一起的。如何进行修身呢？游酢认为，人们必须不断进行自我反思，必须做到谦虚、低调。这也是游酢和其他儒家学者一贯主张的。

游酢也认为，事物是不断变化的，对于一个人来说，得志的时候不能得意忘形，应该考虑今后的方向，今后应该如何更上一层楼。因此，无论在任何时候，人们都要保持谦虚、低调。归根结底，游酢认为，这些都是由"道"所规定的。这就决定了在游酢的思想中，必须始终把握住"道"。关于这个问题，游酢阐述得十分清楚，他在《中庸义》中写道：

> 道无不行，则无入而不自得矣。盖道之在天下，不以易世而有存亡，故无古今；则君子之行道，不以易地而有加损，故无得丧。至于在上位不凌下，知富贵之非泰也；在下位不援上，知贫贱之非约也。此惟正己而不求于人者能之，故能上不怨天，下不尤人。盖君子为能遁理，故居易以俟命，居易未必不得也，故穷通皆好。小人反是，故行险以徼幸。行险未必常得也，故穷通皆丑。学者要当笃信而已。射有似乎君子者，射者发而不中，则必反而求其不中之因，意者志未正邪？体未直邪？持弓矢而未审固邪？然而不中者寡矣。君子之正身，亦若此也。爱人不亲反其仁，治人不治反其智，礼人不答反其敬，行有不得者皆反求诸己

而已,而何怨天尤人之有哉! 失诸正鹄者,行有不得之况也。①

游酢认为"道"是永远存在的,并且体现了对一切事物都是一视同仁的。我们对此可以进行这样的解读,即在"道"的面前万事万物都是平等的。游酢指出,对于君子来说,无论外界发生什么样的变化,都要始终把握住"道"。既然一切事物在"道"的面前都是平等的,"道"又包含着"在真理面前人人平等""在法律面前人人平等"这样的因素,所以我们可以认为,游酢对理学的继承和发展中,又包含有现代国家理论的萌芽。

如何把握住"道"呢? 游酢认为要不断地进行修身,这种修身又是同不断地进行自我反思密切联系在一起的。只有通过不断地自我反思,才能做到凡事都必须先从自身找原因。这种修身又表现出当自己地位高的时候,不能欺凌比自己地位低的人,当自身地位低下的时候,要做到不向上谄媚、阿谀奉承,始终要认识到,富贵不是一成不变的,贫贱不是屈辱。自身无论处在什么位置上,都是由"道"所决定的。因此,必须遵循"道"。只有这样,才能做到不怨天尤人,并且能时刻对自身进行反思。小人对这个问题的认识则完全相反。凡是遇到一些问题,如遇到挫折和失败等逆境时,都是怨天尤人;当得志的时候,则是得意忘形,正如清代曹雪芹《正册判词》写道:"子系中山狼,得志便猖狂。"

游酢的论述同时又给了我们这样的启示,当我们把这个问题延伸和扩展到一个国家和一个民族的时候,一个国家如果由昏君、暴君、贪官、污吏来治理,这种态势下,在国家遇到挫折和出现失败的时候,他们不是对自己的思想和行为进行深刻的反思,而是把这一切都归为外部的因素。因此,游酢所谈的问题十分深刻。特别是他所举的这个例子最有说服力,他指出,如同射箭一样,"射有似乎君子者,射者发而不中,则必反而求其不中之因"。对于某些人,射不中目标,不是首先从自身找原因,思考着自己为什么射不中目标,而是归为外部原因。游酢举这样的例子就在于说明,对于一个国家和一个民族来说,如果治理不好,首先在自己身上找原因,而不是归为外界因素。

在现实社会中就有这样的人,当自身有了什么缺点和不足之处,别人对

---

① 《宋·游酢文集》卷四,《中庸义·"君子素其位而行"章》,延边:延边大学出版社,1998 年,第 129~130 页.

其指出的时候,不是虚心地接受,勇于改正自己的缺点和不足之处,而是强调别人在某些方面还不如自己。就如同两个学生考试之后,一个学生考试成绩九十分,另一个学生的成绩则是不及格。当考试成绩九十分的学生,指出成绩不及格的学生答题有哪些错误时,他不是虚心地接受,并且改正自己的错误,而是指责考试成绩九十分的那个学生,说其答题也有错误之处,也许那个考试成绩九十分的学生答题中的错误,恰恰是成绩不及格的学生答对了的题目。这时,他便拿着自己答题正确的部分,反驳成绩优异者答题中的错误方面。正是因为这样,成绩差的学生在学习方面是不可能进步的。当我们把这个问题延伸和扩展到一个民族、一个国家的时候便可以认为,当国家出了一些问题时,我们经常听到一些人说这样的话,把所有的一切都归结为是外部敌对势力破坏所造成的,而不是从自身找原因。如果持这样的态度,这个国家、这个民族是不可能进步的,并且也谈不上强大。这些都是我们在借鉴游酢思想中必须认识到的。

反思还表现在于当别人指出自己的缺点和不足之处时,他极有可能在其他一些方面不如自己,这也是十分正常的。在这种情况下,自己不能说他在其他方面不如自己。也就是说,不能用自己的长处来揭别人的短处,而是要吸取别人在其他方面所犯的错误的教训,避免别人所犯的错误在自己身上发生。如果延伸和扩展到一个国家和一个民族,当其他国家指出本国有哪些缺点和不足之处的时候,正确的态度就是除了努力改正自己的不足之处以外,还必须从对方所存在的缺点和错误中吸取教训,避免犯对方那样的错误。只有这样,才能使国家和民族不断地发展,并且不断地走向强大。

(五)修身体现出形式与内容的统一

阐述修身的时候游酢认为,修身对人具有十分积极的影响。这种影响不仅能够从一个人的言行举止中体现出来,而且对一个人的整个身心都具有积极的影响。游酢认为,从一个人的外部形象上看,经过修身的人和没有经过修身的人,极有可能表现出具有不同的形象。修身和没有修身是通过他的外部形象来反映他的内心活动。游酢思想同样具有现代哲学关于内容决定形式这种哲学思维的萌芽。

游酢通过阐述人的言行举止和内心活动的关系说明,人的内心活动决定他的言谈举止。一个人通过修身之后,他必然具有良好的形象,这种良好的形象是通过修身后所具有的内在因素表现出来的。因此,这是基本的因素。但是,又由于人的内在因素是通过他的言谈和举止体现出来的,这就决定了在形式与内容二者的关系中,内在的因素决定外部的表现方式。在形式与内容二者的关系中,游酢又认为,表现方式是必要的,并且也是必不可少的。因为它在显示内在因素的过程中,很大程度上决定了人们对他的看法如何。所以游酢认为,外在的表现方式是必不可少的,这种外在的表现方式最终都是由内在因素所决定的,即他在《论语杂解》中写的:

> 正其衣冠,尊其瞻视,俨然人望而畏之,此君子之重而威也。重而威,则德性尊矣,故君子日就,小人日远,由是而学,其思之必精,其行之必笃,其问之必周,其听之必专,入乎耳,著乎心,此德全而学固矣。反是,则言招忧,行招辱,貌招淫,好招辜,何威之有?①

游酢十分注重人的修身,他认为,修身对于一个人来说,从外表上看,包括了衣冠端正,看人时目光端庄。具有庄重和威严的形象,君子会和他日渐亲近,也可以日渐疏远一些小人。这要经过不断的学习而实现。如此,思想才会一定精微,行为也必定笃实,询问问题的时候也必定广泛,在听取各种意见时也一定能够专心。对别人说的话才能够做到从耳朵里听进去,并且铭记在心上。这样,他的道德便具备了,学问也就牢固了。

在对游酢论述的解读中,我们联想起人的言谈问题。实际上,一个人的言谈在很大程度上就是他修身的重要表现方式之一。在言行上必须尊重他人,只有尊重了他人,才能得到他人的尊重。如果不注重修身,说话就会惹来祸患,行动就会惹来耻辱,面貌就会惹来淫邪,所爱好的就会惹来惩罚。如果一个人到了这种地步的话,哪里还能够谈得上什么威严。

游酢认为,一个人的外表形象对他的内在因素所产生的影响可能是积极的,也可能是消极的,人的外表形象是十分重要的。一个人之所以会产生不同的外表形象,归根到底,还是由他的修身所决定的,修身实际上体现一个人在内容与形式上的统一。

游酢又提出要用人的心诚来说明形式与内容的统一问题。一个人是不是心诚,可以通过他的言谈举止体现出来。一个人如果要做到心诚,修身的

---

① 《宋·游酢文集》卷三,《论语杂解·"君子不重"章》,延边:延边大学出版社,1998年,第85~86页。

好坏就是极其重要的方面之一。当然,一个人是否能真正做到心诚,外部条件对他也有影响,然而,却不是决定的因素,决定的因素是他的内心活动情况。内因是变化的根据,外因是变化的条件,这是现代哲学思维的萌芽,即他在《中庸义》中写的:

> 诚者,非有成之者,自成而已。其道非有道之者,自道而已。自成自道,犹言自本自根也。以性言之,为诚;以理言之,为道。其实一也。[①]

游酢认为心诚主要不是靠别人促成的,而是通过自己修成的。在"道"决定一切的时候,一个人通过修身,做到了真诚,也并不仅仅是由"道"所促成的,最重要的还是由自己亲身体会之后做到的。通过自己修成和体会,才是根本的途径。

游酢的理学思想具有现代哲学思维的萌芽,即内因是变化的根据,外因是变化的条件。这种现代哲学思维的萌芽体现为,通过自己修身是内因,通过"道"的影响则是外因。对于游酢的思想,如果从人性方面进行解读,也可以这样认为,在联系到对"诚"与"理"的关系进行认识的时候,便体现出"诚"是"理"的具体表现即形式,"理"则是内容。因此,"诚"与"理"二者实际上就是同一事物中形式与内容两者之间的关系。

游酢认为,一个人要真正做到"诚",并不是自然而然形成的,而是要通过自我修身之后才能实现。因此,在游酢的思想中,内因是达到"诚"的根本原因,外因只是达到"诚"的条件。由此进一步说明了游酢思想具有现代哲学思维的萌芽,不仅表现为内因是变化的根据,外因是变化的条件,更重要的在于他把具有这种萌芽贯穿在自我反思的过程中。

(六)修身体现身心的一致性

游酢认为,修身体现人们身心二者的一致性。在游酢的思想中,关于修身问题具有现代心理学的萌芽,主要表现在他把修身看成是体现人的身心

[①]《宋·游酢文集》卷四,《中庸义·"至诚之道,可以前知"章》,延边:延边大学出版社,1998 年,第 141 页。

的一致性。理学也是关于心理方面的学问,即具有现代心理学的萌芽。游酢对此进行了认真叙述,在《论语杂解》中写道:

> 仁者安仁,得于所性之妙,不逐末,不忘本,不逐伪以丧真,不残生以伤性,可以保身,可以养生,可以尽年,故享年享国皆可长久,若尧、舜、文王皆度越百岁是也。①

游酢认为,仁者安于仁,这是天性的奥妙。好的心理是表现在不追求末节,不忘记根本,不追求虚伪,不伤残生命。如果做到了这些,不仅可以保护身体,颐养生命,而且还可以乐尽天年。在这个问题上游酢特别指出,当人们有了一个好的心理,人的寿命还会延长。特别是对于君主来说,在位的时间也会长久。他以尧、舜、周文王等圣明的君主为例进行说明,认为他们正是因为做到了上述那些,所以其寿命都超过了一百岁。当然,这些都是史料中记载的,有待专家们考究。

游酢认为人的心理与生理表现出一致性。"仁"不仅是人的天性,而且也是天理所要求的。如何体现出这种天性呢?游酢对人的心理进行了分析,认为具有良好心态的人,应当做到在重大问题上把握原则,不要纠缠细节。只有这样,才是一种健康的心理。这种思想的萌芽证明了游酢思想所继承和发展的理学具有心学和理学相互作用相互影响这种现代心理学的萌芽。

(七)人与人之间的关系在于互相尊敬和对他人的宽容

从儒家到理学,都强调社会的和谐。如何才能做到社会的和谐呢?游酢认为,重要的方面在于要做到人与人之间的互相尊敬和宽容。游酢在《论语杂解》中这样写道:

> 若主之以敬而行之,则简为善。②

---

① 《宋·游酢文集》卷三,《论语杂解·"知者乐水"章》,延边:延边大学出版社,1998年,102页。

② 《宋·游酢文集》卷三,《论语杂解·"仲弓问子桑伯子"节》,延边:延边大学出版社,1998年,第99页。

　　游酢认为，如果以"敬"作为主体，那么宽容便是一件极好的事。人与人之间的关系最重要的就是要做到互相尊敬和宽容。

　　游酢还谈到了关于"简"的问题，这里所说的"简"，实际上就是尊敬和宽容。他认为，人与人之间做到互相尊敬和互相宽容，实际上是属于同一含义。只有做到了人与人之间的互相尊敬，才能看到别人更多的优点，宽容和包容别人的一些不足之处。我们可以进行这样的联想，如果说人与人之间的尊敬和宽容是互相的，那么尊敬别人，对别人宽容，实际上就是别人也在尊敬和宽容自己。

　　游酢还指出，人与人之间的互相尊敬与宽容，其实就是要做到谦虚、低调。他以"竹杖"为例，指出"竹杖"具有这样的优秀品格，即表现在多想着他人，少想着自己，即使是自己做了许多对人有利的事，但也从来不张扬，也不向人索求，而是默默无闻地帮助他人。游酢认为，这就是将"竹杖"人性化，说明人的谦虚、低调必须像"竹杖"一样。因此，游酢认为，在人与人之间的关系中，所体现出的互相尊敬与宽容，应该像"竹杖"那样，做到谦虚、低调、不张扬，即他在《方竹杖铭》中所写的：

　　　　噫其节高乎？曰高；其操坚乎？曰坚；其中虚乎？曰虚；其外圆乎？曰圆。然则胡为而圆？今此君能方矣，盖其德也全。听琴横膝，望月倚肩，与君子乎周旋。[①]

　　在游酢看来，"竹杖"是各种优点的集合，表现为"竹杖"气节高、坚固、坚韧。哪怕是内部虚心、外部圆融，都是它的优点。因此，它体现出品德齐全。游酢同时又指出，"竹杖"这些优点如同品德高尚的君子，二者密切相连，甚至可以说，到了一种"相依为命"的地步。例如，当君子在听弹琴的时候，它横躺在君子的膝盖上；当君子在赏月亮的时候，它的肩头靠在君子的肩头上。

　　游酢通过对"竹杖"的描写，指出它所具有的优点，告诉我们这样一个道理，看待任何一个事物的时候，都要多看它的优点。游酢认为，对于心胸宽广的君子来说，无论看待什么样事物，特别是在看待一个人的过程中，无论从哪一个角度看待他，所看到的都是他的优点。因此，我们可以进行这样的

---

　　① 《宋·游酢文集》卷六，《方竹杖铭》，延边：延边大学出版社，1998 年，第 192 页。

解读,在人与人之间的关系中,胸怀宽广的人表现出对人的尊敬和宽容,凡事都表现出多看他人的优点,少看他人的缺点。现实生活中我们可以看到,在人与人之间的交往中,胸怀宽广的人听别人对他说的话,多是往好的方面思考。相反,胸怀狭窄的人总是把别人对他说的话,往坏的方面思考。我们认为游酢的论述,实际上指的就是君子和小人在心理方面的区别。归根到底,都可以归结为能否做到人与人之间的互相尊敬与宽容。在这个问题上,说明的就是要多看别人的优点,多包容别人的不足之处。只有这样,才能实现人与人之间的和谐,从而达到整个社会的和谐。

(八)人的修身在于保持高度的理性

从儒家到理学,强调的是要保持高度的理性。保持高度的理性体现出一个人的修养和教养,游酢正是这样认为的,他在《论语杂解》中写道:

> 不迁怒者,怒适其可而止,无溢怒之气也,盖惟圣人能寂然不动,故无过。颜子能非礼勿动而已。若夫绝学者,则心无于正,身无所于修,暖然似春,凄然似秋,天德而已矣。此圣贤之辨也。①

游酢的论述就是强调人们自身的修身。游酢认为,这种修身最重要的要求就是人必须保持高度的理性,不断地对自身的言行进行反思,做到不轻易动怒,心平气和,即使是动怒了,也要有所节制,这就是人的修养和教养。

游酢的论述使我们认识到,圣人特别重视这个方面,即表现为"能寂然不动,故无过",意思就是圣人具有很高的修养和教养,才能做到无声无息而不行动,并且能做到不犯错误。至于贤人,如所谈及的颜渊,则只能做到对于不合礼法的事不去做。游酢认为,对于弃绝学业、回归自然的人,其心本来就是正直的,也就没有什么可修身的了。他们温暖如同春天,凄清如同秋天,体现了天德,他们才是真正的圣人。游酢的思想强调修身最重要的在于保持高度的理性。他认为只有圣人才能做到,这就决定了必须向圣人学习,只有这样,才能使社会成为真正和谐的社会。

---

① 《宋·游酢文集》卷三,《论语杂解·"哀公问弟子"章》,延边:延边大学出版社,1998年,第99~100页。

(九)"道"强调的修身在于达到"礼"和"仁"

游酢理学思想认为修身是要遵循"道"的,对于一个人来说,如果真正遵循了"道",就意味着做到了"礼"和"仁"。

遵循"道"如何体现"礼"呢？游酢在《中庸义》中写道：

> 非礼勿动,则内无逸德,外无过行,内外进矣;则富贵不能淫,贫贱不能移,故修身则道立,去谗则任之专,远色则好之笃,贱货则义利分,贵德则真伪核。夫如是则见善明,用心刚矣。[①]

游酢认为"礼"是"道"的体现。"道"要求不合礼法的事不能有任何举动,要做到对内不失德,对外无越轨,如果遵循了"道","礼"就自然体现出来了;做到内外都有进境,富贵不惑乱,贫贱不改变志向,从而达到"道"的要求。如能把自身修养好,"德"也就建立了,才能做到有自己的主见,而不会听信别人的谗言,对别人的信任也会专一;还能做到远离女色,趋于端庄,看轻财货,把"义"和"利"严格分开,重视道德,能对真和假进行核实,十分清晰地认识美和善,使自己内心更加坚定。

游酢的论述使我们认识到,遵循了"道",并且能够进行很好的修身,不仅能达到"礼",而且在达到了"礼"之后,又能真正体现出一个人的独立思想。因此,游酢认为遵循"道"同一个人的独立思想是密切联系在一起的。在独立思想方面,游酢认为,如果一个人真正遵循了"道",有着很好的修养,就能做到当别人对他说另一个人的闲话时,他一定会更加鄙视说人家闲话的人,而且还会感到说闲话的人比那个被说闲话的人更加令人厌恶,他就会根据自己的判断,辨别其是非,而不会被谗言所迷惑。如果没有遵循"道",不能够进行很好的修身,他极有可能跟着别人说那个被说闲话者的各种闲话,还会到处传播这些闲话。因此,游酢论述的修身所达到的"礼"又表现出是同一个人的独立思想密切联系在一起的。

游酢认为修身又是同"仁"密切联系在一起的,也是通过不断地反思之

---

① 《宋·游酢文集》卷四,《中庸义·"齐明盛服"至"所以行之者一也"节》,延边:延边大学出版社,1998 年,第 137 页。

后才能做到。游酢以《大学》为例阐述这个问题,指出《大学》作为儒家经典之一就是强调反思。在这个问题上游酢予以进一步发展,并且在《论语杂解》中写道:

> 考曾子之学,主于诚身,则其操心宜无不忠,其立行宜无不信,而处己者无憾矣。虑其所以接人者或入于不忠不信,而不自悟也,故日三省其身焉。省之如此其固,则有不善,未尝不知,知之未尝复行者,庶乎可以践及矣。然此特曾子之省身者而已,若夫学者之所省,又不止此。事亲有不足于孝,事长有不足于敬欤?行或愧于心,而言或浮于行欤?欲有所未窒,而忿有所未惩欤?推是类而日省之,则曾子之诚身,庶乎可以践及矣。古之人所谓夜以计过,无憾而后即安者,亦曾子之意。曾子于正心诚之道,宜无须臾忘也。惟以应物之际,恐或失念而违仁,故日所省三事而已。[①]

游酢引用曾子的话,指出对于任何一个人来说,每天都要对自身的行为进行反思,反思自身有没有做到一个"忠"字,有没有做到一个"信"字,即他所说的"故日三省其身矣"。然后从对自身的反思再进一步延伸和扩展,例如每天反思自己有没有做到对父母的"孝",有没有做到对兄长的"敬",自身有没有抑制住种种欲望,有没有言行不一致的方面等等。他认为,只有不断地对自己进行反思,才能真正做到"仁"。

无论是儒家,还是进一步延续的理学,在反思问题上主要针对的是个人,还没有把反思问题进一步延伸和扩展到一个国家和一个民族。所阐述的反思问题还没有总结出关于一个国家和一个民族进行反思方面的系统思想。因此,我们不得不说这是从儒家到理学所欠缺的方面。正是因为没有进一步向一个国家和一个民族反思问题的延伸和扩展,我们总是缺乏系统的反思,这种反思包括了对我们的实践及其历史文化等方面进行反思。

阐述游酢的论述时又使我们思考,对从儒家到理学,及其整个中华优秀传统文化进行借鉴,并且在对此进行批判地继承时,极有必要指出,在反思问题上能否从儒家等优秀中华传统文化中寻找出关于一个国家和一个民族

---

① 《宋·游酢文集》卷三,《论语杂解·"吾日三省吾身"章》,延边:延边大学出版社,1998 年,第 81 页。

对自己的实践及其历史文化进行反思的理论依据呢？我们认为，这是可以的《大学》中所谈到的"修身，齐家，治国，平天下"，就包含有这样的因素。既然其从个人的修身，延伸和扩展到家（包括家庭、家族、宗族），再延伸和扩展到国家的治理，我们便可以将游酢的引述及其自身所谈的个人反思问题，延伸和扩展到整个国家和整个民族对自身的社会实践及其历史文化等各方面进行的反思。

如果每个人都能很好地对自身的思想和行为进行认真的反思，那么，把每个人对自己的反思有机地结合起来，就形成了整个国家和整个民族对自身的社会实践及其历史文化的反思，这正是我们对中华优秀传统文化在继承中批判、在批判中继承的体现。

三、对独立人格的阐述

因为中华优秀传统文化始终是关于人的文化，是以人为出发点和归宿的文化。因此，从儒家到理学其实就是在谈人的过程中强调人的独立人格问题，游酢对这个问题予以深刻论述，他在《易说》中写道：

> 《中庸》言："君子素其位，而行不愿乎外。"盖位有贵贱得丧，而君子不因其位而改其素也。履之初言素，履亦犹是也。素之为言，无饰也。大行不加，穷居不损，岂借美于外哉，孟子所谓不愿人之膏粱文绣者是也。履此而往，则志之所祈向者，非有徇乎人也。独行其平昔之志而已。故曰独行，愿也。①

游酢的论述使我们认识到，对于君子来说，最重要的就是要有自己的独立人格，并且在子思②所作的《中庸》里有充分体现。游酢深受孔伋思想的影响，他认为独立人格表现在于，强调人的本性不会因为地位的变化而改变。自己原来是什么样的人，现在还是什么样的人。地位高的时候，不处处

---

① 《宋·游酢文集》卷二，《易说·"初九，素履往"至"独行愿也"》，延边：延边大学出版社，1998年，第39页。

② 即孔伋（前483—前402年），春秋时期著名的思想家。

炫耀自己,始终保持谦虚、低调;失落的时候不自暴自弃,始终坚持自己独立的思想。游酢认为,这就是儒家所认为的真正的君子。因此,游酢的论述充分说明了独立人格始终是从儒家到理学一贯主张的,尤其是对于儒生来说更为重要。游酢主要从以下方面进行论述。

(一)独立人格在于摆脱世俗的各种诱惑

从儒家到理学一贯都是强调人们必须拥有独立的人格,尤其是对于儒生来说,游酢主张的正是这样的思想。他强调儒生思考问题必须要有自己的独立见解。如何才能坚持自己的独立见解,体现自身独立的人格呢?游酢认为,要摆脱各种世俗的诱惑,即他在《答谢显道论学书》中写的:

> 迩来学者何足道,能言真如鹦鹉也。富贵利达,今人少见出脱得者,所以全看不得,难以好事期待他。非是小事,切须勉之。透得名利关,便是小歇处。然须藉穷理工夫,至此方可望有入圣域之理,不然休说。①

游酢十分鄙视那种只知道图名图利,而没有自己独立见解的人。他认为,只知道图名图利,而没有自己独立见解的人虽然能言善道,但不过是在鹦鹉学舌,根本没有自己的思想。他们之所以会这样,是因为被各种利益所诱惑。正是因为被各种利益所诱惑,不少的人为了荣华富贵,特别是为了升官发财而不惜一切手段。因此,这样的人完全失去了自己的独立人格。

如何克服这些缺点呢?游酢首先对这种情况进行了认真分析。他认为,人们生活在世俗社会中,会受到各种世俗观念的影响,这点是毫无疑问的。当人们受到各种世俗观念的影响时,如果是被一些恶习影响了,就会从"善"走向"恶"。他特别指出,一些人在种种恶习的影响下会逐步走向"恶",以至于到了难以改正的地步。在这种情况下,这样的人是根本不能指望他们做什么好事。游酢认为,如果让这样的人来治国理政,只会把国家越治越乱。

那么能不能克服这种不好的状况呢?游酢认为,这是可以的,就是要通

---

① 《宋·游酢文集》卷六,《答谢显道论学书》,延边:延边大学出版社,1998年,第174页。

过不断地修身才能达到。那么怎样进行修身呢?游酢对道家关于"无"的思想予以了解读。他认为只有通过修身,才能进入"圣域",这种"圣域"就是一种超凡的境界。只有通过修身,才能摆脱名利的诱惑,才能超脱世俗社会的各种影响,最后达到"无"的境界。当达到了"无"的境界之后,人们在看待任何问题上,才能真正产生自己独立的见解,从而真正体现自己的独立人格。

(二)儒生的独立人格体现出"以静制动"

游酢认为,儒生的独立思想和人格表现在于,必须做到"以不变应万变",而这个思想正是游酢对老子《道德经》有关论述的进一步发展。《道德经》第十六章:致虚极,守静笃。万物并作,吾以观其复。夫物芸芸,各复归其根。归根曰静,静曰复命。复命曰常,知常曰明。不知常,妄作凶。知常容,容乃公,公乃王,王乃天,天乃道,道乃久,没身不殆。老子就是强调一个"静"字。老子认为,"静"把握着"动"。游酢对这个思想的发展表现在《易说》中,他认为:

> 龙德而隐,故不易乎世;龙德而正中,故曰善世而不伐。不易乎世者,用舍在我,故遁世无闷;不成乎名者,非誉不在物,故不见是而无闷。[①]

在游酢的思想中,"以静制动"所强调的是必须具有独立的人格和主见。

游酢的论述既十分深刻,又十分生动,特别是他以虚幻的"龙"为例来说明这个问题。游酢认为,人们所设想的、虚幻的"龙",其德行是潜藏不见的,不会因为时世的不同而改变。"龙"的德行是既不太过,也不会没有。所以,无论外界发生怎样变化,都能立于不败之地。人的独立人格和主见就是要像"龙"的德行那样,不会因为外界那种纷繁复杂的状况,而使自己浮躁不定。

如何才能做到呢?游酢认为,最重要的就是要做到一个"静"字。这个"静"在于不被外界纷繁杂事所左右。无论是功名利禄还是攻击诽谤,都不要把它当成一回事。这就叫做"以静制动""任凭风雨狂,稳坐钓鱼船"。这正是游酢对"儒"与"道"相结合之后所进行的论述。这种论述包含的意思,

---

① 《宋·游酢文集》卷二,《易说·"初九曰,潜龙勿用"节》,延边:延边大学出版社,1998 年,第 20 页。

就是按照老子的思想,万事万物都是处在绝对的运动之中。但是,在绝对的运动中,却有着相对静止的因素。作为每一个人来说,要做到"动"是一件十分容易的事,因为万事万物每时每刻都处于运动之中,难点就在于如何做到"静"。即使是认为自身是处在不动的状态之中,但是,周围的事物却促使自身在绝对运动状态之中。因此,要在绝对的运动中把握住"静",是一件十分难的事,甚至可以说,是根本做不到的。

游酢上述所谈的"用舍在我,故遁世无闷;不成乎名者,非誉不在物,故不见是而无闷",却提出了如何才能做到"静",如何才能做到对世俗的超脱这个问题。只有超脱了世俗的影响,才能使自己做到淡泊一切,才能真正做到"以静制动",真正把握自己,而不会被周围纷乱繁杂的一切所左右,从而真正体现一个人的独立人格。

游酢所谈的"静",又体现出与超脱具有十分密切的联系。儒道合一就是要超脱世俗社会的影响,始终保持一个"静"字。游酢认为,这也是周敦颐、程颢、程颐等人一贯主张的。游酢特别强调,这个问题十分重要,对于儒生的治学来说尤为重要,而且这种思想和行为,又体现了儒生的品格。因此,游酢在《静可书室记》中写道:

> 学者之于道,能于其性之所近,以求从入之门,于道可至。子性静有志于学,谁曰不可?彼夫利欲斗进,躁竞驰逐者,去道日远,苟能收敛此心,鞭逼向里,勿为外物所动,则其本立矣。故濂溪、明道二先生发明为学之要必言静者,以大本所当先也。[①]

游酢论述的是儒生的治学问题,儒生治学问题使我们充分认识到,治学同儒生的品格关系是密切联系在一起的。

游酢认为,那些利欲熏心、活跃冒进、追逐利禄的儒生,不可能有真正的学问。那些失去自身独立人格,趋炎附势,随风摇摆,人云亦云,嫉妒心强,说三道四,指手画脚的所谓儒生,同样不可能做出真正的学问,也领悟不出真正的"道"。这就是游酢所说的"去道日远",即不仅不能领悟出真正的"道",而且离"道"越来越远。

独立人格体现在于对"道"进行领悟。怎样才能真正领悟出"道"呢?在

---

① 《宋·游酢文集》卷六,《静可书室记》,延边:延边大学出版社,1998年,第176页。

游酢看来,就是要去除各种杂念,不受外界事物的影响。因此,他特别指出,周敦颐、程颢,程颐等在治学方面就是这样的人,即他们在治学的时候根本不受外界的各种干扰,他们敢于冲破一些条条框框的束缚,提出自己的思想,从而体现出他们的独立人格,并且将儒家推向了一个新的高峰,即创立了理学。

(三)独立人格体现为独立见解和认准方向

从儒家到理学强调儒生独立的见解,这对于认真研究儒家及中华优秀传统文化的人们来说,已是众所周知。对于儒家继承者的游酢来说,他同样也是持这种思想。儒生有了自己的独立见解之后,还必须认准方向,并坚持下去,才能真正体现儒生的独立人格。因此他在《易说》中写道:

> 有刚中之德,有载上之才,犹有待而后行;非不欲行也,道合则从,不可则去,此中无尤之道也。①

游酢强调"中"字。其意就是认为人们在已经具备了"刚"与"中"的品德,并且又有处理一些事务的能力之后,并不是要马上践行,而是还要等待一段时间。这体现的是"慎重"。

游酢指出对待事物的处理要进行冷静思考,根据自己的判断,认为正确的就要执行,不正确的就暂且搁置,这才是合理而无过失的事理。既体现自己独立的思想,同时又能体现慎重和果断的相互统一。这是儒生所具有的独立人格的一个重要方面。

游酢的论述还使我们充分认识到,一位智慧的人,越是德行高,越有才能,越是知识丰富,就越是低调,而不是到处张扬,仍然是继续韬光养晦,以静制动,或者是以不变应万变,冷静地观察事物的变化。经过认真观察和思考后,认为可行的,就继续前行。游酢认为,这正是"道"所要求的。

(四)独立人格体现为谨慎与独立见解的一致性

游酢认为谨慎与独立见解二者是一致的,只有谨慎,才能产生自己的独

---

① 《宋·游酢文集》卷二,《易说·"九二,与说复"至"无尤也"》,延边:延边大学出版社,1998年,第56页。

立见解,有了自己的独立见解,才能谨慎行事,二者是相辅相成的,表达的意思是同一的,二者的一致性真正体现了一个人的独立人格。游酢的论述充分说明了这个问题,他在《论语杂解》中写道:

> 行于己而为行,故慎行则寡悔,悔在心也;应于物而有言,故慎言则寡尤,尤在事也。①

游酢认为,谨慎在于遇事要多思考,只有遇事多思考,才能产生自己独立的见解,只有具备了独立见解这种能力,做任何事才能更加谨慎。

但是,谨慎绝对不是谨小慎微、举棋不定、犹豫不决。谨慎是在进行周密的思考,产生了自己的独立见解之后,便当机立断。人们所说的要谦虚、谨慎、不骄、不躁,并且能冷静地观察一切事物的变化,正是体现谨慎和独立见解的一致性。经过周密的思考和判断后,认为是正确的,就采取果断的行动做下去。这就是对游酢的思想进行解读中所指出的谨慎与独立见解二者的一致性,并且是独立人格重要的方面之一。只有这样做,才能立于不败之地。

（五）独立人格体现为在学习前人经验和知识中必须有独立的见解和创新

游酢认为,要推动社会的发展,必须学习前人的经验和知识。在学习前人的经验和知识的过程中,又必须有独立的见解。在学习中不能生搬硬套,而是要根据时代的变化,对其进行借鉴。在借鉴的过程中,还必须不断地创新,与时俱进。游酢在《论语杂解》中写道:

> 多识前言往行,而考古以验今者,学也;耳目不交于物,而悉心以自求者,思也。思则知敬以直内,而中有主;学则知义以方外,而外有主。学而不思,则所思者不能以为己,故罔。罔者,反取诸己而无实也。思而不学,则所思者不足以涉事,故殆。殆者,应于事而不安也。②

---

① 《宋·游酢文集》卷三,《论语杂解·"子张学干禄"章》,延边:延边大学出版社,1998年,第90页。

② 《宋·游酢文集》卷三,《论语杂解·"学而不思则罔"章》,延边:延边大学出版社,1998年,第89页。

　　游酢认为,要取得自己对问题的独立见解,必须多学习和见识前人的知识和经验,考察他们在当时情况下为什么要这么做,吸收他们的经验,思考他们创立的知识和取得的经验。对于前人所积累的知识和经验,当今都是十分值得借鉴的。如何进行借鉴呢?就是要不断地学习。如果在不受到外界影响的情况下,全心全意地去探求,这就是思考。经过思考之后才能知道必须用正确的态度,即用"敬"来对待,并且能使内心正直,从而使自己产生主见,这就是自己的独立思想;学习之后才能知道用"义"来对待,并且使外部方正,这就是使自己对外界事物的认识中有自己的主见。游酢还特别强调,如果只跟着老师学习,自己不进行思考,所学的一切不仅不能成为自己的思想,反而还会成为虚妄。所谓虚妄,游酢认为,就是回过头来探求知识时,却得不到实际的东西。游酢同样认为,只是自己思考而不向老师学习,所思考的东西是不能用来处理一些事务的,只会变成疑惑不解的问题,这样的结果就是一旦遇到了问题就会感到不安和没有把握。

　　游酢的论述使我们认识到这样一个问题,在学习方面,必须认真学习前人的经验和所创立的各种知识,更重要的还在于对前人的经验和知识如何借鉴和思考。照搬照抄、机械地复制使用,会阻碍事物的前进和发展。游酢提倡的是在学习中产生自己独立的见解,根据时代发展的要求,对前人的知识和经验进行批判地继承,做到勤思考,勇于实践,不断提出新的思想,不断地进行创新。所谓创新,就是在原有知识和经验的基础上,把自己独立的见解同最新科学文化成果有机地结合起来,使之成为新的成果。这是我们对游酢的论述进行解读所要达到的目的。

(六)顺"天道"与不顺"天道"相互关系中体现的独立思想

　　游酢认为人必须有自己的独立思想是由"天道"所决定的。人的独立思想又是从顺"天道"和不顺"天道"二者的合一中体现出来的,即他在《中庸义》中所写的:

　　　　无藏于中,无交于物,泊然纯素,独与神明居,此淡也。然因性而已,故曰不厌。不失足于人,不失色于人,不失口于人,此简也。然循理而已，故文。①

游酢把人分为两种，一种是顺着自己的性子行事的人；另一种是顺着"天道"行事的人。

游酢认为，顺着自己性子行事的人，实际上就是把自己当成孤家寡人；顺着"天道"行事的人，就是按照"天道"的要求，体现了自身的高修养。这种修养表现在于，对人举止庄重，无论对其他人有什么样的看法，都不表现在自己的情绪中。这就是人的一种本能的表现，并且是"天道"所要求的。

至于阐述人依着自己的性子行事这个问题时，游酢思想又隐含着另一种看法，就是"独与神明居"，含义就是孤独地沉浸在自己的精神状态里。孤独地沉浸在自己的精神状态里的人是真正具有独立思想的人，表现的状态是不受外界事物左右，始终坚持自己的独立见解。

能提出科学理论，发现真理，并且具有发明创造力的人经常就是那些极少数被人们说成是"不合群"，甚至是精神"不正常"的人。正是因为他们的"不合群"及精神的"不正常"等行为，决定了他们与别人具有不一样的思维方式，从而产生了自己的独立见解和发明创造力。游酢认为，他们是极少数不顺"天道"的人。正因为他们不顺"天道"，才有自己独立的思考能力。

游酢所论述的那些不顺"天道"的人，仍然是同他一贯主张的遵循"天道"这种思想分不开。游酢认为，虽然"天道"是看不见，摸不着和听不到的，但是，人们却可以认识它。在认识过程中，人们又不太可能认识"天道"的全部，只能认识"天道"中的一部分，哪怕是圣人，也只是按照"天道"的要求行事，并不能完全认识"天道"的全部。因此，要认识"天道"就必须要有人不断地去探索和认识。

什么样的人才能做到对"天道"不断地进行探索和认识呢？游酢认为，是由那些极少数"不合群"的，甚至被称为"精神不正常"的人去探索和认识。正是因为他们远离人群，甚至是由于他们的"精神不正常"，才决定了他们能更好地对问题进行探索。当他们把问题探索出来，并且经过实践证明是能够成立的，就说明了所探索出来的理论属于"天道"中的一部分，"天道"中的这一部分就是被他们所发现的。因此，游酢所说的那种独自沉浸在自己精

---

① 《宋·游酢文集》卷四，《中庸义·"衣锦尚纲"章》，延边：延边大学出版社，1998年，第147页。

神状态里的人,即使是用理学关于"天道"决定一切的观点来解读,那些所谓远离了人群的人所探索出来的问题,归根结底,最终还是遵循了"天道"。他们与常人的不同之处在于,能对人们所不知的"天道"中的那部分进行认真的探索,并且能在探索中不断地认识"天道"中的那部分。

同样,理学对道家的吸收还表现在于,超脱世俗的人才是真正具有独立思想的人,游酢在《中庸义》中写道:

> 遁世不见知而不悔者,疑虑不萌于心,确乎其不可拔也。①

游酢所指的"遁世"就是逃避现实社会,也可以解读为超脱世俗。游酢认为,超脱世俗真正体现出一种坚定性,就是不受世俗繁杂的事务所困扰,具备这样性情的人才是真正具有独立思想的人。

我们可以认为,能提出自己独立思想,并且能够发现真理的人,就是那些在人们看来属于与众不同的,甚至是一个"精神不正常"的人。之所以把他们说成是与众不同,甚至是"精神不正常"者,就是因为绝大多数人都是用世俗的眼光来看他们。正是因为他们的这种"精神不正常",才能使他们提出与绝大多数人完全不一样的但却属于客观真理的问题。许多有发明创造,并且能发现客观真理和提出科学理论的人,最初在绝大多数人看来,就是一个"精神不正常"的人。

现实社会中,科学理论和真理的发现,是由极个别的天才人物,即先知先觉者发现的。当他们发现问题的时候,所提出的观点不仅与世俗的观点不同,而且还极有可能是完全相悖的。所以,他们才会被绝大多数人看成是"精神不正常"的人。如果在绝大多数人看来是一个精神正常的人,就说明了他所提出的问题也就是众所周知的问题,这样也就发现不了一些未知的问题。因此,在人群中存在着对于众人来说属于"精神不正常"的人,经常就是一些先知先觉者。我们必须认识到,天才、先知先觉者和"精神不正常"的人,在某种意义上是同样的人。在人群中,经常就是极少数被人们说成是"精神不正常"的人,能发现绝大多数人发现不了的问题。如果其真的是一个"精神正常"的人,其所想的问题也就是一些普通的问题,其本人不过就是

---

① 《宋·游酢文集》卷四,《中庸义·"君子依乎中庸"节》,延边:延边大学出版社,1998年,第127页。

一个普通人而已。

(七)儒生的独立人格最重要的就是具有自信心

谈到儒生的独立人格时,游酢认为,儒生的独立人格表现在必须要有自信心。游酢在《二程语录》中写道:

> 士之所难者,在有诸己而已,能有诸己,则居之安,资之深而美且大,可以驯致矣。徒知可欲之善,而若存若亡而已,则能不受变于俗者鲜矣。[①]

游酢认为,儒生的独立人格最重要、最难能可贵之处就在于他具有自信心。当儒生充满了自信心,拥有了安逸的居住地,具备了深美的资质,就可以得到独立的人格。如果他能认识到在自己所要求的和所探索的问题中,仿佛表现出"善"好像是存在又好像是在消失,并且自己是一个能够不被世俗那些繁杂的事所影响而变化的人,就是一个真正有自信心的人。这样的人在现实社会中是非常少的。

游酢认为对于儒生来说,独立人格中所体现的自信心,最重要的就是不受世俗的影响。只有坚持自己的独立人格,才能使自己安心,从而使自己具有自信心。从儒家到理学,归根结底,强调的就是儒生必须具有自己的独立人格,必须具有自己的自信心,而不是人云亦云,随风飘浮。

如何才能使自己成为一个有独立人格的人,从而使自己真正具有自信心呢?游酢认为,就是要超脱世俗的影响。在现实生活中,确实存在各种世俗的因素困扰着人们。对于绝大多数人来说,这是根本摆脱不了的。即使是针对绝大多数的儒生,也同样是难以摆脱的。在现实生活中,我们可以看到,对于包括儒生在内的绝大多数人来说,当人们受到一定的利益诱惑时,经常会失去自己的独立人格,从而丧失了自己的自信心。因此,对于普通人来说,要摆脱世俗各种因素的诱惑更是十分困难的。只有能够摆脱世俗各种因素的诱惑的人,才能真正体现其自身的独立人格,从而使自己具有自信心。

---

① 《宋·游酢文集》卷五,《二程语录》,延边:延边大学出版社,1998年,第153页。

　　游酢认为,儒生的独立人格就是要能够摆脱种种世俗的诱惑,关键是要把握老子关于"无"的思想。理学以儒家为主,再融入道家因素的同时,游酢的思想实际上就是吸收了道家的精华。老子认为,当人们达到了"无"的境界时,便是最高境界。因此,游酢对道家的吸收表现为把这种思想同人的独立人格,尤其是同儒生的独立人格,密切地结合在一起。游酢认为,当一个人达到了"无"的境界时,不仅不会被世俗一切繁杂的事物所左右,还可以驾驭世俗。如何才能做到呢？最重要的就是要保持一种清静的心态,淡泊名利,宁静致远。只有这样,才能真正建立起自己的自信心,由此说明独立人格与自信心二者是一致的。

第四章 "中"体现的积极意义

人们总是认为"中"表现为没有立场、没有原则等各种形态，然而，游酢却认为，"中"不仅表现出凡事都不要走极端，而且更重要的表现为"中"是绝对的强势。因为"中"不仅不受左右各方的摆布，而且还驾驭着左右各方，并且对左右各方起着一个"裁判"的作用。理学集大成者朱熹对此予以进一步发展：

> 凡人中立而无所依，则必至于倚者，不东则西。惟强壮有力者，乃能中立，不待所依，而自无所倚。其核心就是中庸。①

能始终坚持"中"的人，必然是绝对的强者。如果是一个弱者，毫无疑问，不是依靠这方，就是仰仗那方。这就说明了只有强者，才能做到不依附，而是自己独立。对于弱者来说，这是根本不可能做到的。"中"又体现为对立的各方互相包容。在这个意义上，"中庸"与"和谐"有着同一含义。"中庸"便成了整个儒家的核心。发展到理学，在关于"中"的问题上，游酢予以进一步传承和发展，并且认为，"中"的理念是由"天道"所决定的。进入南宋，朱熹又进一步发展了这个思想。关于这个问题，游酢从以下方面予以论述。

---

① 《朱子语类》卷六十三，北京：中华书局，1986年，第1531页。

一、"中"体现绝对的强势

关于"中"体现绝对强势的问题,游酢提出天、地、人三者各自形成自己的"道",即天道、地道和人道。在这三"道"中,游酢又指出了"天道"是最高的"道"。为什么他认为"天道"是最高的"道"呢?原因在于他认为,"天道"始终把握住了一个"中"字,即他在《孟子杂解》中所说的:

> 尊其德性而道问学,人德也;致广大而尽精微,地德也;极高明而道中庸,天德也。自人而天,则上达矣。温故而知新,所以博学而详说之也;敦厚以崇礼,所以守约而处中也。①

游酢阐述了天、地、人三者之间的关系,认为作为人,处在天与地之间,即人道。然而,"人道"最重要的方面在于必须尊崇人的德性,这种德性就是人的品德。

至于"地"的品德,游酢认为是要达到博大精深。"天"的品德,就在于引导一切,要保持"中庸",其具有驾驭一切的能力,表现的方式就是凡事都要把握一个"度",即不走极端,并且又能约束自身。如何才能做到呢?就是要尊崇礼制,保持简约,使自己始终处于"中"的位置上。

游酢认为对于"天道"来说,就是把握一个"中"字,从而进一步说明"中"是最强势的。世界上再也没有任何事物能够超越"天道",作为最强势的"天道"来说,最重要的就是不仅不受各方的摆布,还能驾驭各方。如何驾驭各方呢?这就是始终把握一个"中"字。因此,游酢的思想使我们充分认识到,"中"体现为绝对强势。

(一)"中庸"是整个儒家的核心,是"道"的体现

游酢对儒家的发展表现在于,他认为"中庸"是由"道"产生的。"道"表

---

① 《宋·游酢文集》卷四,《孟子杂解·"尊德性"节》,延边:延边大学出版社,1998 年,第 144 页。

现为无偏见,显示公平、公正。正如他在《中庸义》中所指出的:

> 道之体无偏,而其用则通而不穷。无偏,中也;不穷,庸也。以性情而言之,则为中和;以德行言之,则为中庸,其实一道也。君子者,道中庸之实也,小人则窃中庸之名而实背之,是中庸之贼也。故曰反中庸。①

作为由"道"产生的"中庸"来说,显然,是按照"道"的要求做到公平、公正和无偏见。

从儒家到理学强调的"中庸",又体现出原则性与灵活性的统一。"中庸"并不是绝对的不偏不倚,而是一方面表现出沿着中线,根据具体情况,决定偏左还是偏右;另一方面,表现出将对立的各方予以综合,并且在综合与调节中驾驭着各方,起着一个"裁判"的作用。因此,"中"的强势就是从"中和"或"适中"这方面体现出来的。

(二)只有先知先觉者才能真正把握住"中"

无论是儒家还是道家,或是将儒道融合起来之后所形成的理学,从根本上讲,强调的是"道"决定一切,但是,又始终认为"道"是看不见、摸不着、听不到的。然而,游酢却提出"道"又是可以通过具体事物体现出来的。游酢认为,有的人并不需要直接接触任何事物也能达到对"道"的认识,而有的人却是要通过对事物的接触才能达到对"道"的认识。什么样的人才能在未接触任何事物的情况下也能认识"道"呢?游酢认为,只有极少数先知先觉者才能认识并掌握"道"的规律。为什么极少数先知先觉者能够在未接触任何事物的情况下,也能达到对"道"的认识呢?原因就在于对极少数先知先觉者而言,能始终把握住一个"中"字。游酢在《易说》中这样写道:

> 在天成象,则鸟与火,虚与昴,四时迭见者,天道之变也;在地成形,则作而长,敛而藏,四时异形者,地道之变也。至于成象者,莫测其进退

---

① 《宋·游酢文集》卷四,《中庸义·"君子中庸"章》,延边:延边大学出版社,1998年,第125页。

之机;成形者,莫见其生成之迹,则天地之化也。体化而裁之,则无骇于变矣。此变化之辨也。

圣人稽古之道不过三王①,而师古之道上及五帝②。若通其变,使民不倦;神而化之,使民宜之,虽百世圣人不能易也。

立天之道曰阴与阳,立地之道曰柔与刚,立人之道曰仁与义,夫道一而已矣。其立于天下则有两端,故君子有刚克焉,执其义之端也;有柔克焉,执其仁之端也。执其两端而用之以时中,此九德所以有常,而三德所以用义也。③

游酢的论述使我们认识到,既然人们可以认识、掌握和利用"道",即规律,当人们认识了"道"之后,不一定要用感官来感触具体某个事物,却同样能达到对这个事物和其发展趋势的认识。当我们用形式逻辑分析这个问题的时候,就可以定义为演绎推理,即从一般的原理或普遍的规律出发,推导出具体事物发展的趋势。至于怎样的人才能用这种逻辑思维方式,推导出事物的发展趋势呢?游酢认为,通常只有极少数的先知先觉者才能做到。作为极少数的先知先觉者来说,他们认识事物所进行的实践比一般的人要多,并且能从所接触到的许多事物中寻找到它们共同的、最一般的、最根本的和最普遍的性质,然后再进行综合分析,从而形成普遍的规律。用游酢的话来概括,就是他们真正认识了"道",当他们认识了"道"之后,再用所掌握的"道",总结出许多事物的发展趋势。

我们引用游酢所谈的一年四季春、夏、秋、冬的更替,人们根据不同季节的变化做不同的事,说明的就是这些不仅是一代又一代的人通过实践总结出来的,从而体现出对"天道"的认识,而且还是按照"天道"的要求去做的。我们还要认识到,游酢通过论述五帝、三王对古代的"道"所进行的分析,认为他们才是古代真正掌握了"道"的一代圣君,是先知先觉者。正是因为这样,他们所治理的天下才能使广大百姓感到舒畅。为什么他们被称为圣君呢?最重要的就是他们能真正掌握住"中"。

---

① "三王"指的是夏禹、商汤和周文王、周武王。

② "五帝"指的是黄帝、颛顼、帝喾、唐尧和虞舜。

③ 《宋·游酢文集》卷二,《易说·"是故夫象,圣人有以见天下之赜"至"存乎德行"》,延边:延边大学出版社,1998 年,第 71 页。

游酢从事物正反两个方面的相互关系进行论述。游酢认为万事万物都是由正反两个方面组成的。正是因为有着正反两个方面的相互作用,才使这个事物能够存在,并且得到发展。谈到"天"的问题时,游酢认为,"天"是由"阴"和"阳"二极组成。谈到"地"的时候,游酢认为,"地"是由"柔"和"刚"这两个方面组成。对于"人"来说,游酢则认为是由"仁"和"义"这两个方面组成。

游酢认为,对立面的双方就其本能,按照它的自然属性来说,总是一方想要绝对压倒另一方,甚至想要消灭另一方。然而,如果一方消灭了另一方,胜利的那一方也就不存在了。其实谁都不是最后的胜利者,结果却是两败俱伤,甚至是同归于尽。如何解决这个问题呢?游酢强调通过"中"的作用来解决。对于先知先觉者来说,就是要把握住一个"中"字。正是因为他们始终把握住了"中"字,才能够积极稳妥地调解对立面双方的关系,使各方都能生存,并且共同发展。

游酢又从人必须遵守的"九德"予以说明上述问题。所谓"九德",就是忠、信、敬、刚、柔、和、固、贞、顺,具体的表现形式为正直、刚克、柔克。谈到"九德",游酢认为,"中"在"九德"中起到了十分重要的作用。因为先知先觉者掌握了"中",才决定了他们能引领绝大多数的人具有"九德"的品格,从而实现人与人之间的和谐。所以,从儒家到理学,"中庸"是整个体系的核心。至于什么样的人才能真正做到把握这个"中",游酢认为,是那些先知先觉的圣人。

(三)"中"与信仰密切联系在一起

游酢认为信仰对于人来说是十分重要的,同"中"是密切联系在一起的,是一种强大的精神力量。"中"的绝对强势对于人来说,就是表现在信仰中。只有坚持了一个"中"字,才能根据自己的思想,断定什么样的理念正确,什么样的理念错误,从而产生了自己的信仰。这样,才使人们具有强大的精神力量。

信仰是人与其他动物相区别的最根本的标志之一。正是因为人有了信仰,才能产生坚强的意志,当人有了坚定的信仰之后,可以牺牲包括生命在内的一切,是什么力量也战胜不了的。游酢认为,信仰是人的一种精神寄托,只有精神寄托,才是能使人们产生战胜一切困难的巨大精神力量。这种精神力量又是同"中"密切联系在一起的,信仰也是"中"的表现之一。对于这个问题,游酢在《论语杂解》中予以了论述:

志于道者,念念不忘于道也。念念不忘,则将有以宅心矣。宅心于道者,无思者,惟精也,无为也,惟一也。惟精则无偏,此道之大中;惟一则无变,此道之大常。尧授舜,舜授禹,至于允执厥中,则志于道之效也。据于德者,止其所而自得也。自得于己,无待于外,则有以胜物,而其固万物莫足以倾之,独立不惧而其守,举世莫得以易之,则所据之地,可谓之悠且久矣。①

一个人的信仰是极其重要的,信仰是人的一种精神寄托。没有信仰,人就没有了精神寄托。游酢认为是否持有信仰不仅是人与其他物种最根本的区别之一,而且也是由"天道"所决定的,与"中"是密切联系的。

至于信仰如何同"中"联系在一起呢?游酢认为信仰表现为必须"专一"。这种"专一"在于没有任何的杂念,实际上就是达到道家所强调的"无"的境界,即最高境界。然而,"无"又是同"中庸"这个儒家的核心概念密切联系在一起的。游酢把信仰与"中"密切地联系在一起,认为"中庸"是信仰的根本。特别表现为只有把握一个"中"字,才能更好地选择该信仰什么,并且坚定不移地坚持到底。因此,表现出坚定的信仰在于始终坚持和把握住一个"中"字。

这种坚持和把握的"中"就在于体现自身的最坚定性,始终坚持自己的信念,并且不受周围的一切所左右。儒家强调儒生的独立人格时,实际上又是同"中庸"所引申的信仰问题具有密切的关联。信仰不仅体现在与"中"具有同一含义,而且更进一步体现"中"的绝对强势。

(四)"中"驾驭一切事物

游酢认为,"中"体现为绝对强势,主要是表现为能驾驭一切事物,并且能支配处于对立的双方。游酢将"中庸"理解为核心,指出"中"是最根本的,对立的双方围绕"中"而展开。各种事物围绕"中"而展开的同时,实际上就是表现为"中"驾驭着彼此,游酢在《论语杂解》中写道:

① 《宋·游酢文集》卷三,《论语杂解·"志于道"章》,延边:延边大学出版社,1998年,第103页。

有一言而足以尽至治之要,曰中而已。盖中者,天下之大本也,岂执一云乎哉。不偏不倚,适当其可而已。譬之权衡之应物,曾无心于轻重、抑扬、高下,称物平施,无铢两之差,此其所以为时中也。与尧、舜、禹三圣授受之际,所守者一道,允执厥中,乃传心之密旨也。[①]

从游酢的论述中我们认识到,"中庸"是儒家的核心。游酢认为,治理国家最好的方法就是"中庸","中庸"是治天下之根本。"中庸"就像是一杆秤,实事求是、公平公正、不偏不倚。他特别列举了尧、舜、禹等圣人,认为他们能把天下治理好,是因为他们掌握了"中"。我们认为游酢谈的问题十分值得我们借鉴。"中庸"并不是绝对的不偏不倚,而是在实践中根据事务发展的时间和条件,决定重点放在何处。

(五)"中"的强势体现在无偏见性

对于这个问题,游酢从"人性善"这个角度进行论述。他认为人们的本性是"善"的,即使是有些人喜欢"恶",也不是其本意,而是受到外部环境的影响。因此,游酢认为,只有始终坚持一个"中"字,才能更好地剔除人性中的"恶",从而走向"善"。"中庸"是儒家的核心,不偏向左右任何一方,没有任何的私心和偏见,"中庸"是真正体现"善"的。游酢在《论语杂解》中这样论述:

好善而恶恶,天下之同情也。然好恶每失其实者,心有所系而不能克己也。惟仁者宅心于大中至正之地而无私焉,故好恶非我,遵王之道路而已。知及之仁或未足以守之,则不足以与此。故言唯仁者为能。[②]

喜欢"善"而厌恶"恶",是人们所共有的本性,他的观点与《三字经》"人之初,性本善"如出一辙。

无论是中国还是外国,也无论是东方还是西方,"性善论"总体上是一致

---

① 《宋·游酢文集》卷三,《论语杂解·"尧曰:咨!尔舜"章》延边:延边大学出版社,1998 年,第 117 页。

② 《宋·游酢文集》卷三,《论语杂解·"唯仁者能好人"章》,延边:延边大学出版社,1998 年,第 95 页。

的。游酢虽然指出了人性是"善"的,但是,在现实生活中,有不少的人却又喜欢"恶"。从表面上看,似乎出现了前后矛盾,实际上一点也不矛盾。游酢认为人之所以会出现"恶",有时甚至向往"恶",这并不是由人的本性所决定的,而是由于人的本性失真所表现出来的。

为什么人的本性会失真呢?游酢认为是因为受到外部环境的影响,特别是在受到各种利益的诱惑之后而产生的。正是由于受到各种利益的诱惑,才使人们对自己的意识和行为把持不住。所以,人的本性才会失真,由此产生对"恶"的喜好,并且顺着"恶"走下去。

如何解决这个问题呢?游酢认为,就是要始终把握一个"中"字。儒家思想把"中庸"作为核心,当把握了一个"中"字,就是要真正体现坚持自身的主见和自身的独立人格。"中"体现绝对强势就是表现为坚持"中庸"的人通常是不自私,没有偏见,对待彼此都表现为一视同仁的人。因此,把握了一个"中"字,才能真正体现"善","中"的绝对强势同"善"又表现为同一性。

(六)"中"的强势体现为坚持原则性和把握灵活性

游酢认为"中"的绝对强势在于始终体现为坚持原则性和把握灵活性。"中庸"的强势表现为坚持"中庸"的人能始终坚持原则性,同时又把握灵活性。关于"中"的原则性,游酢在《孟子杂解》中写道:

> 中庸之道,造次颠沛之不可违,惟自强不息者为能守之,故以子路问强次颜渊。①

游酢有关"中"的论述,可以解读为,坚持"中庸"的人必然是绝对强势的人,而这种绝对强势的表现方式就是能始终把握原则性。这种原则性表现为不偏不倚任何一方,始终起着一个"裁判"的作用。游酢特别强调,早在春秋时期的颜渊、子路等思想家就已经提出了这样的问题。

"中"表现的绝对强势就是始终在坚持原则性的过程中,也注意到灵活性的问题。但是,灵活性是在原则性的前提下体现出来的,原则性支配着灵活性。

---

① 《宋·游酢文集》卷四,《孟子杂解·"子路问强"章》,延边:延边大学出版社,1998年,第127页。

灵活性实际上也是"中"所主张的,灵活性是以原则性为基础的。灵活性如何是以原则性为基础呢?是"中"所起的作用。"中"就是强调了灵活性。但是,"中"无论怎样强调具体事物中的灵活性,都始终不会舍弃原则性。正是因为"中"始终坚持了原则性,才决定人们可以根据具体情况,对具体事物进行具体分析,并且在灵活掌握的过程中,能始终坚持原则。

(七)"中"的绝对强势体现为"静"

游酢把儒家与道家结合在一起,十分强调道家提出的"静"。游酢认为,"中"与"静"是密切联系在一起的。既然"中"与"静"是密切联系在一起的,就说明了"静"体现了绝对的强势。游酢在《易说》中写道:

> 君子之居中守正者,全身远害当如是也,若夫至中至正之大人则不然。体道虚己以游人间,或不言而饮人以和,与人并立而使人化,盖尝入兽不乱群矣,况于人群乎?故能处否而亨也。①

游酢认为"中庸"是整个儒家思想的核心。"中"的强势就是体现了"静"。"君子之居中正守者",含义就是君子居"中庸",守于正道,才能做到坐怀不乱。

"中"体现为绝对强势,同"静"联系在一起,不仅不被"左"和"右"两种因素所支配,还驾驭着"左"和"右"两个方面,即在"左"和"右"之间起着一个"裁判"的作用。这样的结果是不仅能远离一切祸害,而且还掌握更多的主动权。

游酢思想同老子的道学结合在一起表现为:"中庸"本身就包含着"静"的因素,"中庸"实际上就是遵守着一个"静"字,不仅不被外界的事物所左右,还能做到"不言而饮人以和,与人并立而使人化,盖堂入兽大乱群矣"。只有坚持了一个"中"字,才能做到在与人进行的各种交往中,哪怕是静而不语也会使人们领略到一种温和的感觉。坚持"中",能使人们无形之中感到一种威严。坚持"中",在与人的交往中,很容易感化他人。游酢进行了十分

---

① 《宋·游酢文集》卷二,《易说·"六二,包承"至"不乱群也"》,延边:延边大学出版社,1998年,第43页。

生动的比喻,人们真正坚持"中",就是身在兽群中,兽类也不会为此惊乱。这可以总结为"以静制动",或者是"以不变应万变"。

最强势的"中"是同"静"密切联系在一起的,同"静"的密切联系不仅是道家所要求的,而且也是同儒家阐述的修身密切联系在一起的。儒家所阐述的修身问题,实际上就是同"静"紧密相连的。这种联系的表现方式就在于无论外界发生什么样的事,人们始终都能做到不受外界的干扰,最重要的就是能静下心来,对各种问题能够冷静地思考。

人们在交通、通信极其落后的古代,是根本不可能实现"秀才不出门,全知天下事"。今天信息高科技的高度发展,特别是互联网的普及,实现了"秀才不出门,全知天下事"。在信息化时代,人们足不出户,通过智能化设备,都可以知道外面世界的千变万化。在诸多的信息中,有许多是传言、流言,甚至是谣言,在人们看来,这些信息似是而非、真真假假、假假真真,人们根本无法知道哪些信息是真的,哪些信息是假的,真假难辨。网络发达的今天,各种信息的真假和可信度已经在考验人们的辨识度。今天网络中传递的各种信息,受众面广,传播范围大,传播速度快,键盘上敲打的信息瞬间就能传遍全球。遇到这种情况怎么办呢?游酢论述的"君子之居中守正者",具有十分积极的意义。其含义就是在这种情况下,最需要人们冷静地对待各种信息。作为真正有知识、有修养的人来说,就是能对所接触到的各种信息进行认真的分析,不信谣,不传谣,不造谣。

如何才能做到不信谣,不传谣,不造谣呢?我们在对游酢的论述进行借鉴时,得出的结论是要在修身过程中多读书,读好书,少言谈,不妄议。在信息发达的今天,当人们无法辨别哪些信息是真,哪些信息是假的情况下,静下心来多读书,便是一种极好的方法。

(八)"中"的强势同"仁"与"礼"密切联系在一起

从儒家到理学强调"中"是绝对强势的过程中,我们可以把"中"同"仁"与"礼"密切联系在一起分析。

游酢认为,把"中"与"仁"联系在一起,"仁"是"善"的根本。如何才能做到"仁"呢?必须用儒家的核心"中庸"来把握,游酢在《论语杂解》中写道:

> 孟子所谓"富贵不能淫,贫贱不能移,威武不能屈",则据于德之效也。据于德,所以体道也。依于仁,出入、起居、视听、食息,无时而违仁

也。仁者,人也。人之成位乎天地之间,以其仁而已,不然,则皇皇然无
所依矣。君子依乎中庸,亦若是而已。为中庸之不可臾离也。依于仁,
所以成德也。义,宜此者也;礼,体此者也;智,知此者也。故曰人而不
仁,如礼何? 人而不仁,如乐何? 是故君子依于仁而足矣,非谓倚一
偏也。①

　　游酢引用孟子的言论,认为孟子所强调的"中",始终是同"仁"密切联系
在一起的。孟子所言的"富贵不能淫,贫贱不能移,威武不能屈",其意就是
对于一个人来说,在富贵的时候不能使自己放纵,在贫贱的时候不能使自己
的本性改变,面对强权也不能使自己屈服,要充分体现人格上的强势。这种
人格上的强势在于无论环境怎样变化,都能始终坚持自己独立的思想和人
格。这一切都是同"中"密切联系在一起的。"富贵不能淫"就是坚持了一个
"中"字,从而能够很好地把握住自己,真正显示出"中"的绝对强势。

　　游酢认为,"仁"所体现出的强势又贯穿于人们生活的所有领域中,人们
的衣、食、住、行等方面,没有不包含着"仁"的。对于游酢的论述我们可以进
行这样的解读,人们在生活中的任何一个方面,都不要走极端,这也是孟子
一贯主张的。特别是道家,认为事物一旦走向极端,必然要走向反面,即"物
极必反"。"中"与"仁"的密切联系就在于,"仁"又体现出了"中"。人因为有
了"仁",就决定了凡是做什么事,都能把握住一个"度"。始终把握了"度",
才不会偏激,用游酢的论述来说就是"仁"的体现。

　　游酢认为"中"的强势与"礼"也是密切联系在一起的。"中"的强势如何
同"礼"密切联系在一起呢? 众所周知的就是儒家十分强调"礼"。当儒家发
展到了理学,所强调的"理",同"礼"实际上是同一含义,最根本的就是坚持
一个"中"字,因此游酢在《论语杂解》中写道:

　　礼者,性之中也,且心之本体一而已矣,非事事而为之,物物而爱
之,良非积日累月而后可至也。一日反本复常,则万物一体,无适而非
仁矣。故曰:"一日克己复礼,天下归仁焉。"天下归仁,取足于身而已,
非有藉于外也。故曰:"为仁由己而由人乎哉!"颜渊请事斯语,至于非

───────────

　　① 《宋·游酢文集》卷三,《论语杂解·"志于道"章》,延边:延边大学出版社,1998 年,
第 103～104 页。

礼勿动,则不离于中,其诚不息而可久矣。仁,人心也,操之则为贤,纵之则为圣。[1]

　　儒家的"礼"发展到理学的"理",最根本的在于体现了一个"中"字。游酢认为"仁"决定了"礼","仁"又是通过"礼"表现出来的,"礼"同时又体现"中","中"却同强势密切联系在一起。因此,"礼"也体现出绝对的强势。游酢对这个问题的论述同样是一个传递关系的逻辑推理过程。

　　"礼"是如何从"中"体现强势呢?游酢认为对于每一个人来说,无论外界发生什么样的变化,都能始终把握自己,使自己遵从礼法。遵从礼法实际上就是坚持了"中",即无论发生什么事,都不能改变自己。游酢认为,只有克制自己,遵从礼法,并且人人都这样做了,天下就可以归"仁"。当每个人都坚持了"礼","礼"体现了"中",对于每个人来说,便体现出了真正的强势。如果每个人都体现出了真正的强势,这个天下便是真正强势的天下。

　　游酢认为要使天下回归到礼法中,首先必须使每一个人先回归到礼法中。如何使每一个人回归到礼法中呢?必须坚持"中"。游酢认为,要通过自己的修身来实现,而不是单纯依靠外部环境。当然,外部环境也是不可少的。在游酢的思想中,内因是变化的根据,外部环境是变化的条件,这是现代哲学思想的萌芽。从儒家到理学,在把"人"作为出发点和归宿的过程中,自始至终都是把个人行为作为社会发展最终的基础,从而说明从儒家到理学根本上讲,具有个人主义的萌芽。

　　对游酢的思想进行解读时,我们可以认识到,在论述个人主义问题的时候,游酢始终认为,只有首先实现了个人遵循礼法,才能延伸和扩展到全社会遵循礼法,使整个社会回归到"善"的本性中。同时又认为,能够把握"礼"这个层面的人,就是贤人。如果能够把人们引导到"礼"这个层面的人,便是圣人,而圣人才是最强势的人。他们之所以能成为圣人,是因为他们可以把单一的个人组织在一起,通过"中"对他们进行调解,从而使他们遵循礼法。因此,"中"与"礼"的关系,就是圣人将单一的个体组织起来的结果,是先从个人遵循礼法开始,然后延伸和扩展到全社会的人对礼法的遵循,使这个社

---

　　[1] 《宋·游酢文集》卷三,《论语杂解·"颜渊问仁"章》,延边:延边大学出版社,1998年,第110~111页。

会成为一个遵循礼法的社会,并且成为真正强势的社会。

(九)"中"的强势体现为多元化

在游酢的思想中,"中"的强势还体现多元化。他认为"道"是不可以独占的,是天下人所共有的。在遵循"道"的原则下,是可以在具体的行为中,根据实际情况,对"道"再进行各种解读。游酢在《中庸义》中写道:

> 惟皇上帝降衷于下民,则天命也。若遁天背情,则非性矣。天之所以命万物者,道也;而性者,具道以生也。因其性之固然,而无容私焉,则道在我矣。夫道不可擅而有也,固将与天下共之,故修礼以示之中,修乐以道之和,此修道之谓教也。[①]

从儒家到理学所提出的"道",始终是同"中庸"密切联系在一起的。表现在于,游酢指出"道"不是哪一个人独有的,而是全天下的人所共有的。"道"包含了多元化的因素,即在遵循"道"的前提下,可以从不同的角度对"道"进行解读。游酢之所以把"道"理解成是属于全天下的人所共有的,即指出对"道"的认识具有多元化的因素,是说明"中"所起的作用。这就是"中"的绝对强势。

我们把多元化理解为"中"的强势性就在于,"中"是以能包容各方面而体现出其绝对的强势性,绝对的强势最重要的表现在于能够驾驭各方。虽然各方都各自不同,甚至是绝对对立的,但是,通过"中"的作用,却可以将各方融合在一起,求同存异,推动整个社会的发展。这一切都可以理解为"中"所起的决定性作用,从而体现"中"的绝对强势。

从儒家到理学体现的中华传统文化从根本上讲,强调的是多元化,而这种多元化则是通过"中"来实现的。从西汉元寿元年(前2年)佛教传入中国,到唐贞观九年(635年)基督教首次传入中国,中华传统文化都予以了极大的包容。由此说明了中华传统文化是全世界最有包容性的文化之一,从而体现了中华传统文化所强调的就是多元化,而这一切都是同"中"分不开

---

① 《宋·游酢文集》卷四,《中庸义·"天命之谓性"节》,延边:延边大学出版社,1998年,第124页。

的。正是因为"中"所起的作用,才充分体现了中华传统文化的绝对强势。更进一步说明了中华传统文化从根本上就是多元化的文化。

二、"中"体现防止走极端

游酢认为"中"要求人们做事说话都不能走极端。一旦走了极端,必然会走向事物的反面。对于这个问题游酢进行了多方面的论述,主要表现在:

(一)违反"中庸",走极端是造成社会动荡的根本原因

游酢首先指出,儒家产生于春秋,当时还没有成为官学,只有到宋代,儒家才真正成了官学。在这一千多年的时间里,统治者根本没有把儒家纳入视野。游酢特别指出,汉武帝刘彻时提出的"罢黜百家,独尊儒术",也没有真正尊崇儒家。只有到五代十国结束,进入宋之后,儒家才真正成为统治者的指导思想,即儒家思想成为官学,并进一步发展成为理学。因此游酢指出,正是因为这一千多年来从来没有用儒家思想,特别是没有用儒家的"中庸"思想指导,才使社会在发展的进程中经常走极端,从而不断地出现周期性的天下大乱,即他在《二程语录》中所写的:

> 天下之习皆缘世变,秦以弃儒术而亡不旋踵,故汉兴颇知尊显经术;而天下厌之,故有东晋之放旷。[①]

在游酢的思想中,天下的习俗都是因为世道的变化而变化的。无论世道发生怎样的变化,都始终需要有一个指导思想来统领。儒家是最理想的一种指导思想,他认为只有用儒家思想来指导统治者,才能使社会变得有秩序,从而实现社会的安定。

游酢认为,对于秦王朝来说,虽然结束了"封建制",建立了"大一统"的帝王制,但是,由于秦走向了极端,实行暴政,特别是进行了"焚书坑儒",使文化遭到严重破坏,这个王朝在还未立足根基的时候就灭亡了。对于汉来

---

① 《宋·游酢文集》卷五,《二程语录》,延边:延边大学出版社,1998年,第150页。

说,游酢却认为,虽然遵循了先贤的思想,汉武帝时期又提出"罢黜百家,独尊儒术",但是,却没有按照儒家的理念去实施,就使人们对包括儒家在内的各种所谓的经术产生了一种厌倦。因此,才有西汉末年王莽篡权,造成了天下大乱。当汉世祖刘秀平息了各方反叛势力,重新恢复了汉室天下,即建立了东汉之后,仍然没有按照儒家的理念去治国理政,又造成了群雄角逐、天下大乱的局面。

晋王朝被胡人打败之后南逃,由西晋变成了东晋,却发展到什么"礼"都不要了。因此,最后导致晋王朝走向灭亡。游酢认为这一切都是没有一个指导思想来统领而产生的不良后果。所以,游酢才提出治国理政要有一个指导思想。他认为,儒家是治国理政最理想的指导思想,需要把儒家思想不断地推进,成为治国安邦理念,并且还要有一个良好的秩序来维持。

游酢的论述具有十分积极的意义,至今都值得我们借鉴。任何一个社会,要想得到生存和发展,必须建立一种理论思维作为指导思想。否则,这个社会的发展就会没有一个正确的方向。但是,由于受到历史环境的局限,游酢当时没有认识到,宋之前的汉(指的是两汉)、唐之所以强大,恰恰是因为没有将儒家作为指导思想。这是他的局限所在。

汉、唐走向强盛,不是用儒家思想指导实现的。由于游酢没有认识到这个问题,把在从旧的有序向新的有序发展过程中所出现的无序状况,理解成是由于没有儒家的指导所造成的。因此,这种思想存在着一定程度的缺陷,这是我们必须认识到的。

(二)"居安思危"体现防止"物极必反"

游酢所论述的"居安思危"充分体现了"中庸"理念。"居安思危"是如何体现"中庸"理念的呢?游酢认为,是要防止事物出现"物极必反",当社会处在安定时候,必须考虑到可能会发生的危机。即他在《陈太平策》中写的:

> 毋谓四海已合,民生已泰,可以安意肆志而不思。否泰相因,离合相仍,大有可忧可虑者存也。若贾谊①当汉文晏安时,犹为之痛哭,为

————
① 贾谊(前201—前169年),河南洛阳(今河南省洛阳市)人,西汉初年著名政论家、文学家,世称贾生。

之流涕，为之长太息，方今之世，恐更甚焉，安得如谊者复生，为朝廷画久安度长治之策。今观朝廷之上，大臣则悠悠然持禄而顾望，小臣则惴惴然畏惧而偷安。含胡苟且，以求自全之计；玩岁愒月，以希迁转之阶，讵肯奋不顾身？出为百姓分忧者，然或有之。又招疑速谤，不能自容于时矣。[①]

贾谊是汉文帝制法度、兴礼乐、上疏陈时弊的大臣，他认为，阴阳、天地、人与万物都由德生，而德由道生。道是宇宙万物的最终本源，而德则是宇宙万物的直接本源。贾谊试图用老子的《道德经》来为儒家的道德伦理提供依据，游酢深受贾谊的思想影响，游酢认为君主不要以为天下统一了，人民已经安居乐业，就可以毫不在意、随心所欲，而没有考虑到好与坏是可以互相沿袭，分与合是可以互相交叠的。游酢以汉代为例，指出在天下太平的时候存在着不太平的因素。当汉文帝的统治还是处在太平安逸的时候，贾谊已经开始为当时存在的危机哭泣，并且深深地哀叹。游酢以此为鉴，指出宋的形势比汉时期是更为恐怖，危机也更为严重。北宋却没有出现像贾谊这样真心诚意地替朝廷筹划，并且能够制定出使天下得到长久安定策略的人。

游酢认为，其所处在的北宋已经到了政府的高官悠闲自得，拿着朝廷的俸禄在犹豫不定地观望这种地步。对于政府的一般官员来说，则是心中不安，胆小怕事，只图眼前的安逸，马马虎虎，得过且过，想尽办法保全自己。政府各级官员是虚度光阴，心中想的只有升官发财，谁也不会为大宋天下重新振作起来，而不顾自己的安危，及时站出来替老百姓分担忧患。即使有贾谊这样的人，恐怕惹来的也是被人猜疑，遭到各种诽谤，是根本不可能被那些大大小小官员所接受的。

游酢的论述使我们认识到，他的思想坚守"中庸"，认为必须做到居安思危。无论是中国还是外国，一个王朝经常都不是在弱的时候走向灭亡，恰恰相反，几乎都是在最兴盛的时候走向灭亡的。在国外，罗马帝国就是在最兴盛的时候，当君士坦丁皇帝驾崩后，一步一步分裂为东西两个罗马。此后，西罗马仍然十分兴盛，但看起来十分兴盛的西罗马，却被那个"马背上"的蛮族——日耳曼彻底征服了。

在中国，秦王朝也是在最强势的时候灭亡的。由秦朝末年陈胜、吴广在

---

① 《宋·游酢文集》卷六，《陈太平策》，延边：延边大学出版社，1998 年，第 163 页。

大泽乡发动的农民起义,波及全国各地,造成各地纷纷起义,导致秦王朝走向灭亡。作为大唐帝国来说,也是在鼎盛时期,进入玄宗末年至代宗初年的公元755年至763年,发生了"安史之乱"以后而走向衰落的。"安史之乱"虽然被平息了,却成了唐朝由盛走向衰的转折点。从"安史之乱"开始,盛唐便一步一步走向衰败,最后于唐乾符五年(878年)至唐中和四年(884年),发生了由黄巢领导的农民起义。

当今,游酢论述的"居安思危"具有十分积极的意义,最重要的在于使我们认识到"物极必反"这个道理。这就是说,当一个事物处在不断上升的时候,一定要注意到极有可能走向其反面。只有这样,才能使人们始终保持谦虚、谨慎、不骄、不躁的态度,从而立于不败之地。

(三)坚持"中庸"在于做事、说话要留有余地

"中庸"作为儒家的核心之一,主要表现在,人们无论是说话还是做事,都要留有余地,不要把话说满,也不要把事情做绝,这样,才能使自己拥有更多的主动权。正是因为说话、做事留有了余地,使自己能掌握更多的主动权,才真正体现自己的强势。"中庸"的强势正是通过说话不能说满、做事不要做绝体现出来的。

说话、做事留有余地如何体现出"中庸"的强势呢?游酢的论述使我们充分认识到,最重要的在于说出来的话必须做到付诸实践,所要做的事必须要做好,并且必须做到成功。如何才能说到做到,并且做到成功呢?归根结底,最终就是要做到无论是说话还是做事,都要留有余地。对于这个问题游酢论述得十分清晰,他在《中庸义》中写道:

> 有所不足,不敢不勉,将以践言也,则其行顾言矣。有余不敢尽,耻躬不逮也,则其言顾行矣。言行相顾,则于心无馁。①

"中庸"表现为人们在做事的时候,如果感到自己的能力有限就不要勉强;在说话方面则是话一旦说出来了,就一定要做到。因此,说话做事必须

---

① 《宋·游酢文集》卷四,《中庸义·"君子之道"四节》,延边:延边大学出版社,1998年,第129页。

留有余地。游酢特别指出,人们做任何事的时候,都要把自己所具有的剩余力量留住,并且认为,这不是可耻,而是留有余地,也没有必要为此而感到耻辱。

说话、做事要留有余地,这同处理一些事务关系十分密切,同我们的生活也具有十分密切的关系。以饮食为例,人们通常说的吃饭只要吃七八分饱就行了,说的就是不要暴饮暴食,暴饮暴食对身体的健康是十分不利的。以游泳为例,在游泳中经常听到一些游泳健将说,游泳不是跑步、爬山。跑步、爬山累了之后可以坐下来休息,如果再累的话还可以躺在地上休息。在游泳中累了却是没有地方可坐,更没有地方可躺。在游泳中如果体力能游一百米,相对来说最多只能游八十米左右,最好不游一百米,对于游泳爱好者来说,只有这样做,才能在游泳中实现自我保护。这就是不知不觉中运用了"中庸"思想。

同样,人们互相之间的争辩也是经常遇到的事。只要是进行争辩,双方都认为自己是正确的,都是把对方的看法说成是错误的。事实上,在争辩过程中,如果其中一方真正承认自己的观点是错误时,也就不会继续同对方争辩了。即使是这样,还是存在不会认为自己理亏,甚至不会在赢的那方面前服输等情况。面对这种情况,作为赢的那方来说,就要把握好"中庸",要做到"有理也要让三分",而不是"得理不饶人"。

对于赢的一方来说,这样的做法并不是向输的那方示弱,而是显示出赢的那方才是真正的强者。赢的那方对输的那方之所以会"有理也要让三分",实际上是体现自己宽广的胸怀,具有宽容心和包容心,能使输的那方做到口服心服。凡是说话都不要把话说满,做事都不要把事做绝。这不仅能使自己得到了广阔的空间和充分的时间,而且也给对方留了一定的空间和时间,让对方能够更好地进行反思,体现自己是真正的强者。

游酢的思想十分深刻,并且十分值得我们借鉴。这种借鉴体现在我们的工作中,也体现在我们的日常生活中。人们说话做事,都要做到"恰到好处""得理还要饶人",只有这样,才能使自己得到更多的主动权,这就是我们对游酢的思想进行的借鉴。

(四)坚持"中庸"的人才是真正高明的人

游酢把坚持"中庸"者理解成真正的"高明"者,他把"中庸"与"高明"密切地联系在一起,进一步说明了"中庸"表现出最强势,他在《中庸义》中写道：

> 而道问学，然后能致广大。尊其所闻，行其所知，充其德性之体，使无不该偏，此致广大也。非尽精微则无以极深而研几也，故继之以尽精微。至广大，而尽精微，然后能极高明。始也未离乎方，今则无方矣。始也未离乎体，今则无体矣。离形去智，廓然大通，此极高明矣。非道中庸则无践履可据之地，不几于荡而无执乎？故继之以道中庸。高明者，中庸之至理，而中庸者，高明之实德也，其实非两体也。[①]

游酢认为坚持"中庸"者才是真正的"高明者"。"高明"是"中庸"的最高道理，"中庸"是"高明"的实际道理。"中庸"与"高明"二者是一致的，进一步证实了"中"体现为绝对强势。游酢对这个问题的论述具有十分严密的逻辑推理，这种逻辑推理同样是一种传递关系的逻辑推理。

游酢认为，要研究学问，首先自己必须要有渊博的知识，并且能够对问题进行深入细致的研究。只有对问题进行深入细致的研究，才能做到融会贯通。当对知识进行了融会贯通后，才是真正的"高明"者。同时，"高明"又是由"中庸"所引导的。这是因为坚持"中庸"的人始终对问题不会产生偏见，并且能将各方面的知识融合在一起，然后加以分析、综合，从而产生最一般、最本质和最普遍的原理。所以，"中庸"才是研究学问的真正指导思想。这就是游酢在《中庸义》中所说的："非道中庸则无践履可据之地，不几于荡而无执乎。"[②]他认为如果没有"中庸"引导，就没有立足之地。只有坚持"中庸"的人，才是真正高明的人，从而进一步说明了"中"所体现的真正的强势。

与中国古代许多思想家的思想一样，游酢的论述也体现出十分深刻的逻辑思维。我们在对游酢"中庸"问题进行论述的时候，要认识到这一点，这也是我们复兴中华文化一个十分重要的方面。

---

① 《宋·游酢文集》卷四，《中庸义·"大哉圣人之道"章》，延边：延边大学出版社，1998年，第143页。

② 《宋·游酢文集》卷四，《中庸义·"大哉圣人之道"章》，延边：延边大学出版社，1998年，第143页。

三、"中庸"的强势体现为"和谐"

当把从儒家到理学强调的"中",理解为绝对强势的时候,我们要认识到,游酢所理解的"中"的强势表现为与和谐、宽容、包容等方面是密切联系在一起的。我们可以认为"中庸"与"和谐"属于同一含义,并且是从以下方面充分体现出来。

(一)"中庸"的强势与"和谐"体现为同一含义

"中庸"的强势如何与"和谐"联系在一起呢?又如何体现为同一含义呢?游酢认为是通过"仁"体现出来的。游酢指出,"仁"首先体现在人与自然的"和谐"上。这种"和谐"表现在于,人们真正做到了"仁",就会把自然界看成是如同自己的身体一样,尽力地爱护它,即游酢在《二程语录》中所说的:

> 刚毅木讷质之,近乎仁也;力行学之,近乎仁也。若夫至仁,则天地为一身,而天地之间品物万形为四肢百体,夫人岂有视四肢百体而不爱者哉!圣人,仁之至也,独能体是心而已,曷尝支离多端而求之身外乎?故能近取。[①]

游酢认为"仁"的实现是靠自身朴实的本质,同时又能够通过不断地学习和实践而逐步达到的。

当"仁"达到了最高境界的时候,就能将天地视同自己的身体,将天地间的万物视同自己的四肢和各个器官。"仁"不仅体现了人与人之间的"和谐",而且还体现人与自然之间的"和谐"。能爱护自然的人在处理人与人之间的关系上,一定能做到"仁"。做到了"仁",就决定了能运用"中庸"来调解人与自然的关系,从而使人与人之间的关系变得更加"和谐"。当人与自然的关系、人与人之间的关系达到了"和谐",才能真正显示这个社会的强大。因此,"中庸"的强势与"和谐"体现为具有同一含义。

[①] 《宋·游酢文集》卷五,《二程语录》,延边:延边大学出版社,1998年,第155页。

(二)"中庸"与"和谐"的同一性体现出前者具有分析综合能力

游酢认为,"中庸"具有分析与综合的能力,并且强调了对立各方之间互相协调的重要性。在游酢的思想中,对立各方互相之间的协调是十分重要的,他在《易说》中写道:

> 盖六四纯阴而势顺,贤者以刚克止之,则牯牛之象也。[①]

在游酢的思想中,一切事物都是由"阴"和"阳"两个方面组成。二者虽然是对立的,但却可以通过互相作用的方式,达到一种平衡。

游酢认为一切事物所存在的对立的两个方面是对等的,关键在于如何协调二者之间的关系。游酢所论述的"阴""阳"两个对立面的互相协调,说明的是任何一个事物,都是由"阴""阳"二者之间的相互平衡维持着,即表现为大体上的平衡。如何使二者之间能达到一个大体上的平衡呢?就是要始终保持一个"中"字,即根据具体的情况,决定偏向阳的方面多一点,还是偏向阴的方面多一点。这就是"中"起到的调和作用,使对立的各方保持着大体上的平衡。

"中庸"作为儒家的核心,除了驾驭各方以外,还具有分析、综合的能力,并且能将对立的各方予以融合,游酢在《二程语录》中是这样写的:

> 君子之于中庸也,无适而不中,则其心与中庸无异体矣。小人之于中庸,无所忌惮,则与戒慎恐惧者异矣,是其所以反中庸也。[②]

游酢认为"中庸"体现了绝对强势的一面,"中庸"是君子所坚持的。只有坚持了"中庸",才能把握各方面的因素,并且能对各方予以分析、综合,从而产生新的事物。对于游酢的论述,我们可以进行这样的解读,只有君子才能把握"中",从而创造新事物。坚持了"中"才真正体现出君子的绝对强势。这里的"君子"指的是执政者。

[①] 《宋·游酢文集》卷二,《易说·"六四,童牛之牯"节》,延边:延边大学出版社,1998年,第57页。

[②] 《宋·游酢文集》卷五,《二程语录》,延边:延边大学出版社,1998年,第155页。

由此谈到新知识的创立问题。推动社会发展的思想动力是新知识,那么什么是新知识呢?新知识是指在对未知领域的研究、探索中所产生的新认识。在探索未知领域的同时,通过逻辑思维的方式,将某些对未知领域认识过程中的碎片化的言论予以理论化、系统化,由此形成具有关于这种认识的系统理论。在现实社会中,许多新知识也并不是对客观事物产生出新的认识之后形成的,而是将现有的若干知识予以分析、综合,去除不同之处,找出共同之处,加以系统化、理论化,从而形成的理论。因此,新知识就是通过对现有的知识,进行分析、综合之后而产生出来的系统化理论。这一切如何实现的呢?联系到游酢的论述可以解读为,是通过"中庸"的作用而实现的。

不同的社会制度、不同的思想意识也是如此。借鉴"中庸"思想,极有可能对根本对立的社会制度、思想意识等进行详细分析、总体评价,找出它们的共同之处,去除不同之处,产生新的社会制度和新的思想意识。因此,"中庸"如果在社会领域内用于指导社会实践,就能对不同社会领域内的不同事物进行分析、综合,使之融合在一起,从而催生新的事物。

从儒家到理学,都强调"道"的引导作用。作为理学来说,指出"道"对人们的引导作用表现在于,除了强调凡事都要做到适中,不要走极端以外,还指出"道"在"乐"中有充分体现。"道"从"乐"中所体现的作用归根结底就是达到和谐。在"二十四史"中有专门关于"乐"的叙述,"乐"是最能体现和谐的方面之一。

所谓"乐",最初产生于距今二千六百余年的春秋时期。在《管子·地员篇》中,就记载着宫、商、角、徵、羽五个音符,这就是中国音乐史上著名的三分损益法,用三分损益法谱曲构成音乐,体现了音乐的"和谐"之美。无论这五个音符组合成什么样的乐曲,都有一个共同的特点,就是体现五个音符的"和谐"。而这种"和谐"其实是"中"所起的分析、综合作用。

早在唐朝时期,中国就产生了格律体诗(包括绝句、律诗、排律、词、曲、楹联等)。进入宋代,格律体诗发展到了一个新的高峰。强调在诗词创作中必须严格按照平仄关系所规定的格律。这些似乎束缚了人们的思维,把人们的思维局限在某个固定的框框内。

但是,当我们谈及音乐是不同音符的组合,并且使所产生出来的不同乐曲体现"和谐"的时候,可以得到这样的启示,格律诗的格律实际上充分体现了"和谐"。这种"和谐"就是可以把一万多个汉字归为平、上、去、入这四声中,经过文字和读音改革后,把近两千个入声字分别归入阴平、阳平、上声和去声中。

格律体诗体现了高度的概括力。格律体诗可以把需要用篇幅繁杂的字才能叙述完整的事物,只用寥寥数字就能完整地表达出来,如"十六字令"。这里就涉及有关哲学的问题,哲学是自然科学、人文科学和思维科学的概括和总结。中国古典格律体诗起到了一种具有高度概括力和对所要叙述的事物进行总结的作用,从而体现了高度的哲学思维。这一切都是"和谐"的体现,即用平、上、去、入这四种声调,对数万个汉字归类,进行不同的组合所形成的格律体诗表现出高度的概括性。这显然就是"中庸"所起的作用,体现"中庸"与"和谐"是同一的。

游酢指出"中庸"与"和谐"在"理"的内涵中上表现为同一含义,并且能起到对事物进行分析、综合的作用,同时又能够驾驭根本对立的双方。"中庸"与"和谐"把根本对立的各方融合在一起,二者同时就包含了具有系统思想的萌芽。这种系统思想的萌芽就是体现"整体大于部分相加的总和",即"1+1>2"。当然,这个结果是在较好地运用了"中庸"之后才能得到的。如果不能很好地运用"中庸",极有可能出现"1+1<2"这种状况,这也是我们应当认识到的。正是因为这样,我们对"中庸""和谐"进行借鉴,并且进行批判性地继承,最关键在于如何将这种思想上升到理论思维的高度。

(三)"中庸"的强势体现"和谐"的多元化

"中庸"的强势体现"和谐"的多元化,当我们把这种思想运用到社会政治领域的时候可以认为,"中庸""和谐"既是"道"的内涵,又是"多元化"的体现,而"多元化"正是"道"所要求的,也是对"道"的问题进行的解读。为了说明这个问题,我们先简要谈谈"中"在这个方面所起的作用。

关于"中",游酢论述得十分清楚,他指出,坚持一个"中"字,才能更好地使对立的双方相互协调。儒家所强调的"中"除了表现出能驾驭左和右双方以外,还包括了调节一个事物中的两个对立面,及其调节不同事物之间的关系。从儒家到理学所强调的"中庸""和谐"实际上包含有十分深刻的多元化因素。对于这个问题,游酢在《易说》中予以深刻论述:

> 弥之使不亏其体,则覆帱者统元气,持载者统元形,阳敷而能生,阴肃而能成,夫是之谓弥。纶之使无失其叙,则日月代明,寒暑迭运,将来

者进,成功者退,夫是之谓纶。①

游酢首先从"阴""阳"二者的相互作用出发,说明"中"调节着"阴""阳"两极,"中"调节着一个事物中的正反两个对立面的关系,在任何一个事物中,对立的双方都是缺一不可的。

游酢认为任何事物都是由"阴""阳"二者所组成的。二者是如何构成一个事物呢?二者其实就是在对立与统一的相互作用中构成的。在二者的对立与统一中,正是因为"中"对"阴""阳"这两个对立的方面进行调节,才能根据不同的情况,决定"阴""阳"的偏离度,从而构成了这个事物。这样才使事物能更好地生存和发展。游酢认为"寒暑迭运",只有冷和热的互相交替运转,才能使万物更好地生长。

理学所强调的"中",实际上是引用了道家所谈及的"阴""阳"二极的交替运转,从而构成了一个事物的原理。这种思想包含多元化的因素,这种多元化因素至少包含了对立的两个方面。对立的这两个方面同时存在才构成了这个事物,缺乏任何一方都不可构成一个事物。

在多元化的社会中,我们必须承认各个阶层、各个政治集团、各种思想意识都是处于对立状态。这在社会运动和发展中都是十分正常的,关键在于人们如何促使互相对立的各阶层、政治集团和思想意识如何走向和谐。

联系到今天的社会实践,我们在对游酢这种"中庸"思想进行批判性地继承的过程中必须做到"与时俱进"。这种"与时俱进"表现在于必须认真调解各种矛盾,特别是对所形成的不同利益集团之间的矛盾要进行认真调解,将机会均等与结果均等有机地结合起来,就是必须使人们在基本生活问题方面有了保障的前提下,进行公平地竞争。在存在差别不是很大的情况下,实现人民的共同富裕。随着社会的不断发展,旧的矛盾暂时解决了,新的矛盾又会层出不穷地出现,对于人与人之间的关系来说,极有可能会出现新的、更大的差别,这时又要用同样的方法进行调节。如此循环往复,会使社会的发展进入一个更新、更高的阶段,这样阶层之间的差别越来越小,从而不断走向阶层之间的和谐,由此推动社会的全面发展。

---

① 《宋·游酢文集》卷二,《易说·"易与天地准"节》,延边:延边大学出版社,1998年,第69页。

(四)"中庸"的强势体现为契约精神

"中庸"体现了一种契约精神,即表现为对立的双方在实践中所形成的一种协定,并且在实践中双方又都必须遵守这个达成一致的协定。这个协定就是对立的双方之间所形成的契约。

阐述这个问题时,我们不妨联系 2020 年 5 月 28 日第十三届全国人民代表大会第三次会议通过并于 2021 年 1 月 1 日正式实施的《中华人民共和国民法典》(以下简称《民法典》),《民法典》同样体现为人与人之间的契约,而作为制定和实施法律的国家,正是契约的体现。例如,《民法典》第一篇总则的第八章"民事责任"规定:

> 民事主体依照法律规定或者按照当事人约定,履行民事义务,承担民担相应的责任;难以确定责任大小的,平均承担责任。二人以上依法承担连带责任的,权利人有权请求部分或者全部连带责任人承担责任。连带责任人的责任份额根据各自责任大小确定;难以确定责任大小的,平均承担责任。实际承担责任超过自己责任份额的连带责任人,有权向其他连带责任人追偿。

上述条文的表述所体现的正是人与人之间的契约关系。这种契约关系体现的就是人与人之间所承担的义务和所享有的权利。如果追溯到游酢将"中庸"作为儒家的核心思想,可以理解为,国家作为契约的体现,反映了"中庸"所体现的契约精神,即国家坚持了一个"中"字,并且通过"中"的调解形成了契约,然后人们再根据契约从事一切活动。《民法典》在这个意义上充分体现了作为法律制定者和实施者的国家,坚持的正是一个"中"字,从而说明了国家的真正强势。当我们重新审视游酢的论述时可以认为,"中庸"的强势正是通过契约精神和在实践履行契约过程中体现出来的。

在现实社会中,不同的利益集团之间总是处在对立状态之中。如果从对立各方的自然属性出发,即对各方的本能意愿进行分析,双方都要想方设法维护自身的利益,有些甚至还希望在某些条款中占据绝对的优势,双方极有可能进行唇枪舌剑的斗争。斗争所造成的结果则经常是两败俱伤,谁也不可能成为绝对的优胜者。即使某方是胜利了,但也是暂时的。

如何解决这个问题呢?游酢的思想认为,斗争双方最终要逐渐回到理性中,能够冷静下来,通过理性的方式进行协商,共同制定一个大家都能接受的协定,这个协定就是契约。当进行理论上的概括和总结之后,便产生了契约精神,再运用到实践中,指导实践,当这个契约形成之后,大家都必须遵守。这个契约就是国家制度、法律,国家制度、法律是通过实践,使人们的认识不断提高之后所形成的。人们不断地认识到,只有双方都遵守了契约,才能达到共赢。否则,就是两败俱伤。

英国哲学家、政治思想家托马斯·霍布斯(1588—1679 年)在《利维坦》这部著作中对上述问题进行了论述。在《利维坦》中,霍布斯引用《圣经·旧约》的《约伯记》中的"利维坦",它是假想的力大无穷的巨兽。霍布斯就是把国家制度、法律等理解成契约,这个契约就如同力大无穷的"利维坦"。国家是契约的产物。这个契约一旦形成,就像"利维坦"这个巨兽一样,具有绝对的权力和权威,谁都不能违背其意愿。我们运用伽罗华有关数学群论的思维方式,以及霍布斯《利维坦》一书中的理论对"中庸"问题进行解读,能更进一步说明"中"所体现的绝对强势,这种强势体现在契约精神和在实践中履行契约。由此说明了"中庸"的强势是通过契约精神来体现和实践,即通过国家制度、法律等方面体现出来,如同《利维坦》中指出的,"利维坦"具有绝对的权力和权威。用《利维坦》的论述解读游酢的思想,"中庸"的强势体现了从儒家到理学中实际上已经具有契约精神的萌芽。

游酢把"中庸"所体现的契约精神的萌芽,理解为是君子的行为,游酢认为"君子之于中庸也,无适而不中,则其心与中庸无异体矣"。只有君子才能够真正遵守"中庸",即遵守契约。小人则是破坏"中庸",即不断地破坏契约。君子坚持了"中",并且通过"中"的调解,形成了契约,再根据契约从事一切活动。如此,这个社会才是一个真正有章可循的社会。根据游酢的论述,"中庸"的绝对强势正是通过契约精神和在履行契约的实践中体现出来的。

第五章　家政与国政的合一

纵观历史,中华传统文化是关于家政与国政合一的文化。家政和国政的关系表现为,家政是国政的基础,国政则是家政的延伸与扩展。游酢引用了《诗经》中的观点来论述。

《诗经》是儒家的经典之一。从文学角度上讲,是一部诗集,论述了各种社会问题,从社会政治这个角度来看还包含了深刻的关于家政与国政合一的思想,游酢对这个问题在《诗二南义》中予以深刻论述:

> 学《诗》者,可以感发人之善心,如观《天保》之诗,则君臣之义修矣;观《常棣》之诗,则兄弟之爱笃矣;观《伐木》之诗,则朋友之交亲矣;观《关雎》《鹊巢》之风,则夫妇之经正矣。昔王褒有至性,而弟子至于废讲《蓼莪》,则《诗》之兴发善心于此可见矣。[①]

从游酢对《诗经》的论述中可以看出,《诗经》描写了家庭成员之间的关系和君臣、朋友之间的关系,从而体现家庭和谐乃至整个社会的和谐。

《诗经》之《天保》所涉及的是君臣之间的等级关系,《常棣》涉及的是兄弟之间的亲情关系,《伐木》涉及的是朋友之间的友爱关系,《关雎》《鹊巢》中涉及的是夫妻之间的和睦关系。这些关系都包含有"善"的因素。处理好这些关系,能引领人们积极向上,"善"与"和谐"表现出同一性。所论述的"和谐"包括家庭的和谐乃至整个社会的和谐,指的就是家庭和谐是社会和谐的基础,社会和谐则是家庭和谐的延伸与扩展。只有从家庭到社会实现了和

[①] 《宋·游酢文集》卷二,《诗二南义·纲领》,延边:延边大学出版社,1998 年,第 73页。

谐,整个社会便真正走向了"善"的境地。游酢的论述使我们认识到,《诗经》作为中华文化的经典之一,体现了家政与国政合一的思想。

游酢在九百多年前的北宋就已经对《诗经》有了深刻的认识。游酢一生,在安徽、浙江、河南等地四十多年的为官历程,在福建建阳麻沙长坪故里的豸山书院开坛讲学,在福建武夷山的水云寮著书立学,他对北宋之前的文化传承做出了极致的贡献。

一、"孝"是做人做事的基础

在家政与国政合一的问题上游酢明确指出,要把国治理好,必须有一个好的国政,好的国政又必须以好的家政为基础。在家政中,"孝"又是最根本的。从儒家到理学总是把"孝"看成是做人做事的基础,"百善孝为先"。对于这个问题,游酢在《论语杂解》中予以深刻论述:

> 孔子之道,修于家,行于乡,施于国,达于天下,亦不过使老者安之,朋友信之,少者怀之而已。盖使天下之为子者皆致其孝,然后老者莫不安之矣;使天下之为父者皆致其慈,然后少者莫不怀之矣;使天下之为朋友者皆先施之,然后朋友莫不信之矣,此所以为孔子之志。其辞虽若自抑,而非盛德之善洽于人心者,亦不足以与此。①

游酢继承和发展了儒家关于家政与国政合一的思想。游酢认为,家政中最重要的就是以"孝"为根本。只有做到了对父母的"孝",使父母欢心,才能使家庭和睦,全家大小慈爱、欢心,这个社会从根本上讲就是一个和谐的社会。在家政中只有做到了对父母的"孝",才能使家庭和睦。当每个家庭都能做到子女对父母的"孝",家庭便达到了和睦,将大千世界中每个家庭之间的和睦有机地结合起来,整个社会就和谐了。家政中的"孝"是社会和谐的基础,社会和谐是家政中"孝"的延伸与扩展。

---

① 《宋·游酢文集》卷三,《论语杂解·"颜渊季路侍"章》,延边:延边大学出版社,1998年,第98页。

(一)五种伦理关系中"孝"为第一

游酢所论述的人与人之间的五种伦理关系是君臣、父子、夫妻、兄弟、朋友。这五种关系中,父母与子女的关系是最基本的关系,这种关系又是通过子女对父母的"孝"所体现出来的。游酢在《论语杂解》中对此进行了分析,进一步说明了"孝"体现出的家政与国政之间的关系。

> 天下之达道五:君臣也,父子也,夫妇也,昆弟也,朋友之交也。先王之时,在上者舍是无以教;在下者,舍是无以学,故孟子曰"学则三代共之",皆所以明人伦也。今能贤贤易色,事父母能竭其力,事君能致其身,与朋友交言而有信,则其于人伦厚矣。学之为道,何以加此?①

游酢提及的君臣、父子、夫妻、兄弟、朋友五种伦理关系,归结起来就是:臣子对君主必须尽忠,子女对父母必须尽孝,朋友之间必须讲诚信。

这五种关系中,最基本的关系就是父母与子女之间的关系,父母与子女之间的关系是人与人之间最直接的关系,父母与子女之间的关系称之为人与人之间的内在关系,人与人之间所产生出来的其他关系,如君臣、夫妻、兄弟、朋友等关系则是外在关系,这是游酢所坚持的思想。

游酢认为无论是什么人,都是父母生的,即他的身体和生命是父母给的。无论是什么人,同父母之间的关系都是最直接的关系。人与人之间的其他关系,都是父母与子女这种内在关系的延伸与扩展,外在关系是内在关系的延伸与扩展。如果能很好地处理子女与父母之间的内在关系,子女做到了对父母的"孝",对人与人之间的外在关系也能处理得稳妥。

当然,这也不是绝对的。在现实社会中,经常有些人也许只对自己的父母真心实意地孝敬,对周围的其他人却置若罔然。

(二)"孝"与"忠"的关系

在家政与国政合一的中华优秀传统文化中,"孝"是相对于家政而言,

---

① 《宋·游酢文集》卷三,《论语杂解·"贤贤易色"章》,延边:延边大学出版社,1998年,第85页。

"忠"则是相对于国政而言的。人们总是把"忠诚"和"孝道"密切地联系在一起。有时人们也会说"忠孝不能两全",仿佛二者之间的关系显得十分矛盾。然而游酢认为,"忠诚"和"孝道"其实是一致的,在这个问题上游酢在《论语杂解》中特别指出:

> 事亲孝,故忠可移于君;事兄弟,故顺可移于长。孝悌者,忠顺之资也,其不足于忠顺者寡矣。故孝悌之人,鲜好犯上,至于不好犯上,则忠顺足于己,而悖逆之气不萌于中矣。若是者,其事君必如其亲,忧国必如其家,爱民必如其子,固足以御乱矣。曾何作乱之有? 故曰,不好犯上而好作乱者,未之有也。木渐于上,水渐于下,有本者如是,故君子之道亦务本而已矣。孝弟也者,置之而塞乎天地,溥之而横乎四海。仁此者为仁,履此者为礼,宜此者为义,信此者为信,顺此者为乐,兹非仁之本与? 知孝悌为仁之本,则本立而道生之说见矣。①

在"忠"与"孝"二者的关系中,"孝"作为家政而言,是"忠"的基础,"忠"作为国政而言,则是"孝"的延伸与扩展。家政是国政的基础,国政是家政的延伸与扩展。

游酢认为,只有在家政中做到了"孝",才能在国政中做到"忠"。对父母"孝"的人通常是能做到对君主的"忠",但这也不是绝对的。孝者有时候也不一定能做到"忠",不孝者是绝对不可能做到"忠"的。只有首先做到了"孝",才能更好地做到"忠"。如果每个人都这样,就能使整个社会达到仁、礼、义、信、乐,使整个社会达到和谐。因此,"孝"是做人做事的基础。

如何体现"忠诚"和"孝道"二者之间的一致性呢? 游酢提出了"达孝"与"大孝"二者之间的关系,并且用"达孝"与"大孝"二者的关系说明"孝"与"忠"的关系。游酢在《中庸义》中写道:

> 大孝,圣人之绝德也。达孝,天下之通道也。要其为人伦之至,则

---

① 《宋·游酢文集》卷三,《论语杂解·"其为人也孝悌"章》,延边:延边大学出版社,1998年,第79页。

一也,故继志述事之末,亦日孝之至也。[①]

所谓"达孝",是相对于家政而言,指的是在家政中能够做到对父母的"孝"。所谓"大孝",则是相对于国政而言。游酢认为,"大孝"的人指的是十分有作为的人,十分有作为的人是基本能够做到"大孝"的人。一般的人所能做到的都是"达孝",即只能做到对父母的"孝"。对于有大作为的人来说,行的则是"大孝",即能做到对君主的忠诚和对国家有贡献。用家政与国政合一的观点进行解读,就是"达孝"是"大孝"的基础,"大孝"则是"达孝"的延伸与扩展。

游酢认为"大孝"又是圣人最高的德行。游酢所认为的"大孝",就是圣人把对父母的"达孝"延伸和扩展到了整个社会。这种"大孝"所表现的就是对全体社会成员的友好、仁慈。如果选拔有"大孝"的人来治理国家,这个国家一定能够平安、和谐,人民一定能够安居乐业。

游酢认为,对于普通的人而言,所要求的就是要做到对父母尽孝,即做到"达孝"。这是天下共通的道理,对父母尽孝的人不一定能成为圣人,对父母的"孝"是一般的人都必须做到的,也是能够做到的。至于圣人,由于仅仅是众人中的极少数,他所行的"孝"同一般人所行的"孝"是有一定区别的,除了必须做到"达孝"以外,更重要的就是在"达孝"的基础上行"大孝"。

一般而言,对父母尽孝,即能够做到"达孝"的人,不一定能做到"大孝",他不一定能成为圣人。但是,如果做不到对父母的"孝",即做不到"达孝"的人,则一定是做不到"大孝"的人,他绝对成不了圣人。能做到"达孝"的人,不一定能做到"大孝";能做到"大孝"的人,则是一定能做到"达孝"的人。

革命民主主义先行者孙中山先生对这个问题的理解,在《三民主义》之"民族主义"中论述得很深刻:

> 现在一般人民的思想,以为到了民国,便可以不讲忠字;以为从前讲忠字是对于君的,所谓忠君;现在民国没有君主,忠字便可以不用,所以便把它拆去。这种理论,实在是误解。因为在国家之内,君主可以不要,忠字是不能不要的。如果说忠可以不要,试问我们有没有国呢?我

[①] 《宋·游酢文集》卷四,《中庸义·"武王、周公,其达孝矣乎"章》,延边:延边大学出版社,1998年,第134页。

们的忠字可不可以用之于国呢？忠于事又是可不可能？我们所做一件
事，总是始终不渝，做到成功，如果做不成功，就是把性命去牺牲亦所不
惜，这便是忠……古时所讲的忠，是忠于皇帝，现在没有皇帝便不讲忠
字，以为什么事都可以做出来，那便是大错……我们在民国之内，照道
理上说，还是要尽忠，不忠于君，要忠于国，要忠于民，要为四万万人去
效忠……故忠字的好道德还是要保存。讲到孝字，我们中国尤为特长，
尤其比各国进步得多。《孝经》所讲孝字，几乎无所不包，无所不至。现
在世界是最文明的国家讲到孝字，还没有像中国讲到这么完全。所以
孝字更不能不要的。国民在民国之内，要能够把忠孝二字讲到极点，国
家便能自然强盛。①

从孙中山先生的论述中可以看出，"忠诚"和"孝道"是中华优秀传统文
化中的重要组成部分，二者是一致的。表现在，作为家政的"孝"，是国政的
"忠"的基础，国政的"忠"，则是家政的"孝"进一步延伸和扩展。

在孙中山先生看来，虽然民国取代了清朝，共和制取代了帝制，但是，
"忠诚"和"孝道"二者始终不能放弃。孙中山先生认为，这个时候所谈的
"忠"不是对皇帝的"忠"，因为皇帝已经被推翻了，帝制已经被共和制所取
代。这个时候的"忠"是忠于国家、忠于人民和忠于事业。能对父母尽孝的
人，是能做到忠于国家、忠于人民和忠于自己事业的人。如果不能做到对父
母尽孝的人，是根本不可能做到忠于国家、忠于人民和忠于自己的事业。对
父母孝的人一般而言，是值得信任的人。但也不是绝对的，也许他只孝敬自
己的父母，而不把其他的人放在心目中。对父母不孝的人是绝对不可信任
的人。因为他的身体、生命是父母给的，他对给他身体和生命的父母都不当
一回事，其他人还能在他的心目中有何位置呢？所以，对父母不孝的人是根
本谈不上对国家、对人民和对自己事业的忠诚，是根本不可信任的人。当我
们引用了游酢和孙中山先生的论述之后，可以把游酢所谈的"孝"，解读为做
人做事的基础。

《三字经》谈到的"首孝悌，次见闻"，说的正是这样的道理，游酢对这个
问题予以继承和发展。他在《论语杂解》中写道：

---

① 《孙中山选集》，北京：人民出版社，1956年，第681页。

入孝而出弟，身谨而言信，处众而讯爱，交友而亲仁，君子之务，此其本也。有所未能则勉为之，有所未尽则力致之，待其有余也，然后从事于文，则其文足以增美质矣。犹木之有本根也，然后枝叶为之芘覆，苟其无本，则枝叶安所附哉！夫文者，诗书礼乐之谓也。诗者，言此情而已；书者，述此事而已；礼者，体此而已；乐者，乐此而已。使其孝不称于宗族，其弟不称于乡党，交游不称其信，丑夷不称其和，仁贤不称其智，则其文适足以灭质，其博适足以溺心。以为禽犊者有之，以资发家者有之。托真以酬伪，饰奸言以济利心者，往往而是也。然则无本而学文，盖不若无文之愈也。是以圣人必待行有余力，然后许之以学文；不然，固有所未暇也。后之君子，稍涉文义则沾沾自喜，谓天下之美尽在于是。或訾其无行，则鸷然不顾；或诋其不足，则忿疾如深仇，亦可谓失羞恶之心矣。乌知圣人之本末哉！①

我们把游酢谈的"孝"解读为做人做事的基础，也是从儒家到理学一贯主张的。这是他对儒家继承和发展的一个极其重要的方面，也是对关于"孝"的问题的深入阐述。他的观点就是认为无论是做人还是做事，"孝"始终是最根本的因素。

儒家从根本上讲，强调的是"百善孝为先"。游酢将这个思想进一步发展，认为在家中对父母孝顺，在外对他人友好、友爱，他才会持身严谨、出言守信，对他人有爱心，结交朋友时是亲厚仁慈的。游酢认为，这才是君子做人和做事的根本，即以"孝"为根本。

游酢认为做到了对父母的"孝"，当有了剩余的力量，再去学文（即学习诗、书、礼、乐），才能更好地做学问。《三字经》中所谈的"首孝悌，次见闻"，就是要求人们首先做到对父母的"孝"，才能更好地学习、做学问，游酢继承和发展的正是这样的思想。因此，游酢指出，首先做到了对父母的"孝"，然后再学习、做学问，他所做的学问才能真正显示学问的美，即所做的学问才是真正的学问。游酢作了一个十分通俗的比喻，"孝"与做人、做事，及其做学问的关系如同树的根与枝叶的关系。"孝"类似于树的根，其他的一切则类似于树的枝叶。当这棵树扎了很深的根，枝叶才会长得茂盛。如果没有

---

① 《宋·游酢文集》卷三，《论语杂解·"弟子入则孝"章》，延边：延边大学出版社，1998年，第83～84页。

很深的根,枝叶不会茂盛,生出枝叶都很有可能会枯竭。在游酢看来,一个人如果对父母不孝顺,对待他人是根本谈不上什么友好、友爱和诚信的,也根本谈不上把其他的事情做好。

以读书做学问为例,游酢指出,如果对父母不孝,是根本做不出什么好的学问的。即使是学了一些诗文,最多只能说是知道,会用一些华丽的言辞,再用华丽的言辞去推销和粉饰虚伪而自私的思想和行为。

游酢提出"孝"是基础,其他一切都是在"孝"这个基础上产生的,含义就是"孝"是做人、做事、做学问的基础。如果对父母不孝,所做的一切,都是十分虚伪的。在做学问方面,如果一个人对父母不孝,满腹经纶,辞藻华丽,只不过是用来掩盖虚伪与丑陋的本性而已,这正是我们从游酢的论述中得到的启示。

(三)有大作为者一定是孝敬父母者

这里所论述的问题,始终是同家政的根本问题"孝"密切联系在一起的。有大作为者一定是孝敬父母者。对父母不孝者,一定是一个没有多大作为的人,游酢对这个问题进行了深刻的论述,主要是从"仁"与"孝"二者的关系中展开。他把"仁"作为"孝"的基础,"孝"则是"仁"的进一步延伸和扩展。游酢在《孟子杂解》中写道:

> 爱敬尽于事亲,则孝之性尽矣。尽之云者,爱敬之道于是至矣,不可以有加焉。舜尽事亲之道,而瞽瞍底豫,天下之为父子者定其理正如此也。孟子言"圣人,人伦之至也"。人伦至于圣人,而后为至者,盖非尽性不能也。学者之于人伦,亦其于尽而已矣。①

游酢十分强调"仁爱",认为"孝"就是从"仁爱"发展而来的。

游酢的思想又认为,"五常"中的仁、义、礼、智、信是天下之常道,"五常"属于经纶,"五常"是由"天道"所决定的,又是"天道"的体现。如何才能做到"五常"呢?游酢认为,要做到"五常",必须首先做到"孝",这就是他所说的

---

① 《宋·游酢文集》卷三,《孟子杂解·"规矩,方圆之至也"章》,延边:延边大学出版社,1998年,第119~120页。

以"尊亲"为根本。游酢在《中庸义》中写道：

> 天下之大经,五品之民彝也。凡为天下之常道,皆可名为经,而民彝为大经。经纶者因性循理而治之,无汩其序之谓也。立天下之大本者,建中于民也。故凡有血气者,莫不尊亲。①

游酢认为,天下的大原则是"五常",即仁、义、礼、智、信,从这"五常"中体现各种人伦关系。"五常"中体现的人伦关系最根本的是"孝",遵循"五常"必须以"孝(尊亲)"为根本。游酢特别指出,"凡有血气者,莫不尊亲"。这是由"天道"所决定的。凡是天下的纲常,都要以"名"为经,而"人伦"则是"大经"。作为统治者处理国家大事来说,就是要遵循"天道"。只有遵循了"天道",才能使社会有一个良好的秩序,才能将天下治理好,而治理天下最根本的是要在百姓中深深地建立起中正之道。

在论述到"孝"的时候,游酢实际上就是把"仁爱"当成"孝"的基础,"孝"则是"仁爱"的表现方式。"孝"与"仁爱"二者的关系是形式与内容之间的关系。"仁爱"是内容,"孝"则是"仁爱"的表现方式,即形式。用现代哲学关于内容与形式的关系解读"仁"与"孝"二者之间的关系时,我们便可以理解为,对父母的"孝"归根到底,是由"仁爱"所决定的。一个人如果没有"仁爱"之心,对父母是不可能有真正的孝心。即使有,也是一种虚假的"孝"。有作为的人一定是一个具有"仁爱"之心的人,一定是一个能对父母尽心尽力行孝的人。游酢的论述中所谈到的"舜",就是能做到对他不贤的父亲瞽瞍尽心、尽力孝敬的人。这就决定了"舜"这个历史人物必然是一个十分有"仁爱"之心的人。"舜"这个历史人物是一个十分得人心的圣君,说明了一位大有作为的人一定是一个有仁爱之心的人。在家中,一个真正的孝子,在社会上就是一个圣人,如果成了一个君主,就一定是一个圣君。

游酢认为凡是有大作为者,在家中都是对父母孝敬的人,对父母孝敬的人不一定都是有大作为者,对父母不孝敬的人,一定不是一个有大作为者。"五常"既是"孝"的延伸与扩展,同时又体现出是以"仁爱"为根本的,儒家所谈的"仁者爱人",说明的正是这样的道理。如果没有"仁爱"之心,对父母不

---

① 《宋·游酢文集》卷四,《中庸义·"唯天下至圣"二章》,延边:延边大学出版社,1998年,第146页。

孝的人,一定不能成为一个大有作为的人。

历史上的隋炀帝杨广,为了登上皇位,可以将他的父亲隋文帝杨坚杀害,这就决定了他即使是登上了皇位,这个王朝也是短暂的。杨广最后在江都(今扬州)被他的重臣宇文化所杀。李渊、李世民父子以保卫隋朝的名义,长驱直入长安,扶植了一个过渡性的隋恭帝杨侑为帝,"挟天子以令诸侯"。当条件成熟时,便废了隋恭帝,李渊自己称帝,改"隋"为"唐"。由此说明了没有仁爱之心,对父母不孝的人,必然不会有什么大的作为。像杨广,即使是成了君主,由他所统治的王朝也是短暂的。

(四)家政与国政合一关于"孝"的理念具有逻辑思维的萌芽

游酢将"道"作为衡量一切事物的标准,是对理学的继承和发展。如何用"道"衡量一切事物呢? 儒家到理学从根本上讲,是以人为出发点和归宿。这决定了游酢在论述"道"的时候总是从人出发,指出各种人伦关系都是由"道"所产生和体现出来的。在各种人伦关系中,又是将"孝"作为根本,认为"孝"是做人做事的根本。游酢在论述中还体现了一种十分严密的逻辑推理。游酢在《中庸义》中这样写道:

> 为政在人,人固难知,若规矩准绳在我,则方圆曲直无所逃矣。故曰取人以身,规矩准绳,无他人道而已。故修身以道,修道以仁。又曰,失其身而能事其亲,吾未之闻矣。故修身然后能事亲。至于能事亲,则修身之至也。故曰思修身不可以不事亲,知事亲则德之本立矣。而不知人则上而事君,下而取友,去就从违,莫知所向,而贻其亲之忧者有矣。盖取人以身不能事亲,安所取人哉? 其序由事亲然后能知人,至于能知人,则事亲之至也。故曰思事亲不可以不知人。[①]

识别一个人有没有一个标准? 这个标准又是什么? 游酢认为,最根本的标准就是看他对父母是"孝"还是"不孝"。

游酢这个论述强调的是对执政者的要求,对于执政者来说,要能够很好

---

① 《宋·游酢文集》卷四,《中庸义·"哀公问政"至"不可以不知天"节》,延边:延边大学出版社,1998 年,第 135 页。

地执政,如何识别一个人是十分重要的。到底如何识别一个人呢？最根本的方面就是看他对父母是"孝"还是"不孝"。对父母"孝"的人是可以重用的,对父母"不孝"的人,是不能重用的。我们可以把游酢的论述所体现出的逻辑推理萌芽表述为这样一个人际传递关系的推理过程,即:道—修身—仁爱—孝。

游酢认为,这种人际传递关系的逻辑推理表现在,作为执政者来说,就是如何用人。如何用一个人呢？首先要用一个识别标准,识别他是一个什么样的人。这个标准是什么呢？就是看他能不能遵循"道"。当遵循了"道"之后,就要看他能不能按照"道"的规定进行修身。当他能按照"道"的要求,进行了很好的修身之后,再看他是不是有"仁爱"之心。这一切都是抽象的,即我们所说的"仁爱""道"等都是看不见、摸不着和听不到的。这种看不见、摸不着和听不到的"仁爱""道",却是通过具体事物,即通过具体行为体现出来的。这种具体行为表现为,当有了"仁爱"之心之后,看他是不是能够真正做到对父母尽孝。如果能够真正做到对父母尽孝,那么就能处理好各种人际关系,这就是能做到上对君的忠诚,下对他人的友好、友爱。

在游酢看来,对父母的"孝"是根本的,对君的忠诚、对他人的友好和友爱都是在对父母的"孝"这个基础上的展开,是"孝"的延伸和扩展。这种传递关系的逻辑推理表现为,人们遵循了"道",就能很好地进行修身。当人们进行了很好的修身,就能产生"仁爱"之心,这种"仁爱"之心,首先是从对父母的"孝"表现出来的。有了对父母的"孝",就能够更好地处理各种人际关系,做到上对君的忠诚,下对朋友的友好、友爱。这样的社会就是一个和谐的社会。

当我们把这种传递关系的逻辑推理逆向进行推导的时候就可以这样理解,如果一个人能很好地处理各种人际关系,真心诚意地处理好这些关系,就说明在家里一定是一个孝子。在家中是一个孝子,就说明一定有"仁爱"之心。因为有"仁爱"之心,就说明一定是进行了很好的修身。能进行很好的修身,就说明始终遵循着"道"。

逻辑推理中的传递关系还表现在,如果其做不到对父母的孝,那么对君的忠诚,对他人的友好、友爱都不是真诚的。这里我们特别强调的是"真诚"二字,指的是如果对父母不孝的人,那么对君主的忠诚,对于他人的友好、友爱都是虚伪的,这正是我们从游酢的论述中所得到的结论。

二、家政与国政合一引申出姓氏宗亲的平等因素

　　姓氏宗亲文化是中华优秀传统文化一个重要的方面。姓氏宗亲文化是家政中的一个重要方面。我们所谈的家政中的"家",并不仅仅是指家庭,除了家庭以外,还包括家族、宗族等。在家族、宗族文化中,包含有平等的因素,最重要的就是通过家族、宗族祭祀先祖的活动等方面表现出来的,游酢在《二程语录》中对这个方面进行了深刻的论述。他说:

　　　　万物本乎天,人本乎祖。[①]

　　游酢所论述的"天",我们可以解读为"道"。在他的思想中,强调了万物都是由"道"产生出来,是由"道"所决定的,"道"是一切事物的本源。作为人来说,自己的根源是先祖,无论如何,人始终不能忘掉自己的先祖。游酢认为,这同样是由"道"所决定的。

　　不忘祖宗,对先祖的崇敬和所进行的各种祭祀活动是由"天道"所决定的。人们所进行的一切祭祀活动都是遵循"天道"而进行的。这些祭祀活动又是通过人通过一定的形式体现出来,是通过祠堂祭祀及其在修订族谱等方面体现出来。这种姓氏宗亲文化包含有平等的因素,即具有平等的萌芽,而这种平等因素又是通过以下方面体现出来。

(一)从贵族精神的平等因素中体现出来

　　为了说明这个问题,我们首先引用 19 世纪末至 20 世纪初英国哲学家、历史学家塞缪尔·斯迈尔斯(1812—1904 年)于 1844 年写的《自己拯救自己》,这本书对贵族精神进行了论述,指出贵族精神中所包含的平等因素,在《自己拯救自己》书中,他是这样写的:

　　　　绅士的品质取决于他们的道德观,而不是他们的生活方式或举止;

---

　　① 《宋·游酢文集》卷五,《二程语录》,延边:延边大学出版社,1998 年,第 150 页。

取决于他的个人品质的好坏,而不是他的财富的多寡。①

他还写道:

> 真正的绅士往往懂得将心比心,替别人着想,会平等对待晚辈和被赡养者,尊重他们的尊严。②

从斯迈尔斯的论述中不难看出,绅士(贵族)精神的思想就是平等思想。这种平等思想不仅强调了自己的尊严,更重要的在于知道尊重他人,并且强调了他人的尊严。

斯迈尔斯所提出关于贵族精神中的平等思想特别表现在,他指出作为强者、智者来说,如果做出欺侮和歧视弱者、愚者等行为的人,肯定不是一位绅士,只不过是一个外强中干的奴才而已。真正的绅士或贵族到底是什么样的人呢? 在斯迈尔斯看来,就是除了生活富裕以外,最重要的在于必须有自己的尊严,即必须认识到自己所承担的社会责任,并且努力去实践,真正的绅士必须有一种平等的思想。研究游酢的思想,并且结合斯迈尔斯的论述时,我们可以这样认为,中华传统文化中的宗亲文化就具有平等思想的萌芽,我们可以通过对宗亲文化中的族谱修订和祭祀活动进行说明。

(二)从承载宗亲文化的族谱中体现的平等思想

以我们所考察的福建游氏家族、宗族文化,以及在考察中所接触的族谱来看,都可以充分说明这样的问题,从家族、宗族的族谱中都充分体现出具有平等思想的萌芽。为了说明这个问题,我们简要介绍一下游酢先祖的源流。

从现存在建阳区博物馆《富垄游氏族谱》中我们可以看到,游氏出自周天下始祖周文王,即出自姬姓。春秋时期,周厉王姬胡的儿子姬友,被其兄周宣王姬静封于郑,建立郑国。郑国国君郑穆公有个儿子叫偃,字子游,他

---

① [英]塞缪尔·斯迈尔斯著:《自己拯救自己:史上最强的人生箴言》,甘平译,广州:广东旅游出版社,2013 年,第 324 页。

② [英]塞缪尔·斯迈尔斯著:《自己拯救自己:史上最强的人生箴言》,甘平译,广州:广东旅游出版社,2013 年,第 345 页。

的孙子游皈为纪念祖父,因此取祖父名字中一个"游"字,作为自己的姓氏,即称为游氏。游皈的二子游吉,号子大,继著名宰相子产后执掌郑国国政,游氏的声名也随之远扬,传播更为广泛。因此,子游就成了游氏的始祖。

当游氏从子游传到游道保(讳匹,号五丈)时,正值李唐乱世,故游匹公南迁入闽,到建阳禾坪里(今麻沙镇长坪村)的富垄自然村,建家立业、繁衍子孙。游氏从唐末至五代开始,在福建地区兴盛起来,特别是游匹公的后裔游酢(游氏六十六世祖,游匹公九世孙)成就最大。中华游氏在内地各省均有分布,人口较少,100万左右,排在166位;游氏是台湾人口较多的姓氏,大部分是游酢第一个孩子游撝的后裔,据不完全统计,目前台湾游氏后裔有20多万人,在台湾按人口排在第36位,分布较多的县市为宜兰县、新北市、桃园市、台北市、彰化县。[①] 国外则以新加坡、马来西亚等东南亚国家为多。

简要谈了游氏源流追溯之后,我们认真考察邵武游氏文化可以知道,邵武的游氏有的是直接源自于建阳麻沙这一游氏支脉,有的是抗日战争时期,从福州游氏支脉迁到邵武的,还有的是从闽南莆仙地区迁来的游氏。但是,他们都认定自己是游酢的后裔,以游酢先祖为荣。在考察邵武的游氏宗亲文化中,我们从游氏有关族谱中的家训、家规中可以体现出具有平等理念萌芽的贵族精神。《邵武游氏族谱》之《游氏家训》,就隐含着贵族精神中的平等理念。《游氏家训》中写到,作为游氏家族、宗族的成员来说,要做到"和三族"。

凡族散居,远隔情涣,而气不聚。人之情,习又多孤傲不相下,生齿不蕃,大都由此所贵。聚涣收族,培养元气,平时相亲相接,又当有真实和谐之意流贯其间,遇孤弱愚懦矜之,悯之,不可存轻薄倨傲之心。五服内者,尤宜加厚祖。若父之姑姊妹及同辈女兄弟诸表亲,皆至戚亲属,无论贫富,往来礼貌并宜一体。遇事要真意,关切贫者,尤宜体恤祖母之外家。汝辈舅氏及卑行,宜恩意相接,不可以才智相加势力相耀,遇缓急相与维持。古人谓,人家有数代亲戚,故旧往来者可以占其家之厚道。宜力行此,使其心日近仁厚,而浇薄之俗不得相染也。[②]

---

① 游雪琴、游文人、游友川:《在闽北高校研究游酢理学思想的重要意义》,《武夷学院学报》2020年第5期。

② 《邵武游氏族谱》,清同治本,第1页。

在一个家庭中,必须是"三族",即父、兄、弟三者之间和睦相处。在家族、宗族内必须做到每一个成员、每一个家庭,无论是富贵还是贫穷,或者是家境一般,都必须做到互帮互助、互敬互爱、和睦相处。

借鉴游酢有关家政是国政的基础,国政是家政的延伸与扩展的思想,可以认为,作为家庭与国家之间中介的家族、宗族来说,家庭是家族、宗族的基础,家族、宗族则是家庭的延伸与扩展。对于延伸和扩展了的并且由许多家庭组成的家族、宗族来说,有的家庭是富裕的家庭,有的家庭是贫穷的家庭,绝大多数家庭则是一般的家庭。有的家庭中,某个成员成了政府的重要官员,这个家庭就十分风光;有的家庭中,全家人都是普通百姓,这个家庭便显得平平淡淡。在这种情况下怎么办呢?《游氏家训》谈得十分清楚,就是同祖同宗的情缘,决定了必须做到相亲相爱、互帮互助。

《游氏家训》十分强调,作为富裕家庭、富贵之人来说,对贫穷家庭、贫穷者,必须要有一种怜悯之心,而不能有歧视之心。要帮助鳏寡孤独者和弱势群体,不能因为自己比别人聪明,或自己的家庭比别人的家庭高贵,而在别人面前,或者是在别的家庭面前炫耀。

这是《游氏家训》中所体现出的贵族精神,这种精神隐含了平等思想的因素。判断一个人的素质高低与否,不是看其家庭是否富裕,特别不能以其财产有多少作为标准。也不是因为家庭中是否有人成为政府的官员,甚至是成为政府的高官,及其本人的地位有多高,而是要看品德。品德表现在于,能否做到将心比心,替别人着想,公平地对待别人。《游氏家训》特别强调,对于游氏家族、宗族的成员来说,无论自己的身份如何,也无论自己的家庭如何,在互相之间的交往中都必须以礼相待。这一切都说明了怜悯之心及勇于担负起自己应尽的社会责任就是贵族精神,表现为平等精神。这种平等可以认为,既包含了机会均等,同时又包含了结果均等,这是两种平等观的萌芽。

(三)祭祀活动体现出的平等因素

《游氏家训》中的贵族精神隐含的平等因素也会在家族、宗族祠堂的祭祀活动中体现出来。因为大家都是同祖同宗,在祖宗面前只有辈分大小之分,而没有家庭、个人身份、地位的高低贵贱之分。

结合姓氏宗亲文化,我们可以认为,姓氏家族、宗族文化给了我们一个很好的启示,只要我们深入挖掘姓氏家族、宗亲文化,进行借鉴,即在继承中批判和在批判中继承，就能使中华优秀的传统文化进一步复兴，促进中国社会的不断发展。

在姓氏宗亲文化中，祠堂文化是其中重要的方面之一。家族、宗族中的祠堂文化体现了中华文化的缩影。从全国各地的游氏宗亲中我们可以了解到，游氏聚集的每一个乡村基本有一座游氏祠堂。正门的左右两侧有两扇边门，右侧的门上方雕刻着"入孝"二字，左侧的门上方雕刻着"出悌"二字，"入孝""出悌"这四个字隐含着一种平等思想。我们还是以邵武游氏祠堂正门两侧边门上方，分别雕刻着的"入孝"和"出悌"这四个字为例进行说明。"入孝"和"出悌"这四个字可以说是中华传统文化关于家政与国政合一理念的重要体现。"入孝""出悌"这四个字是如何体现中华传统文化关于家政与国政合一的理念呢？当我们用历史与逻辑相统一的观点来进行分析的时候可以作如下推导。

同一姓氏宗亲每次在祠堂举行祭祖活动时，人们都是要从正门两侧的边门出入。以在闽北邵武的一座游氏祠堂为例（年代已久，已破损），祠堂内有一座戏台横跨正门，戏台离地面有 1.5 米左右，戏台的台面是木板的，这些木板是活动的，随时可以拆卸。在举行的各种宗族活动时，为了方便请来的戏班子在祠堂内的戏台上演各种文艺节目，出入祠堂的宗族成员都要从边门进出。当安上木板之后，作为一般的成年人来说，进出祠堂，都要低着头、弯着腰才能进出。平时祠堂里的管理人员为了工作的方便，可以将横跨正门两边戏台的木板卸掉。在祠堂内举行各种宗族活动时，人们都必须从边门出入，任何宗亲都不得违反。

之所以这样，是同正门两侧的边门上雕刻的"入孝""出悌"这四个字有关系的。前来祠堂祭拜的后裔们，无论是农民，还是当了高官，只要是进了祠堂的门之后，都要坚守一个"孝"字。出了祠堂的门之后，则要坚守一个"悌"字。其用意就是当要进门的时候，先抬头看看门上的"入孝"二字，出了祠堂门之后，再回头看看门上的"出悌"二字。

我们所阐述的祠堂规则仅仅是对同一姓氏宗亲成员而言，但这些规定也不是绝对的。在古代，这个家族、宗族中的某个成员因为有特殊贡献，受到了朝廷的表彰，或者是受到了朝廷的器重，朝廷中的某个异姓高官要进祠堂传达皇帝的圣旨，甚至有可能是皇帝亲自驾到，横跨正门两边的木板必须卸掉，使他们出入祠堂时能畅通无阻。可以说，祠堂文化也深刻地反映出封建社会等级森严的君臣关系。

我们从历史与逻辑相统一的观点出发可以推导出,根据中华传统文化关于"入孝""出悌"的理念,在祠堂中从事宗亲祭祖活动的时候,作为这一姓氏的后世子孙来说,一定要从正门出入也不是不可以。然而,从正门进出的人在进出祠堂的时候,还是表现为对祖宗的一种拜祭。当走进祠堂的时候,无论你是农民还是高官,甚至是皇亲国戚,都是面对祖宗,低着头,弯着腰进去的;当走出祠堂的时候,如果要从正门出去,也是要在众位宗亲面前,低着头,弯着腰出来的。

姓氏宗亲在祠堂里举行各种祭祖活动时,如果不从"入孝""出悌"的边门出入,就说明对长辈和祖宗不敬不孝,甚至可以断定,他心中根本没有自己的列祖列宗。这时,就要采取一些强制措施。但是,这些强制措施同上述的"不强制"却是不矛盾的。这种"强制"不是使用暴力手段,也不是强迫要走边门,而是必须低着头,俯着身,从横跨大门两边的戏台下进出。这是我们根据历史与逻辑相统一的观点所进行的推导,以此说明了这种行为所遵循的正是中华传统文化关于"入孝""出悌"的理念,从而体现"在先祖面前人人平等"。

姓氏祠堂两侧边门上的"入孝""出悌"这四个字我们还可以这样理解,出入走边门的缘由就在于,作为同一姓氏的后裔来说,无论是本地的农民,还是外出从事其他工作,哪怕是京城中的政府重要官员,只要进了祠堂的门,所要坚守的就是对长辈和先祖的"孝","在先祖面前人人平等"。当进了祠堂之后,都要对先祖的灵位行跪拜之礼,以此来证明来到祠堂之后,大家都是同祖同宗、同根同源,只有辈分大小的不同,而没有身份的高低贵贱之分。正是因为大家都是同祖同宗,就要做到宗亲之间相亲相爱、互帮互助。如果家庭贫穷,地位低下,也没有必要自暴自弃。如果家庭富裕,地位高贵,亦不能有高人一等的心理和行为,而是同众位宗亲一样,在先祖面前都是平等的。

如果说"入孝"意味着进了祠堂的门之后,表现为"聚",那么则可以说,"出悌"则意味着出了祠堂的门之后,表现为"散"。人们常说的"天下没有不散的筵席",正是这样的道理。"散",就是在举行的各种祭祀活动结束之后,人们各自回到自己的家,并且从事各自的工作。务农的,照样种田;做工的,照样做工;经商的,照样做生意;从政的,照样履行职责。然而,无论如何,都不能忘记了门上所刻的那个"悌"字。

"悌"这个字,如果从狭义的方面进行解读,意思就是人们出了家门之后要顺从兄长。但是,这里的"悌"则应当从广义上进行解读。"悌"所面对的不仅仅是兄长,还包括所有的姓氏宗亲。因此,"出悌"表现为出了祠堂之后,虽然大家已经"散"了,然而,这个"散"并不意味着大家一走了之,而是同"入孝"属于一个事物的两个方面,二者是一致的。在具体行为中就是同"入孝"一样,无论地位是高还是低,也无论身份是贵还是贱,因为同祖同宗的亲缘关系,就决定了姓氏宗亲成员之间必须做到相亲相爱、互帮互助。在这个意义上我们又可以理解为,无论是"入孝"还是"出悌",无形之中体现了一种平等关系的萌芽,体现的是"在先祖面前人人平等"。

(四)祠堂文化延伸和扩展的联想

用历史与逻辑相统一的观点进行分析,姓氏祠堂是中华传统文化中的一个缩影。在家庭与国家的关系上,家族、宗族是家庭与国家之间的桥梁和纽带。如果我们把家族、宗族作为国家的直接基础,那么国家的间接基础是家庭,最终的基础则是个人。

当我们用形式逻辑关于传递关系的推理进行说明的时候,则表现出家庭是由单一的个人组成,家族、宗族则是由单一的家庭组成,国家又是由单一的家族、宗族组成。姓氏祠堂两侧的边门分别写的"入孝""出悌"这四个字,如果延伸扩展到一个国家和一个民族的时候,则表现为,这个国家、这个民族中每个家族、宗族,都有着自己这个家族、宗族的祖先。作为由千千万万个家族、宗族组成的中华民族来说,则有着中华民族共同的祖先。正是因为这样,就决定了作为中华儿女来说,虽然他们居住在全国乃至世界各国,甚至加入了其他国家的国籍,从事不同的职业,有着不同的思想意识,如不同的政治信仰、宗教信仰,及其属于不同阶层,同时也包括了他们中的一些人属于不同的政治集团,等等。但是,只要我们从中华文化关于家政与国政合一这种理念出发便可以认为,无论从事什么样的工作,无论各自的经济、政治、社会地位如何,无论是什么阶层的人,也无论坚持的是什么样的思想意识及其属于什么样的政治集团,都是中华儿女。

正因如此,就要做到人与人之间相亲相爱、互帮互助,儒家提出的"和谐""和而不同""仁者爱人",阐述的正是这样的道理。我们特别要说明的是,对于一个姓氏家族、宗族而言,成员虽然有尊卑贵贱,但是在自己的先祖面前则是一律平等的。作为中华儿女来说,无论是什么阶层的人,无论信仰什么,也无论是哪一个政治集团的人,在共同的祖宗面前,大家都是一律平等的。这就是姓氏宗亲文化所体现的中华传统文化关于家政与国政合一这种理念的缩影。因此,游酢的思想在这方面给了我们很好的启示。

三、帝王将相的家政直接影响国政

在论述关于家政与国政合一的思想时,游酢认为帝王将相等达官贵人家政的好坏直接关系一个国家国政的好坏。为了说明这个问题,游酢特别提到了《诗经》中的一些论述。他在《诗二南义》中写道:

> 《诗》三百篇,《周南》,后妃之德,先生修身正家之效也;《召南》,夫人之德,诸侯修身正家之效也。先王之身修,故后妃化之,而无险诐私谒之心;诸侯之身修,故夫人化之,而能循法度。推之于国而国治,推之于天下而天下太平矣。逮《国风》之变,在卫则《绿衣》《燕燕》之诗作,《凯风》《谷风》之刺兴,至于《墙茨》《桑中》之丑,则其乱也,未尝不起于闺门衽席之间。《诗》所以首《二南》者,岂非求诸己而后求诸人,治其内而后治其外哉!故周之兴也,以太姒;其衰也,以艳妻。读《诗》者可以鉴矣。孔子曰:"诗三百,一言以蔽之,曰,思无邪"。此又读《诗》之要也。先正其心而无邪思,则以之读《诗》。古人是非得失,了然目前,知所以为法戒矣。①

游酢在《二程语录》中写道:

> 有天下国家者,未有不自齐家开始。先言后妃,次言夫人,又次言大夫妻。而古之人,有能修之身,以化在位者,文王是也。②

游酢通过《诗经》概括和总结了关于家政与国政合一的思想,特别指出帝王将相等达官贵人的家政问题对整个国政有着巨大的影响。从现代哲学

---

① 《宋·游酢文集》卷二,《诗二南义·〈周南〉〈召南〉》,延边:延边大学出版社,1998年,第73～74页。

② 《宋·游酢文集》卷五,《二程语录》,延边:延边大学出版社,1998年,第153页。

的角度进行分析,可以说,《诗经》体现出具有高度的概括性。哲学是对各门知识及其事物的发展状况所进行的概括和总结。这就使我们进一步认识到,《诗经》并不仅仅是一部诗集,而且还是关于当时的哲学、政治学等方面的著作。这些哲学思想、政治思想概括和总结了关于家政与国政合一的关系,即家政是国政的基础,国政则是家政的延伸与扩展。

在家政与国政合一的问题上,游酢首先从《诗经》的《周南》谈起,指出帝王家政中君主与后妃之间的关系。游酢认为,帝王与后妃之间的关系表现在后妃的美德与帝王的修养是密切联系在一起的。后妃只要把自己应该做的事做好,把后宫的事管好,不干预朝政,使后宫的嫔妃们保持着一种和睦、和谐的氛围,就是尽到了自己的职责,同时也是后妃的美德。作为帝王来说,如果能很好地进行修身,爱民如子,便能感化后妃,使她们之间去除各种阴险邪僻,处理好帝王与后妃之间的关系是十分重要的。游酢还特别强调,周文王在这方面做出了榜样,周文王能很好地处理后妃之间的关系,使后妃和睦相处,正是因为能使后妃和睦相处,周文王才能真正把天下治理好。虽然他在世的时候还没有灭了殷商,周天下还没有真正建立起来,但是,他却为后人做出了一个榜样,当他驾崩,儿子周武王继承了王位后,把他的美德传承下去,最后灭了殷商,建立了周天下。

游酢认为对于后妃来说,必须首先确定和认识到自己在后宫中的职责,绝对不能参与政事,特别是不能干预政事,尤其是不能在丈夫和重臣处理政事的时候,指手画脚、抛头露面、野心勃勃、控制朝政。这样的结果,不仅对天下十分不利,而且对自己也是十分不利的,甚至还有可能招来杀身之祸,这样的事件在历史上比比皆是。

历史上干预朝廷事务的后妃,其下场几乎都是十分悲惨的。例如,汉高祖刘邦的皇后吕雉(前241—前180年)干预朝政,就充分说明了这个问题。史书记载,刘邦建立了汉室天下之后,吕雉就开始干预朝政,当刘邦驾崩后,她则完全控制了朝政,这时,这个天下名义上是刘家天下,实际上已经成了吕氏的天下,她因此成了一个能呼风唤雨的人。然而,当她死后,吕氏外戚几乎被满门诛灭。同样,西晋时,惠帝司马衷的皇后贾南风(257—300年),同样也是干预朝政,特别是面对那个智力低下的皇帝,朝政完全由她控制。但是,最后同样是贾氏外戚遭到满门诛灭的可悲下场。这样的事在中国几千年的文明史中不胜枚举。作为帝王来说,如果没有建立起一个良好的家政,就会使国政处于一片混乱之中,甚至还有可能出现改朝换代。

在游酢的思想中,对于帝王来说,在处理家政方面就是自己首先必须进行很好的修身。只有自己进行了很好的修身,便能调解好后妃之间的关系,使她们能够明确自己与帝王在一个家庭中是处于什么样的地位,知晓其所享有的什么权利和应尽的什么义务等诸多方面。后妃们必须认识到,要做好自己应该做的事,使丈夫能够集中精力,把天下治理好。如果丈夫把天下治理好了,天下安定,百姓安康,自己便能够更加安全。只有这样,自己才能过着舒心快乐的日子。

游酢还论述了诸侯、高官的家政问题。在游酢的思想中,对于诸侯、高官来说,首先要提升自身的修养,感化夫人,使她们对外能遵守法律,在家中侍候丈夫。这样,丈夫就能集中精力把所管辖的地方治理好。如果所有的诸侯、高官都把所管辖的地方治理好了,整个国家从根本上讲就治理好了。游酢认为,帝王、诸侯及其高官的家政比平民百姓的家政更加重要,直接关系整个国家能否治理好的问题。

游酢还提出要把治理理念推广到平民百姓。他认为,无论是一夫一妻的家庭,还是一夫多妻妾的家庭,都要明确夫妻、妻妾之间的关系和地位。要处理好这种家庭关系,对于丈夫来说,首先要很好地修身,给妻妾做出一个好的榜样,使她们明确自己在这个家庭中的地位,不会为了争宠而整天争吵不休。这样,就能使妻妾之间亲如姊妹,达到家庭的和谐。当千千万万个家庭都能做到和谐,这个社会从根本上讲,就是一个和谐的社会。由此说明了在家政与国政合一的理念中,家政是国政的基础,国政则是家政的延伸与扩展。对于帝王、诸侯及其高官来说,家政的好坏关系一个国家的好坏。

四、在交友中延伸与扩展形成的国政

在阐述儒家关于家政与国政合一的理念时,我们还要认识到,家政向外的延伸与扩展,就是交朋友的问题。在这个意义上,交朋友也是家政向外的延伸与扩展的表现之一。这种延伸与扩展仅仅是一般的社会关系,并没有更多地涉及国政问题,但交朋友也是实现家政向国政延伸的一个方面,同国政问题又是分不开的。

人与人之间交朋友是如何体现出家政向国政的延伸与扩展呢?当我们对游酢的思想进行认真分析的时候便可以这样认为,人与人之间交朋友,类似于家族、宗族是家庭与国家的中间环节,也是家政与国政之间的中间环节之一。人与人之间交朋友作为家政与国政的中间环节之一,除了表现为以家政中的"孝"为基础以外,更为重要的就是要通过人与人之间交朋友这个中间环节,充分认识到人与人之间的交友,是国政中的国与国之间关系的基础之一。在这个意义上,国政中的国与国之间的关系,则是人与人之间关系的延伸与扩展。

人与人之间虽然各不相同,即每个人都有每个人的特性,但是,由于人与人之间所处的环境不同,就决定了所受到的环境影响也就不同。然而,即使是这样,不同的人在志向、理念各方面仍然可能大致相同,他们经过多方面的交往之后形成不同的群体。用通俗的话来说,类似于组成一个"朋友圈",或者叫做"圈子",即同一类型的人组成这类人的"圈子"。

进入什么样的圈子里,就是什么样性质的人。当然,这也不是绝对的。由于人的思想意识是在一定的客观环境影响下产生的,也会受客观环境的影响而发生变化,又决定了持某种理念的人,进入某个与自己理念完全不同的圈子之后,也会使他产生与之相适应的思想理念。即当他所进到的圈子不同,对他产生的影响也不同。这同样也不是绝对的。有时候他进入某个与自己理念完全不同的圈子之后,还有可能会使这个圈子按照他的意识而改变。但是,从根本上讲,个人最终还是会被所进入的圈子所改变的。因此,这时就要分析他所进入的圈子是什么样的圈子。在这个问题上游酢阐述得十分清楚,即他在《论语杂解》中写的:

> 孟子之论尚友也,以一乡之善士为未足,而求之一国,以一国之善士为未足,而求之天下;以天下之善士为未足,而求之古人。无友不如己者,尚友之道也。求得贤者尚而友之,则闻其所不闻,见其所不见,而德日起矣。此仲尼所以期子夏之日进也。孔子曰:"过而能改,善莫大焉。"盖能改一言之过,则一言善矣;能改一行之过,则一行善矣。若过而每不惮改者,其为善可胜计哉!然则君子之道以咸重为质,而以学成之;学之道必以忠信为主,而以胜己者辅之。虽然,使其或吝于改过,则贤者未必乐告以善道,故以过则勿惮改为终焉。①

---

① 《宋·游酢文集》卷三,《论语杂解·"君子不重"章》,延边:延边大学出版社,1998年,第86页。

与什么样的人交朋友,就会使自己成为什么样的人。进入什么样的圈子,就会成为什么样的人,实际上就是人们通常说的"近朱者赤,近墨者黑"。

对于孟子提出的问题,游酢予以的继承和发展,主要表现在,他认为同比自己高明的人交朋友,能使自己在道德、见识、知识、智慧等各方面,都能不断地得到丰富和提高。游酢同样引用了孔子的论述,并对其予以了发展,他认为有了错误能够改正是最好不过的。游酢把诚信与反思密切地联系在一起,认为反思就是必须以诚信为主,不断地改正自己的错误。只有这样,才能够使自身不断进步。游酢指出,在孔子的思想中,认为诚信与反思同交朋友也是密不可分的。游酢认为,在孔子看来,人与人之间在交朋友的过程中,要同比自己聪明和高明的人交朋友。只有同聪明和高明的人交朋友,才能更好地向他们学习,并且通过他们来帮助自己,使自己不断地改正错误,从而不断地进步。

当我们对游酢的论述进行批判地继承并且予以发展的时候必须认识到,儒家关于家政与国政合一的思想十分值得我们借鉴。把人与人之间交朋友延伸和扩展到国与国之间关系,同什么样的国家保持亲密的友好关系,对自己国家的发展起着极其重要的作用。如果与那些比自己先进的国家交朋友,并且进行各方面的交往,虚心地向这些先进国家学习,就能使自己的国家不断地进步和发展。如果总是同比自己先进的国家处于一种敌对状态,为了达到这个目的,把一些落后的国家拉拢在一起,组成一个"圈子",而且总是一门心思想着当这些落后国家的"头",那么自己国家不但不能进步,反而还会陷入各种困境和被动状态。

五、家政与国政合一的个人主义萌芽

从儒家到理学具有个人主义的萌芽,这种个人主义思想表现为始终把个人作为国家最根本的基础。游酢认为,要把国治好,首先要从把家治好开始。要能够把家治好,首先要从个人的修身开始。在家政与国政的关系中,游酢始终把个人的修身作为国家治理的先决基础。个人是家的基础,家是国的基础,国又是每一个家庭的延伸与扩展。个人是国家最终的并且也是最根本的基础。当每个家都能够维持得很好,家家都有一个好的家政,而好的家政延伸和扩展到整个国家,这个国家就能从源头上有着一个好的国政。这个国家有了一个好的国政,最终归结为是由个人能够进行很好的修身所取得的结果。在这个问题上游酢特别指出,"四书"的《大学》最能说明这个问题。他引用了《大学》中的论述,并且在《中庸义》中写道:

> 欲治其国,先齐其家,知远之近也。人人亲其亲,长其长而天下平,可不谓近矣乎? 欲齐其家,先修其身,知风之自也。欲修其身,先正其心,知微之显也。夫道视之不见,听之不闻,而常不离心术日用之间,可不谓显矣乎? 所谓德者,非甚高而难知也,甚远而难至也,举之则是。既以有所举矣,则必思而得,勉而中,是人道而有对。若夫诚之至,则无思无为,从容中道,是天道也。故曰:"上天之载,无声无臭,至矣。"无声无臭,则离人而立于独矣。①

游酢就是把《大学》中所谈的"格物、致知、诚意、正心、修身、齐家、治国、平天下",予以继承和进一步发展。

很明显,游酢对儒家的继承和发展表现为,不仅把家庭作为国家的基础,更重要的是把个人作为国家最终的基础。要治理好国家,最终必须从每个人进行很好的修身开始。在他看来,当每个人都进行了很好的修身,对于一个家庭来说,就使之成为一个和睦、和谐的家庭。当把家庭的和睦、和谐延伸和扩展到某一家族、宗族,那么这一家族、宗族中的每一个家庭都成了和睦、和谐的家庭,这个家族、宗族,就是一个和睦、和谐的家族、宗族。如果再延伸和扩展到各个不同姓氏的家族、宗族,以及某一个地区,乃至整个国家,这个国家从根本上讲,就是一个和谐的国家。

由于理学从根本上讲,是以儒家为主,吸收了道家的一些思想,即体现为"儒"与"道"的有机结合,因此,游酢又把所提出的家政与国政关系中的这一切因素,都归结为是由"道"所决定的。游酢所谈的"道"分为天道、地道和人道。然而,无论是天道、地道还是人道,游酢都将这些统称为"道"。他所论述的那个看不见、摸不着和听不到的"道",从人道方面来说,是通过人们的各种行为体现出来的。当"道"通过人的各种行为体现出来的时候,最终

---

① 《宋·游酢文集》卷四,《中庸义·"衣锦尚纲"章》,延边:延边大学出版社,1998年,第147页。

归结为从个人修身开始,然后延伸和扩展到全社会的人。所以,儒家从根本上讲,强调了个人才是国家最终的基础。正是因为这样,我们才可以说,儒家所主张的正是个人主义。或者说,至少包含有个人主义思想的萌芽。游酢在继承和发展儒家方面,总是强调把个人作为整个社会最终的基础。

孙中山先生对上述这个问题作了继承和发展。孙中山先生的论述同游酢的论述进行对比,二者具有一脉相承性。

游酢在《易说》中写道:

> 欲齐其家,先修其身,知风之自也。[①]

游酢还在《中庸义》中写道:

> 《大学》自诚意正心至治国、平天下只一理,此《中庸》所谓合外内之道也。[②]

游酢认为,儒家经典之一的《大学》所谈的"格物、致知、诚信、正心、修身、齐家、治国、平天下"这个思想,自觉或不自觉地阐述了由个人到国家,由内到外,有机地结合在一起。儒家发展到宋代理学,就是指出在个人、家庭、家族、宗族、国家的关系上,国家的直接基础是家族、宗族,家族、宗族的直接基础是家庭,家庭的直接基础是个人,因此,国家最终的基础是个人。这体现了一个十分严密的逻辑推理,即体现出形式逻辑中传递关系的推理。

正是因为这样,儒家从根本上讲,就是关于"人"的文化,儒家实际上是具有个人主义思想的萌芽。这就是游酢对儒家关于家政与国政合一的思想,即家政是国政的基础,国政则是家政的延伸与扩展的继承和发展。

而在孙中山先生所著的《三民主义》之"民族主义"中,他这样写道:

> 就人生对国家的观念,中国古时有很好的政治哲学。我以为欧美

---

① 《宋·游酢文集》卷二,《易说·"象曰,风自火山"节》,延边:延边大学出版社,1998年,第63页。

② 《宋·游酢文集》卷四,《中庸义·"诚者,非自成己而已也"节》,延边:延边大学出版社,1998年,第142页。

的国家近来很进步,但是说到他们的新文化,还不如我们政治哲学的完全。中国有一段最为系统的政治哲学,在外国的大政治家还没有看到,还没有说到那样清楚的,就是《大学》中所说的"格物、致知、诚意、正心、修身、齐家、治国、平天下"那一段话。把一个人从内发扬到外,由一个人的内部做起,推到平天下止。像这样精微开展的理论,无论外国什么政治哲学家都没有见到,都没有说出,这就是我们政治哲学的知识中独有的宝贝,是应该保存的。①

其思想核心同游酢的论断具有一脉相承性。正如孙中山先生进一步论述的:

> 从前宋儒(指理学)是最讲究这些功夫的,读他们的书,便可以知道他们做到了什么地步。②

由此可以知道,孙中山先生对理学,即他所提及的"宋儒"是极其重视的。

孙中山先生对儒家,特别是对理学的论述,不仅表现出其思想与从儒家到理学具有一脉相承性,更重要的在于,孙中山先生把从儒家上升至理学,认定为中华优秀传统文化中的精华。在孙中山先生的思想中,对于这个问题的论述,西方任何一个哲学家、政治思想家都提不出来,但是,却被中国儒家提出来了。由此说明了在孙中山先生的思想中,与同时期的西方国家相比,作为中华传统文化的理学思想比当时的西方文化优秀得多,对中华优秀传统文化必须予以继承和弘扬。

---

① 《孙中山选集》,北京:人民出版社,1956年,第684页。
② 《孙中山选集》,北京:人民出版社,1956年,第685页。

第六章　国家制度的若干问题

国家制度问题，是从儒家到理学研究的一个重要方面，其中最重要的问题就是关于治国的问题。在治国问题上，人们总是认为中国古代就是两种观点，即是儒家"以礼治国"的观点和法家"以法治国"的观点，从形式上这两种治国理念是绝对对立的。游酢有关著述认为，即使是儒家的"以礼治国"，同样也存在着"以法治国"的因素，"以礼治国"与"以法治国"并没有绝对的区别。儒家的"以礼治国"是在以"礼"为主要方面的过程中，同样强调"法"的重要性。"以礼治国"中的"礼"，本身就包含着"法"的因素。"礼"实际上体现的是伦理、礼仪、习俗、法律，甚至还包括宗教等各方面的合一。例如，周武王建立了周天下之后，周公制定的《周礼》如同基督教《圣经》，就是当时伦理、礼仪、习俗、法律、宗教等各方面的合一，实际上就是当时的一部法律。① 从儒家到理学包含了许多关于国家制度方面的理念，从以下方面表现出来。

一、"以礼治国"体现的法治思想

在治国理念上，儒家强调的是"以礼治国"。但是，从游酢的一些论述中我们却可以看出"以礼治国"体现的内涵具有法治思想的因素。这些因素主要表现在：

---

① 周礼，完整地讲应称之为礼乐制度，分"礼"和"乐"两个部分。"礼"的部分主要对人的身份进行划分和社会规范，最终形成等级制度。"乐"的部分主要是基于"礼"的等级制度，运用音乐进行缓解社会矛盾。前者是所有制度的基础和前提，后者是制度运行的形式和保障。

(一)强调"以礼治国"中"法"的不可或缺性

游酢的有关论述引用了儒家强调的"以礼治国"理念,在强调"以礼治国"的同时,他认为法律是不可或缺的。这就是他在《易说》中写道的:

> 蒙之初六,发蒙而利用刑人,何也? 盖民之迷,则目无所见,耳无所闻,若以物蒙其首也。今欲发其蒙而示之以好恶,则彼且不见利,不劝、不威、不惩、诰令所不能加,行义所不能率,必欲以利诱之耶? 则爵无德而禄无功,愈非所以劝也。故当小惩而大戒,罚一以警百,然后蒙有畏刑之将至,相与从上之所好,而避其所恶,故其蒙可得而发也。虽然,有发蒙之志,则刑人而为利矣。苟恶其蒙而刑之,不几于不教而诛乎? 故曰利用刑人以正法也。正法云者,示之以好恶之谓也。[①]

他在提出坚持儒家"以礼治国"的同时,又指出了法律是不可或缺的,这里的法律主要是指刑罚。游酢认为刑罚仅仅是一种手段,而不是目的,只有在万不得已的情况下才使用刑罚。其目的就是要人们回到礼义中,从而达到社会的安定、和谐。

游酢虽然传承的是儒家关于"人性善"的思想,但是,他却又认为人们由于受到外部环境的影响,同样会从"善"走向"恶",仅仅依靠"礼"不一定能解决问题。因此,他认为在仅凭着"礼"无法使人回到"善"的本性的情况下,又不得不对人们使用刑罚。对人们使用刑罚不仅能起到遏制人们恶行的作用,而且还可以起到"罚一以警百"的作用。当人们犯有严重罪行的时候对其进行惩罚,可以达到使更多的人知道什么是好,什么是坏;什么事可以做,什么事不可以做;也能达到引领人们做到辨别好坏和是非这样的效果,从而使社会真正达到安定、和谐。

游酢还认为国家要达到安定、和谐的局面,除暴安良是必须的,仅仅靠"礼"是不太可能达到天下安定这个目的的。要使天下安定,必须要用"法",只有用了"法",惩办那些罪恶者,才能使天下安定和谐。游酢在《二程语录》

---

① 《宋·游酢文集》卷二,《易说·"初六发蒙"节》,延边:延边大学出版社,1998 年,第29～30 页。

中写道：

> 古者乡田同井,而民之出入相友,故无争斗之狱。今之郡邑之讼,往往出于愚民,以戾气相摏,善为政者勿听焉可也。又时取强暴而好讥侮者痛惩之,则柔良者安,斗讼者可息矣。①

游酢强调了除暴安良的重要性。他认为通过法律手段除暴安良,不仅能使社会达到安定、和谐,还可以达到减少官司争讼之事。他认为利用刑罚除暴安良的目的,就是为了今后去除刑罚。用他的话来说,就是为了达到今后不要对人们使用刑罚的目的,才不得不对那些有各种罪行的人使用刑罚。最终的结果就是可以逐渐回到"古者乡田同井,而民之出入相友,故无争斗之狱"的这种状况。说得通俗些,其意思就是通过法律除暴安良,会使官司越来越少,甚至发展到没有的地步。由此可见,儒家在强调"以礼治国"的同时,还要强调"依法治国"。

游酢认为"礼"实际上就是包含有"法"的因素,是伦理、习俗、宗教、法律等各方面的合一,而且还体现了强调使用刑罚的最终目的,就是为了去除刑罚这样的思想。这种思想说明的就是必须要用刑罚作为辅助手段。只有通过刑罚等手段,才能使社会中各种犯罪行为不断地减少,并且最终达到没有犯罪,社会达到了安定、和谐,再经过永续不断地发展,使执法人员都"失业"了,这个社会才是一个真正理想的社会。

(二)强调执法过程中人的因素的重要性

儒家是以人为根本的学说。在阐述"以礼治国"的法治思想时,游酢认为必须以人为根本,指出关于人的因素的重要性问题。他认为法律是由"人"来制定的,国家有了法度之后,还必须靠人来执行。因此,他在《二程语录》中写道:

> 善言治天下者,不患法度之不立,而患人材之不成;善修身(一作善言人材)者,不患器质之不美,而患师学之不明。人材不成,虽有良法美

---

① 《宋·游酢文集》卷五,《二程语录》,延边:延边大学出版社,1998 年,第 153 页。

意,敦与行之？师学不明,虽有受道之质,敦与成之？①

　　游酢认为在执法的过程中,人是最为重要的因素,是第一位的因素。我们要认识到,从儒家到理学,除了关于"以礼治国"中所包含的法治思想以外,更重要的还在于强调了人的因素,法律是由"人"来制定的,也需要"人"去执行。

　　周武王建立了周天下之后,最初周公制定的《周礼》强调的就是"以礼治国"。但是,这个"礼"却包含了"法"的因素,即:法理。《周礼》实际上就是"礼"与"法",以及伦理、习俗、礼仪和各种规则,甚至还包括宗教在内的各方面的合一。因此,儒家同样强调的是"以法治国",只不过是这种"法"体现在各种"礼"之中。游酢对这个思想的继承和发展表现在于,最重要的不是担心法律制度没有建立,而是担心没有这方面的人才,即没有真正熟悉这方面专业,并且是真正严格依法办事的人。即有了法律之后,还必须严格执行。

　　如何严格执行呢？在游酢看来,依靠的是真正熟悉法律专业,并且是真正严格依法办事的人才,而这方面的人才必须由高明的先生来指导,如同一个人要进行很好的修身一样,不担心自己的度量不够、气质不美,而是担心拜师求学不高明。因此,在进行修身时,必须有高明的先生来指导,才能产生具有素质的人。由此说明当制定了法律之后,更重要的就是必须要有这方面的人来掌握法律,来执行法律。只有这样,才能使社会达到安定、和谐。

　　(三)强调德教治理与政事治理相结合

　　所谓德教治理,游酢认为,实际上就是"以礼治国",与当今所强调的"以德治国"内涵是一样的;所谓政事治理,就是遵循"天道"治理天下,与我们今天所强调的"按照客观规律办事"内涵是一样的。游酢认为,要治理好天下,"德教治理"与"政事治理"二者是缺一不可的。在二者的关系中,德教治理是基本的,政事治理则是德教治理的辅助条件。如何体现德教治理是治理中最基本的因素呢？游酢认为,作为统治者来说,最重要的就是要在老百姓面前讲诚信。只有人人讲诚信,才能使天下太平安定。他以东汉时期的马融为例进行说明,即《论语杂解》中写的:

------

　　① 《宋·游酢文集》卷五,《二程语录》,延边:延边大学出版社,1998年,第149页。

> 马融①谓为之政教者,近之矣。敬事而信,德教以道之也;节用而爱人,使民以时,政事以道之也。有德教以道之,则尊君事上之心笃;有政事以道之,则劝功乐事之意纯。有国之道,何以如此?②

游酢认为,马融所阐述的德教治理与政事治理,指的是德教治理对于统治者来说,必须讲求一个"信"字,即诚信,取信于民,才能使老百姓相信他。至于政事治理,对于统治者来说,则是要遵循天道,"使民以时",即征用老百姓的财富时,要根据他们的具体情况进行,要尽一切力量,减轻老百姓的负担。只有这样,君主及其大大小小的官员在老百姓心中才有威信,老百姓才会更加敬重他们,从而使他们能坐稳天下。因此,游酢认为治理天下的过程中,必须将德教治理和政事治理结合起来。

在指出德教治理与政事治理合一的关系时,游酢又认为,德教治理最根本的是要讲诚实守信,政事治理最根本的就是要深得人心。游酢认为德教治理与政事治理二者是一致的,即他在《论语杂解》中所写的:

> 盖敬朝觐之事,则君臣严;敬冠昏之事,则男女别;敬丧纪之事,则民知哀死而慎终;敬祭祀之事,则民知报本而追远。事之所在,无所不用其敬焉,则民孰有不敬者哉!一号令之出也,一期会之时也,一赏罚之用也,一颦笑之形也,无所不用其信焉,则民其有不信者哉!由是道而诚于心,则有虞氏未施信于民而民信之,夏后氏未施敬于民,而民敬之者,亦久于斯道而已。虽然,知敬事而已,未及乎信,则慢令而致期,非所以孚民;知信而已,未及乎节用,则侈费而伤财,非所以裕国;知节用而已,未及于爱人,则将吝细而少恩,非所以厚下;知爱人而已,不知使民以时,则将轻用其力,轻夺其务,非所以养民。知是五者而法度加焉,则治人之道足矣。③

---

① 马融(79—166年),东汉扶风茂陵人,当时的大儒。
② 《宋·游酢文集》卷三,《论语杂解·"道千乘之国"章》,延边:延边大学出版社,1998年,第82页。
③ 《宋·游酢文集》卷三,《论语杂解·"道千乘之国"章》,延边:延边大学出版社,1998年,第82页。

　　游酢的论述使我们认识到,治理国家强调一个"信"字,即诚信。

　　游酢认为,诚信是治国的根本。有了诚信,在施政方面尽一切努力,减轻人民的负担,才能使人民更加相信统治者。所谓的"信",就是在君臣之间,政府与人民之间,以及人与人之间,表现为互相的信任,这样才能使人人都做到讲诚信。当人人都做到了一个"信"字,君臣之间的关系和地位自然就清楚了,按照君臣有序的规则做事做人。对于广大人民来说,就会遵守各种礼法,知道自己在社会中所扮演的角色,并且按照礼法的要求去为人处事,这个社会便是一个安定、和谐的社会。

　　在游酢的思想中,讲诚信首先要从君主统治者做起,即要求他们首先要讲诚信。只有君主统治者首先讲诚信,才能在老百姓面前树立威信。游酢在《论语杂解》中写道:

　　　　虞氏未施信于民而民信之,夏后氏未施敬于民,而民敬之者。①

　　其含义就是:如同舜一样,因为首先自己讲诚信,他还没有要求老百姓讲诚信,老百姓就主动地讲诚信,并且十分相信他。也同夏禹一样,由于首先讲诚信,还未让老百姓敬重他,老百姓却十分敬重他。因此,游酢认为,正是因为君主首先讲诚信,才能做到爱护老百姓,并且努力减轻老百姓的各种负担,再加上有各种法律做保证,天下就一定能治理好。最初周公制定的《周礼》,实际上就是"礼"与"法",以及人与人之间各种关系的总和。

　　在游酢的思想中,诚信始终是同法律保证联系在一起的,即诚信必须有法律保证。儒家在承认"人性善"的同时,又认为人由于受到外部环境的影响,极有可能从"善"走向"恶"。如何保证人性能始终坚持"善"呢?游酢认为,必须讲诚信,而讲诚信又必须要靠法律对人的行为进行制约。因此,儒家在强调礼治的同时,又强调了法治,实际上就是礼治中包含了法治。这个观点,游酢从"诚信"的角度作了诠释。

----

　　① 《宋·游酢文集》卷三,《论语杂解·"道千乘之国"章》,延边:延边大学出版社,1998年,第82页。

二、立储君是宫廷中的第一要务

西汉史学家、思想家、文学家司马迁(前 145—前 90 年)在《史记·五帝本纪第一》中写道:

> 尧崩,年六十一代舜践帝位,载天子旗,践帝位三十九年……十七年而崩。三年丧毕……禹践天子位。[1]

尧崩后由舜继帝位。舜传禹,禹驾崩后,则将帝位传给了儿子启,即《史记·五帝本纪第一》中所写的:

> 十年,帝禹东巡狩,至于会稽而崩。以天下授益。三年之丧毕,益让帝禹之子启,而辟箕山之阳。禹子启贤,天下属意焉……于是启遂即天子之位,是为夏后帝启。[2]

大禹驾崩后,将帝位传给了儿子启,结束了部落式的帝位禅让制,由世袭制所取代,即《三字经》中所说的"夏传子,家天下"。然而,这种帝位继承的世袭制,就代表建立了真正意义上的国家制度。因此,决定了无论是哪一个王朝,帝王都要把立储君当作是天下的首要大事,是历代王朝重中之重的事。

游酢认为作为一个帝王,第一要务就是要立皇位继承人。因为这是关系天下能否稳定,江山能否巩固的问题,他在《陈太平策》中写道:

> 其纲一,曰建储。建储一事,最为当今急务。自三代、殷、周以来,人君即位之初,必先定储嗣,所以示根本之固,杜觊觎之心也。钦惟皇帝陛下,春秋鼎盛,德业方隆,亿万斯年,正当发轫之初,而拳拳愚忠,首陈建储,则似不急不切,然揆古度今,未有如兹事之急且切也。今皇子

---

① 《史记》卷一,《五帝本纪第一》,北京:中华书局,1959 年,第 44 页。
② 《史记》卷一,《五帝本纪第一》,北京:中华书局,1959 年,第 83 页。

天性聪明,嫡而居长,神人协赞,朝野归心,宜早建储宫,正名定号,所以尊崇宗社,所以培植国本,所以镇安天下,圣朝万世不拔之基,实系于此。古者建东宫,立太子,将以表异示尊定民志,非泛然之美称也。今诸王公子例呼太子,嫡庶亲疏,略无差别。大纲既正,其余事务,次第举行,则宗社幸甚。[①]

　　游酢把帝王立皇位继承人看作是第一要务,这在皇位世袭制度下的封建社会有一定的积极意义。这种思想也符合在中国二千多年的历史中所建立的"大一统"的帝王制。

　　在封建社会"大一统"的制度下,皇帝登基,即便是年少登基,都要考虑立皇位的继承人。因为这是确保天下能否稳定的关键所在,是一个王朝能否延续下去的重大问题。在当时的制度下,如果没有立皇位继承人,皇帝的每个皇子都可以自称自己是"准皇帝"。这样的局面就意味着有可能每个准皇帝为了使自己能成为正式的皇帝而进行兄弟之间的手足相残,甚至是儿子弑父这样的局面。因此,在游酢看来,皇帝登基后第一件事就是要选定皇位的继承人。立了皇位继承人,一般来说,皇子们在皇位继承的问题上就没有什么可争执的了。否则,皇子之间、后妃之间就会进行你死我活的争斗,导致出现朝廷内部大乱,甚至会出现改朝换代。根据游酢的论述,在皇位世袭制的国家制度下,立皇位继承人是一件十分重要的事。

　　当然,在当时的国家制度下,即使是皇帝登基,立了皇位继承人,在太子之间也仍然会出现争夺皇位之事。例如,开创大唐天下的李渊,已经立了李建成为太子。但是,仍然出现了为继承皇位,李世民同李建成、李元吉之间进行的手足相残,最后是李世民在玄武门布下伏兵,用乱箭射死了李建成和李元吉。如果没有及时立皇位继承人,后妃之间都想着自己生的儿子能继承皇位,为了能够实现"母以子为荣",为了能够享有皇位,她们也会发生你死我活的争斗。对于一些掌握大权的朝廷重臣,极有可能心怀叵测,篡权夺位。朝廷重臣极有可能利用皇位继承人空缺的机会,实现自己的野心,从而控制朝廷,出现你死我活的宫廷内斗,直至引起天下大乱,甚至还有可能出现改朝换代。

---

　　① 《宋·游酢文集》卷六,《陈太平策》,延边:延边大学出版社,1998年,第164～165页。

立了皇储后,如果发生了宫廷内部的争权夺利,不管是太子,或者是某个后妃生的儿子在争权夺利中胜利了,甚至是杀了其他的后妃,或者是杀了其他皇子,或者是某个重臣有着很大的权力,特别是掌握着军权,并且凭着自己的实力,杀了那些拥戴被杀的后妃和皇子的重臣,他们之间费尽心机、明争暗斗,都是"窝里斗"。但这个王朝仍然存在,而没有出现改朝换代。如果没有立皇位继承人,发生了后妃之间、皇子之间、重臣之间的内斗,最后的结局基本是多败俱伤,谁也成不了最后的胜利者,极有可能使局外的某个势力趁机行事,"鹬蚌相争,渔人得利",出现改朝换代。

游酢的论述在当时的国家制度下具有较为积极的意义,值得我们借鉴。当今,我们应当培养大批德才兼备的接班人,使我们的事业能够一直延续下去,这就是对游酢理学借鉴的重要方面之一。

三、社会风气与社会安定同官员行为的直接关系

在游酢的思想中,同样论述了社会风气、政府官员的行为、社会安定问题及其相互之间的关系,游酢认为,社会风气的好坏同社会的安定有着密切的关系,社会风气的好坏、社会是否安定,同政府官员的行为有着直接的关系。游酢在《论仕风疏》中写道:

> 天下之患,莫大于士大夫至于无耻,则见利而已,不复知有他。如入市而攫金,不复见有人也。始则众笑之;少则人惑之;久则天下相率而效之,莫知以为非也。士风之坏,一至于此,则锥刀之末,将尽争之。虽杀人而谋其身,可为也,迷国以成其私,可为也。草窃、奸宄、夺攘、矫、虔,何所不至,而人君尚何所赖乎?[①]

游酢指出,作为政府官员来说,必须给广大百姓树立一个好的榜样,只有这样,才会有一个好的社会风气,并且真正达到天下的安定。

如何才能使政府官员为老百姓做出一个好的榜样呢?游酢认为政府官员首先必须筑牢自己的思想根基,只有筑牢了思想根基,做到廉洁、公正,才

---

① 《宋·游酢文集》卷六,《论仕风疏》,延边:延边大学出版社,1998 年,第 167 页。

能在老百姓面前有威信,方可把国家治理好。游酢在《易说》中写道:

> 山附于地,则山颓之象,山至于颓,则以下不厚而上危故也。[①]

　　这句话告诫我们,无论做什么事,都必须踏踏实实,一步一个脚印地做事,而不能浮躁。如果不是脚踏实地干好每一件事,必然是根基不牢。作为政府官员来说,必须踏踏实实地为群众做好每一件事,才能筑牢根基,得到群众的拥护,从而使国家更加稳固。政府官员风气的好坏,直接关系社会风气的好坏,乃至关系社会是否安定,直至关系一个国家的生死存亡。

　　游酢的论述不足之处表现在于,他只是从个人的品质方面进行分析,认为只要政府官员有了很好的修养,就可以成为老百姓信任的清官。他没有考虑到为什么政府官员会变坏?他不知道其根本原因在于没有一个良好的社会制度,即对权力进行监督、制约和制衡。如果只从"性善论"出发,过于强调明君、清官、廉吏,最终的结果就是人们会把自己的命运全部寄托在明君、清官、廉吏的身上。当人们把这一切都寄托在明君、清官、廉吏的身上,并且还绝对相信他们,不对他们的权力进行监督、制约和制衡时,久而久之,明君也会变成昏君,清官也会变成贪官,廉吏也会变成污吏。

四、具有人本主义和民主政治的萌芽

　　论述游酢理学思想时我们要认识到,包括儒家在内的中华优秀传统文化从根本上讲,是关于"人"的文化,即以"人"为出发点和归宿的文化。包括儒家在内的中华优秀传统文化,存在人本主义和民主政治的萌芽。游酢这些思想还是一些碎片化的言论。这就要求当今的哲学工作者的关注点是在于如何将游酢碎片化的言论上升到理论思维的高度。早在春秋时期,孟子就提出了"民为贵"的思想,其中就具有民主政治的萌芽。游酢对从儒家到理学体现的民主政治的萌芽进行了深刻的论述。他首先从民生出发,继承和发展了"国以民为本""民以食为天"这种思想,他认为执政者要想站稳脚

　　[①]　《宋·游酢文集》卷二,《易说·"象曰,山附于地"节》,延边:延边大学出版社,1998年,第51~52页。

跟,必须首先解决人民的衣、食、住、行等基本生存问题,只有在这个基础上,才谈得上江山的巩固,国家的强大。

(一)强调首先必须解决人民的衣、食、住、行问题

游酢认为再昏庸的帝王,为了使自己能坐稳江山,都是首先要考虑如何解决老百姓的衣、食、住、行问题。作为执政者,第一要务就是要解决老百姓的衣、食、住、行问题。游酢在《易说》中写道:

> 自古养万民者,藉令不知为政,亦无家食之理。①

凡是统治者,首先必须考虑的就是老百姓的衣、食、住、行问题。即使他根本不会理政,也不会要老百姓自己去解决衣、食、住、行问题。游酢认为,老百姓的衣、食、住、行问题,是执政者第一位的问题。只有这样,才能坐稳江山。游酢在《易说》中写道:

> 夫若其据利势之重,阻法度之威,以临莅天下,而泽不加于民,则民胥咨怨,疾首蹙頞而相告矣。夫如是则从之者势也,而心背之;事之者貌也,而腹非之。夫何光明之有?②

这是游酢对孟子提出的"民为贵,社稷次之,君为轻"这种思想的继承和发展。由此说明了从儒家到理学,总是把解决人民的衣、食、住、行等基本生存问题,作为执政者的第一要务,这就是中华优秀传统文化的精髓所在,其思想具有人本主义萌芽中关于民生问题的考量。

(二)提出实现民心所向必须走"正道"

从儒家到理学,强调必须走"正道"。游酢认为,作为统治者来说,只有

---

① 《宋·游酢文集》卷二,《易说·"大畜利贞"节》,延边:延边大学出版社,1998 年,第53 页。

② 《宋·游酢文集》卷二,《易说·"象曰,履柔履刚也"至"光明也"》,延边:延边大学出版社,1998 年,第36～37 页。

走"正道"才能使人心所向。他在《易说》中写道：

> 守之以正，以临其民，则民敬而从之，是其为临也可名为至矣。①

　　上述这句话的含义指的就是只要能守着"正道"，并且以此面对百姓，百姓才会尊敬和顺从统治者，这才是最好的统治方法。从游酢的论述中可以看出，统治者只有走"正道"才能得到人心。如果走歪门邪道，只能得势一时，却不能持续下去。

　　游酢借鉴了历史的经验和教训。他通过当时"天无二日，土无二主"的国家理论来论述，认为天上只有一个太阳，国家只能有一个君主。关键在于谁能使自己的行为更加符合"天道"，谁就能成为真正的天子。虽然整个中华传统文化强调的是"天无二日，土无二主"，但是，这个"日"或者是这个"主"却是可以改变的。符合"天道"的，就能成为这个天上的"日"，或者成为这个国家的"主"，即他在《诗二南义》中写的：

> 君臣之分，犹天尊地卑，纣未去而文王称王，是二天子也。②

　　游酢所指的君臣之分，实际上就是强调君臣之间各自的地位，以及他们之间各自应有的权利和应尽的义务等方面，并且是不可改变的；君臣之分还包含有契约精神的萌芽。

　　游酢认为，"君"也是可以变化的。他以殷纣王还在位，西伯侯就立自己为周文王这个历史事实来进行说明。在他看来，殷纣王虽然还在位，但西伯侯却称自己是周文王。这时，就出现了两个天子，这种状况如果按照中华传统文化的理念，是不符合常理的。然而，西伯侯却称自己为周文王已经成为事实。

　　当出现了这种情况之后怎么办呢？游酢认为这同中华传统文化一点也不相悖。他认为西伯侯称周文王是因为他完全符合"天道"，并且是遵循"天

---

　　①　《宋·游酢文集》卷二，《易说·"六四，至临无咎"至"位当也"》，延边：延边大学出版社，1998 年，第 50 页。

　　②　《宋·游酢文集》卷二，《诗二南义·〈诗〉序文王，文王受命作周也》，延边：延边大学出版社，1998 年，第 75 页。

命", 即"文王受命之始故也"①。西伯侯是受"天命"而称自己是周文王, 并且也是受"天命"而建立周天下的。因为当时是纣王无道, 完全失去了人心, 即完全违背了"天道"。至于已经成为周文王的西伯侯, 则是深得人心, 也就是遵循了"天道"。因此, 决定了西伯侯是受"天命"而成为天子的。同时, 也是"天命"注定了必须结束殷商, 建立周天下。周文王生前虽然没有完成消灭殷商, 也没有完成建立周天下的大业, 但是, 却由周武王完成了。因此, 周武王所做的一切就是受命于"天"。所以, 当时即使是出现了两个天子, 也完全符合"天下无二天子"这种思想。

今天, 我们可以将"天命"解读为"规律"。无论是殷纣王仍然是天子的时候, 西伯侯就称自己是周文王, 或者是周文王驾崩后, 周武王继承周文王之位, 消灭了殷商, 建立周天下, 这都说明了文王与武王父子俩所做的一切, 不仅没有违背"天下无二天子"的理念, 恰恰相反, 还体现了他们的行为符合社会发展的规律, 即文王与武王父子俩所做的一切, 是符合天下人的意愿, 所以, 才有后来周武王正式建立周天下, 与此同时, 殷纣王这个时候虽然还是天子, 但是, 他却违背了"天道", 即失去了人心。因此, 才决定了殷商被周所取代是历史的必然。

(三)对内得人心, 对外必然强大

对于一个国家来说, 要走向强大, 首先对内要得人心。怎样才能做到对内得人心呢? 游酢认为, 必须使人民得到真正的幸福。如何使人民得到真正的幸福呢? 除了首先必须解决人民的衣、食、住、行等基本生存问题以外, 还要用先进的思想文化对人民进行引导。只有在先进思想文化的指导下, 人民才能得到真正的幸福。游酢对这个问题进行了深刻的论述, 他在《中庸义》中写道:

> 人情莫不欲逸也, 时使之而使有余力; 莫不欲富也, 薄敛之而使有余财, 则子庶民之道也, 故百姓劝。日省月试, 以程其能, 饩廪称事, 以偿其劳, 则惰者勉而勤者悦矣。此来百工之道也, 故财用足。送往迎

---

① 《宋·游酢文集》卷二,《诗二南义·〈诗〉序文王, 文王受命作周也》, 延边: 延边大学出版社, 1998 年, 第 75 页。

来,以厚其礼,嘉善而矜不能,以致吾仁,待之者甚周,责之者甚约,此柔远人之道也,故四方归之。继绝世则贤者之类无不悦,举废国则功臣之后无不劝,乱者惧焉,危者怙焉,其来也节以时,其往也遣以礼,则怀诸侯之道也。夫如是则德之所施者博,而威之所制者广矣,故天下畏之。①

理学不仅强调执政集团如何制定和实行顺应人心的政策,还强调对内政策和对外政策从根本上讲如何表现为一致性。内政,是国家内部的政治事务,出自《国语·齐语》②;外交则是指一个国家为了实现其对外政策,国家以和平手段对外行使主权,参加国际关系方面的活动,如互派使节、进行谈判、会谈等。③ 用当今的观点进行解读,就是认为在内政与外交的关系上,内政是一个国家的对内政策,并且是基本的政策,外交则是内政的对外延伸和扩展。

一个国家是否强大,不仅要看这个国家的经济是否发达,军事力量是否强大,而且还要看这个国家的人民是否真正得到了幸福。游酢认为,要使一个国家强大,对于执政者来说,必须要有先进的思想作为指导。只有在先进思想的指导下,才能制定出各种符合人心的政策,然后再因地制宜实施政策,才能使国家的人民得到真正的幸福,从而使国家对外强大。

游酢从人的自然属性出发,指出要根据人民希望得到理想的收入这个要求,尽量减轻他们的赋税,让他们有更多的剩余财富。同时又要鼓励那些勤奋的人通过勤劳,使他们的财富不断增加。这样做不仅会使他们感到愉快,而且还会使那些懒惰的人也勤快起来。人民的生活就能不断得到改善,从而得到幸福。当人民的生活水平不断提高,并且不断得到幸福的时候,国家就有了强大的基础。

游酢认为国家强大的基础是必须使国内人民先富起来,并且使他们感到自己真正得到了幸福,只有这样,人民才会真心实意地拥护执政者。当国

① 《宋·游酢文集》卷四,《中庸义·"齐明盛服"至"所以行之者一也"节》,延边:延边大学出版社,1998年,第137页。

② 《国语·齐语》中写道:作内政而寄军令焉。内政,国政也。

③ 《国语·晋语八》中写道:彼若不敢而远逃,乃厚其外交而勉之,以报其德,不亦可乎? 韦昭注:谓赂其所适之国,厚寄托之而劝勉焉。明朝何景明《何子·策术》:赍宝玉以亲外交,市土地以厚与国。

家的人民真正得到了幸福,对周边国家同样会产生巨大的影响,周边国家的
人民都会纷纷归附这个国家。

在游酢的思想中,人民的幸福是国家强大的基础,国家强大是人民幸福
的延伸与扩展。当人民得到了真正的幸福,国家强大了,周边小国就会愿意
归属这个国家。原因在于这个国家的人民除了享受丰富的物质财富以外,
最重要的就是还能在先进的思想文化指导下,人民享有充分的自由,具有归
属感,也能够更加积极地从事各项工作,安居乐业。因此,只有在先进思想
文化的引领下,人民才会感到心情舒畅,真心拥护执政者,全力以赴地从事
生产建设,创造出更多属于自己享有的物质财富,这就是一个社会发展良性
循环的轨迹,这个国家对外才能称得上是真正的强大。所以,游酢把对内顺
应人心看成是国家强大的基础。

在唐朝、明朝,中国周边许多小国纷纷归属。孙中山先生对这个问题在
《三民主义》之"民族主义"中有所阐述:

> 就文化说,中国的文化比欧洲早几千年。欧洲文化最好的时代是
> 希腊、罗马,到了罗马才最盛。罗马不过与中国的汉朝同时。那个时
> 候,中国的政治思想便很高深。[1]

孙中山先生还说道:

> 进入到明朝,当时南洋各小国要来进贡,归化中国,是他们仰慕中
> 国的文化,自己愿意来归顺的,不是中国以武力去压迫他们的。像亚
> 来[2]由及南洋群岛那些小国,以中国把他们收入版图之中,许他们来进
> 贡,便以为是很荣耀;若是不要他们进贡,他们便认为很耻辱。像这项
> 尊荣,现在世界上顶强盛的国家还没有做到。[3]

为什么会出现这样的情况呢?孙中山先生认为,因为同世界上许多国
家相比,中国广大的人民感到中国是一个很幸福的国家,并且认为,生活在

---

① 《孙中山选集》,北京:人民出版社,1956年,第662页。

② 今译为"文莱"。

③ 《孙中山选集》,北京:人民出版社,1956年,第663页。

这个国家要比生活在其他国家更加幸福。这种幸福体现在社会制度上和这个国家先进的思想文化中,在先进思想文化的引领下,人民真正享受着充分的自由。

孙中山先生进一步指出,古代的中国比古代的欧洲自由得多。他说,在古代的中国,只要不谋反政府,及时向政府纳税,交公粮,政府都不会太多地干预个人。他还论述道,在当时的制度下,人们可以在全国各地自由迁徙,可以做工、经商、种田,还可以读书、考取功名。在考取功名方面不问出身如何,也不问家庭是富贵还是贫贱,大家都进行着公平的竞争,谁的成绩好,谁就能考取功名。

孙中山先生特别指出,在中国古代,作为儒生来说,只要不反政府,不拿朝廷的俸禄,自己可以做学问。特别是谈到政治制度的时候,孙中山先生又指出,中国古代的政治制度比欧洲古代先进得多。例如,在三权分立方面,欧美是在近二百年左右才有的;而在中国,则是几千年前就有了三权分立。中国古代实际上就是一个三权分立的国家,与近代以来欧美国家的三权分立相比,欧美国家是立法、行政和司法的三权分立,而中国古代则是皇权、考试权和监察权的三权分立,只不过立法、行政和司法这三大权力是由皇帝一个人全权掌握,考试权和监察权则是独立于皇权的,即孙中山先生所说的:

> 就中国政权的情形讲,只有司法、立法、行政这三个权是由皇帝拿在掌握之中,其余监察权和考试权还是独立的。就是中国的专制政府,从前也可以说是三权分立的,和外国从前的专制政府便大不相同。从前外国在专制政府的时候,无论是什么权都是皇帝一个人垄断。中国在专制政府的时候,关于考试权和监察权,皇帝还没有垄断。[①]

孙中山先生认为,中国当时的政治制度,要比当时任何一个欧洲国家的政治制度先进得多。在这样的制度下,中国人当然比外国人幸福得多。因此,才会有周边许多小国愿意归属中国。由此说明了一个道理,那就是国家强大的基础,首先必须是国内人民的幸福。

孙中山先生对自由也进行了论述。他认为包括儒家在内的中华优秀传统文化,总是强调"民为国之本"。孙中山先生在《三民主义》之"民权主义"

---

① 《孙中山选集》,北京:人民出版社,1956 年,第 799～800 页。

中更加深刻地说明了这个问题,指出:民权(主)在西洋(方)只是近二百年左右才有的,在中国则是数千年前就有了。为什么法国大革命时期出现的《马赛曲》,每段最后一句都唱着"不自由,毋宁死"?对于中国来说,却从来没有人说过"不自由,毋宁死"。孙中山先生认为,因为同中国相比,古代的欧洲太没有自由了,古代的中国则是有着充分的自由。孙中山先生这样写道:

> 好比我们日常的生活,最重要的是衣食,吃饭每天至少要两餐,穿衣每年至少要两套……普通人都认为不吃饭便要死,以吃饭是最重大的事。①

在孙中山先生看来,一个人饥饿到实在无法忍受的时候,所想到的第一件事就是吃饭。当他根本不饿的时候,所想到的第一件事不一定是吃饭,完全有可能想的是做其他的事。欧洲人想着自由是因为受专制压迫太深,没有任何的自由。所以,他们才会唱出"不自由,毋宁死"这样的歌曲。相反,在中国古代,人们则有着广泛的自由。人们不仅不会把"自由"天天记在心里,而且在中国人的心目中仿佛就没有"自由"这个概念。因此他又指出:

> 外国人不识中国历史,不知道中国人民自古以来都有很充分的自由,这自是难怪。至于中国的学生,而竟忘却了"日出而作,日入而息,凿井而饮,耕田而食,帝力于我何有哉"这个先民的自由歌,却是大可怪的事!由这个自由歌看起来,便知中国自古以来,虽无自由之名,而确有自由之实,且极其充分,不必再多求了。②

孙中山先生认为,欧洲人从前是因为太没有自由了,所以,才要革命,以争取自由。中国人则是有着充分的自由,所以才不会想着争取自由。在孙中山先生的思想中,外国人根本不了解中国的历史,才会说出所谓"中国没有自由""中国人不懂自由"这样的话。孙中山先生还看到,所引用《诗经》等儒家经典所谈的问题,如"日出而作,日入而息,凿井而饮,耕田而食,帝力于我何有哉"等,就包含了自由主义的因素。实际上《诗经》等儒家经典,都包

---

① 《孙中山选集》,北京:人民出版社,1956年,第719页。
② 《孙中山选集》,北京:人民出版社,1956年,第712页。

含自由主义的萌芽。

孙中山先生的论述使我们充分认识到,中国古代实际上就是一个有着充分自由的国家,只不过是没有出现自由这样的概念。同时,也没有将自由等碎片化言论上升到理论思维的高度,只是在实际行动中不自觉地做出来。中国古代只有自由的"行",而没有上升到自由的"知"。儒家把"民"放在了"国之本"的位置上,也只是一些碎片化的言论,而没有上升到理论思维的高度。

在游酢之前,儒家历来都是把"民"作为立国之本,游酢继承和发扬的正是这样的思想。在游酢的思想中,统治者要坐稳天下,首先必须顺应人心。归根结底,就是把"民"作为了立国之本。如何才能把"民"作为立国之本呢?在游酢看来,就是要使人民得到真正的幸福,而这种幸福其中最重要的方面之一,就是要使人民享有充分的自由。综上所述,孙中山先生和游酢两位不同时代的政治家,他们的思想是一脉相承的。

五、关于契约精神的萌芽

契约,最初是指双方或多方共同协议订立的有关买卖、抵押、租赁等关系的文书,可以理解为"守信用";形式有精神契约和文字合同契约;对象多样,可以是生意伙伴、挚友、爱人、国家、世界、全人类,以及对自己的契约等;可以用"文字合同"来约定,可以用"语言"来约定,还可以是"无言"的契约。按照《现代汉语词典》的解释,契约是指"证明买卖、抵押、租赁等关系的文书"。1932 年美国律师学会在《合同法重述》中所下的定义是:"契约是一个诺言或一系列诺言,法律对违反这种诺言给予救济,或者在某种情况下,认为履行这种诺言乃是一种义务。"从法理上看,契约是指个人可以通过自由订立协定而为自己创设权利、义务和社会地位的一种社会协议形式。契约的观念早在古罗马时期就已经产生,罗马法最早概括和反映了契约自由的原则。

人们通常是把契约理论说成是源自 18 世纪法国启蒙时期,以哲学家、政治思想家让-雅克·卢梭(1712—1778 年)所著的《社会契约论》一书为标志。我们认为,人们这种认识是正确的。卢梭是第一位系统地阐述了社会契约问题的思想家。他的思想体现在所著的《社会契约论》这部著作中。实际上中华传统文化早已有了关于契约问题的萌芽,从儒家到理学的发展进程中,关于契约问题只不过是一些碎片化的言论,还没有形成系统的理论。作为理学传承者的游酢来说,他的一些论述包含了契约精神的萌芽,这种契约精神的萌芽是如何在理学的传承中体现出来的呢?游酢从以下方面进行了论述。

(一)对"道"的论述中包含着人与人之间契约的萌芽

游酢始终认为"道"存在于一切事物之中,人与人之间的各种关系,即父子、君臣、夫妻、朋友之间的关系,都是由"天道"所决定的。由"天道"形成了人与人之间的这些关系,就决定了每一个人都必须按照"天道"的规定,行使自己的职责和享有自己的权利,并且不能违反。游酢在《二程语录》中写道:

> 道之外无物,物之外无道,是天地之间无适而非道也。即父子而父子在所亲,即君臣而君臣在所严(一作敬),以至为夫妇,为长幼,为朋友,无所为而非道。此道所以不可须臾离也。然则毁人伦,去四大者,其离于道也远矣。故君子之于天下也,无适也,无莫也,义之与比,若有适有莫,则于道为有间,非天地之全也。[①]

游酢认为,人与人之间所产生的一切关系,都是"道"的体现,"道"存在于包括人伦关系在内的一切事物之中。正是因为"道"所产生了这些人伦关系,才有父子之间情感的亲近,君臣之间区分严格的名分和等级,夫妻之间的恩爱,长辈与晚辈之间互尊互爱,朋友之间的友好、友爱关系。游酢指出,这一切都是"道"所决定的。也只有遵循了"天道",维持着这种人伦关系,才能使天下达到安定、和谐。如果破坏了这些关系,摒弃了忠、孝、仁、义,就违反了"道",必然会造成天下大乱。

游酢所论述的这些关系具有人与人之间契约的萌芽。游酢所论述的契约就是"道"的体现,"道"要求人与人之间必须订立一个契约。这个契约一旦形成,各方都必须遵守。父子、夫妻、君臣、朋友等关系就是一种契约关系。只有遵循了契约,才能使天下安定、和谐。在游酢的思想中,"道"是自

---

① 《宋·游酢文集》卷五,《二程语录》,延边:延边大学出版社,1998年,第154页。

然的,人与人之间所形成的契约也就是自然的。父子、夫妻、君臣、朋友等关系中体现的契约,都不是人为的,而是"天道"所决定的。所以,根据游酢的思想,必须认识到人与人之间的契约又是一种自然的社会发展过程。人与人之间所形成的契约是"天道"所决定的,体现为"天道",体现为"天道"的契约又是通过人的活动而实现的。如果对这种思想再继续追溯时,还体现为汉代董仲舒提出的"天人合一""天人感应"的观点。

游酢理学的"道"就是将"人"作为出发点和归宿,而以"人"为出发点和归宿的文化,又表现出具有自然主义。游酢所论述的"率性而已"的"道",是指出必须顺其自然,并且将"人"的属性作为一种自然的社会属性。一切人伦关系就是一个自然的社会过程,这正是我们对他的思想进行解读时必须认识到的。

(二)"德"具有契约精神的萌芽

游酢认为,"德"体现了契约,即他在《易说》中写的:

> 以臣畜君至于和且至,则畜道成矣,犹当尚德以载之,不可以贤临之也。尚德者,无所不用德也,故象以为德绩载。何则? 君臣夫妇,人合也,人合者易以睽,故虽贞而厉。①

游酢认为人与人之间的各种关系是由"天道"产生的,即都是"天道"的体现,人与人之间的各种关系所产生的方式却有所不同。人与人之间所产生的各种关系大体分为两种:一种是人为结合的产物,像君臣、夫妻、朋友之间的各种关系;另一种则是天然的关系,就是父母与子女之间的血缘关系。

在人与人之间的两种关系中,游酢特别论述了人为结合的这种关系。他认为,这种关系既具有稳定性,在一定的环境下又是可以改变的。人与人之间可以形成如君臣、夫妻、朋友之间的各种关系,也可以在这些关系形成之后,解除这些关系。所形成的这些具有人为因素的人伦关系是既可以形成,也可以解除。正是因为这些关系具有人为的因素,并且还是人为的因素

---

① 《宋·游酢文集》卷二,《易说·"上九既雨既处"至"有所疑也"》,延边:延边大学出版社,1998年,第35页。

在其中起着主要作用,就决定了这种关系存在着各种危险,随时可能消失,这种危险也是可以消除的。如何消除这些危险的因素呢? 必须遵循"天道",人与人之间的各种人为的关系实际上也是遵循"天道"而形成的。由于遵循了"天道",便决定了所产生的一切关系有着相对的稳定性,在很大程度上也是不可改变的。因此,决定了君臣、夫妻、朋友等各种人为结合起来的关系,是遵循"天道"而建立的。既然是遵循"天道"而建立起来的关系,就必然要依靠"天道"来维持。怎样依靠"天道"来维持呢? 必须崇尚品德。

游酢所说的君臣、夫妻、朋友等关系的结合,所体现的就是"德",而"德"有着契约因素的萌芽。君臣、夫妻、朋友等关系,实际上就是人与人之间订立的一种契约。为什么会形成这种契约呢? 游酢认为,订立契约是为了要建立一个安定、和谐的天下。这种安定、和谐的天下是以家庭中的夫妻关系为基础,并延伸和扩展到人与人之间所形成的各种关系,如君臣关系、朋友关系等。这些关系从根本上讲,表现为"天道"的要求。当这些关系形成之后,人们便各自遵守自己的规则,即遵守"德",而遵守"德"便包含了契约的因素。只有在遵守"德"的前提下,制定契约才能有一个良好的秩序,达成天下的安定、和谐。

游酢的论述还使我们认识到,这种"德"还体现为家政与国政的合一。作为家政中的夫妻关系,只有遵循了具有契约因素的"德",这个家庭就达到了安定、和谐。如果把这种关系延伸和扩展到整个社会,这个社会就会有着一个良好的秩序。所以,游酢所提出的"德",充分体现具有契约的萌芽。

(三)"礼"具有契约的萌芽

从儒家到理学在治国方面,总是强调"以礼治国"。游酢所强调的"礼"实际上包含了契约因素,游酢在《易说》中写道:

> 天高地下,礼制行矣。人之所履礼而已,故上天下泽,有履之象。君子观象于此,则可以辨上下;上下既辨,则名分立而民志定矣。此以成卦之体言之也。礼者,所以辨上下而定民志也。盖上下之分严则丰者不为有余,杀者不为不足,而民志定。此先王因人性以制之,而理之不可易也。其或强有力者窃其非分而有之,欲自以为荣,是播其恶,适足以发笑而自点尔。所有者非其分,既不足以为荣,而身陷不义,更足

以为辱,愚孰甚焉。①

　　游酢认为礼法是遵从"天道"而产生的。"天道"即自然规律,礼法即契约。

　　游酢认为礼法是一个自然的社会过程。只有根据"天道"制定了礼法,才能使社会有一个良好的秩序。礼法按照"天道"的要求,规定了不同身份、不同等级的人,由于所处的地位不同,便决定了他们应当享有的各种权利和应尽的各种义务。《论语》中我们可以看到,所谈的"君君,臣臣;父父,子子",就是规定了不同身份的人所处的地位不同,并且认为这是不可改变的。但是,《论语》又提出"君不君,臣不臣;父不父,子不子"。含义就是对于君、父和臣、子来说,都必须遵循各自的规则。实际上就是强调,君、父首先必须遵循君、父的规则,才能使臣、子遵循臣、子的规则。如果君、父不遵循君、父的规则,那么臣、子同样可以不遵循臣、子的规则。

　　礼法就是体现出君、父与臣、子之间的一种契约。这种契约规定了各方都不得违反相互之间的约定。一旦违反了相互之间的约定,就会造成整个社会的混乱。游酢对这个思想的继承与发展在于,把上下之间的关系分清楚了,他们的地位和身份就可以确定,百姓的思想就可以安定。然后各自行使自己的职责,履行自己的义务,享受自己应有的权利。游酢特别强调,"先王因人性以制之",即认为这是古代王者顺应人性而制定的。游酢所论述的这个人性,其实就是"天道"的具体表现。因此,顺应人性就是遵循"天道"。

　　他对儒家的继承和发展表现在始终将"人"作为制定礼法的出发点和归宿。儒家从根本上讲,就是关于人的文化。儒家认为只有人,才能在互相之间的交往中制定出礼法,即契约。作为王者来说,就是把人与人之间所形成的不自觉的、非系统化的契约,加以概括和总结,制定出自觉的、系统化的契约,如周武王建立了周天下之后周公制定的《周礼》,在当时那个朝代就是关于当时人与人之间自觉的,并且是系统化、理论化的契约。由此说明了礼法就是以人为出发点和归宿,然后通过王者对人与人之间的各种交往,进行概括和总结之后所制定出来的。

　　当我们把个人与个人之间的交往所产生的契约,进一步延伸和扩展到

_____

　　① 《宋·游酢文集》卷二,《易说·"象曰,上天下泽"节》,延边:延边大学出版社,1998年,第37～38页。

不同阶层、不同利益集团、不同政治集团、不同思想意识之间的关系时,这些
关系则体现为它们之间在交往中必然会产生各种矛盾,甚至导致矛盾尖锐
化,而且极有可能产生暴力冲突,乃至发生战争。当这种情况发生之后,最
后的结果就是两败俱伤,谁也不可能成为绝对的胜利者,而且还会给社会造
成巨大的破坏。

为了避免这种状况的发生,就必须解决这个问题。如何解决这个问题
呢? 这就是在人与人之间的互相交往中要使人们逐渐认识到,只有大家共
同达成一个协定,这个协定达成之后大家都必须共同遵守,才能避免社会的
混乱和所造成的破坏,从而使各方达到共赢。因此,契约便产生了,这个契
约就是国家制度,就是礼法。从周公所制定的《周礼》,到游酢对这个思想的
继承和发展,实际上体现了人与人之间契约的萌芽。契约的萌芽进一步延
伸和扩展,就形成了阶层之间、利益集团之间、政治集团之间、思想意识流派
之间形形色色的契约,在当时的社会中就称之为礼法。因此,从儒家到理学
所提出的礼法,是具有契约的萌芽。我们对此进行的借鉴,就是要将这些碎
片化的言论上升到理论思维的高度,使之形成系统的契约理论。

(四)诚信具有契约精神的萌芽

所谓诚信,就是忠诚实信。诚信的基本含义是守诺、践约、无欺,通俗地
表述,就是说老实话、办老实事、做老实人。人生活在社会中,总要与他人和
社会发生关系,处理这种关系必须遵从一定的规则,有章必循,有诺必践。
否则,个人就失去立身之本,社会就失去运行之规。哲人的"人而无信,不知
其可也",诗人的"三杯吐然诺,五岳倒为轻",民间的"一言既出,驷马难追",
都极言诚信的重要。几千年来,"一诺千金"的佳话不绝于史,广为流传。诚
信是公民道德的一个基本规范,诚实守信是中华民族的传统美德。游酢认
为忠诚信实是为人处世的基础,游酢关于忠诚信实的思想同样包含着契约
精神的萌芽,这也是从儒家到理学一贯主张的。游酢在《论语杂解》中写道:

> 道听而途说者有之,一心以为有鸿鹄将至者有之,何固有之? 忠信
> 所以进德也,如甘之受和,白之受彩,故善学者其心以忠信为主,不言则
> 已,言而必忠信也,故其言为德言。不行则已,行而必忠信也,故其行为
> 德行。止而思,动而为,无时而不在是焉,则安往而非进德哉! 故为仁
> 不主于忠信,则仁必出于姑息;为义不主于忠信,则义必出于矫抗。操

是心以往,则礼必出于足恭,智必出于行险,安往而非败德哉！而何进德之有焉？譬之欲立数仞之墙,而浮埃聚沫以为基,亦没世不能立矣。故主忠信者,学者之要言也。①

忠诚实信的本质就是要求人们做每一件事要踏踏实实,忠诚信实是做好每一件事的基础。关于诚信问题,游酢首先以做学问为例进行论述。游酢认为,真正的做学问,是不能听信道听途说的言论,而是要踏踏实实阅读系统的书籍。听信道听途说的言论,不通过阅读系统的书籍,是做不出真正的学问的。

在信息技术飞速发展的今天,人们通过网络,每天都能得到大量的各种不同的信息。对于这些信息在难以分辨真伪的情况下,最好的办法就是要树立起这样一种理念,即听信各种传言,不如踏踏实实地阅读一本系统的书籍。在网络飞速发达的今天,特别是在各种的自媒体中,什么样的传闻都有,人们要保持清醒的头脑。如何使自己能始终保持清醒的头脑呢？最重要的就是要对各种网络上的传闻进行分析,分辨其真伪,把握住自己,不要轻信道听途说的言论。因此,游酢关于这方面的论述十分值得我们借鉴。

游酢阐述关于处理人与人之间关系的诚信问题时提出,忠诚信实具有契约精神的萌芽,这种契约精神是怎样表现出来的呢？游酢认为,忠诚信实是做好一切工作的基础。他在《论语杂解》中写道:

譬之欲立数仞之墙,而浮埃聚沫以为基,亦没世不能立矣。②

游酢认为如果没有诚信,就如同用松散的尘土和聚焦一些唾沫去筑数仞高的墙一样,是根本不可能把墙筑起来的。游酢的观点是,如果没有忠诚信实作为基石,是不可能做好任何工作的。

忠诚信实是儒家最根本的原则,讲诚信实际上就是遵守人与人之间的

① 《宋·游酢文集》卷三,《论语杂解·"君子不重"章》,延边:延边大学出版社,1998年,第86页。

② 《宋·游酢文集》卷三,《论语杂解·"君子不重"章》,延边:延边大学出版社,1998年,第86页。

契约。对于这个问题游酢在《论语杂解》中是这样写的：

> 人而无信，以辁軏为喻，何也？曰忠信所以进德而义也，礼也，以信
> 成之。人而无信，则中信所主矣。以之为仁，则蹩躠而已；以之为义，则
> 踶跂而已。为智则诬，为礼则伪，无所施而可也。辁、軏，大车、小车所
> 恃以行者也，而有信则大德、小德所资以进也，故轮舆虽备，而无辁軏，
> 则有车之名而无运行之实。人而无信，则虽居之似忠信，行之似廉洁，
> 终不可入尧舜之道，故其喻如此。①

如果人与人之间不讲诚信，心中就没有主体。因此，对于人来说，讲诚
信是最根本的。因此，游酢认为，"仁""义""礼""智"在这个意义上都是由
"信"而展开的，并且是"信"的具体体现。如果没有了"信"，所谓的"仁""义"
"礼""智"都是虚伪的。他特别指出，如果没有了"信"，对于一个人来说，他
虽然有"智"，但是，这种"智"却不是真正的智慧，只不过是一种欺诈的行为，
"信"是最根本的，"仁""义""礼""智"都是在"信"这个基础上进一步展开。
因此，游酢论述的"信"包含了契约的萌芽。诚信实际上就是契约，并且是真
正遵守着契约。

游酢阐述的问题最重要的表现就是在他的思想中，认为忠诚信实必须
讲原则。因此，忠诚信实又是同原则性密切联系在一起的，而这种原则性却
包含有契约的萌芽。游酢认为，如果不讲忠诚信实，即使讲的是"仁"，也是
毫无原则的宽容和放纵；如果行的是"义"，也不是真正的"义"，而是体现为
装腔作势、虚情假意；如果讲的是"礼"，体现的只不过是一幅奴颜媚骨的形
象，虚伪极致；如果用的是"智"，必定是在冒险行事，或者是耍小聪明。

在今天的社会中，诚信问题尤其重要，体现在从事各种工作的过程中，
只有各方都有诚意，都遵守了契约，才能达到共赢。否则，就是多败俱伤。
游酢所论述的具有契约精神的萌芽主要表现为，如果是已经许诺了的事，就
必须坚决履行，并且在履行中各方都要有诚意，而不能言而无信，要做到言
必信、行必果。这是游酢对契约精神萌芽的认识。

---

① 《宋·游酢文集》卷三，《论语杂解·"人而无信"章》，延边：延边大学出版社，1998
年，第90～91页。

（五）只有遵守契约才能达到共赢

从儒家到理学具有关于契约精神的萌芽，表述的含义就是只有遵守了契约，才能达到共赢。在现实社会中，无论是个人与个人之间，还是群体与群体之间，只有相互之间共同订立一个协定，大家共同遵守，彼此承诺，共同履行各自承当的责任和义务，双方才能达到共赢。这个共同协定就是契约，游酢对这个问题进行了深刻论述，他在《易说》中写道：

> 视所履之善恶，所以考失得之报，盖祸福之来，必象其德而还之也。在履之上为履道之成在我者，无非礼矣，故其旋元吉。其旋者象其履以还之之谓也。①

在现实社会中，个人与个人之间，或者是群体与群体之间，因得因失所导致的福祸，实际上就是朱熹所说的："以其人之道，还治其人之身。"意思就是当自己耍小聪明，算计别人的时候，极有可能使自己有所得。但是，其他的人也会照自己的方式去实施，通过耍小聪明再算计自己。这时，自己极有可能有所失，甚至还会造成更大的损失。

得祸失福实际上都是不履行契约，或者是都不遵守规则所造成的。当有了规则，即有了"礼法"之后，有的人不遵守规则，略施一些小计，这时会有所得，但这种所得只是暂时的。因为作为任何一个思维正常的人来说，都能通过略施计谋，破坏规则，使自己有所得，但极有可能使自己加倍付出。

为什么会这样呢？就是因为大家都想着为了使自己比别人得到的更多，而不守礼法，互相算计。互相之间钩心斗角，最终的结果就是多败俱伤。所以，与其说想通过耍小聪明，破坏规则，使自己得利，最终造成多败俱伤，不如大家共同订立一个协定，即契约，然后共同遵守契约，这样，使各方达到共赢。

国与国之间的关系也是如此。例如，历史上的欧洲自从罗马帝国（指西罗马）解体后，分裂为许多国家，这些国家都想成为欧洲的霸主。如何才能使自己成为欧洲的霸主呢？除了凭着自己的军事实力，通过战争手段对外

---

① 《宋·游酢文集》卷二，《易说·"上九，视履考祥"节》，延边：延边大学出版社，1998年，第40页。

征服以外,还有一个极其重要的方面,就是国与国之间通过皇室之间结亲的方式进行。如甲国的公主嫁给乙国的太子,乙国的公主又嫁给丙国的太子,通过这种方式影响和控制他国。但是,由于互相之间结亲的各国皇室都是这样想的,即使是这样运作了,各国之间仍然发生战争,战争的结果毫无疑问,就是多败俱伤。

实际上各国统治者都认为自己聪明,却没想到聪明反被聪明误,所产生的后果是谁也不可能占绝对优势。因此,战争仍然爆发。显然,这是当时的欧洲各强国都不走正道,不遵守契约,想通过互相算计的方式所造成的结果。因此,最后谁都不可能成为真正的赢家。

进入 20 世纪,源自欧洲的两次世界大战,虽然不是通过各国之间进行最高层之间结亲,以此影响和控制他国,使自己成为欧洲霸主这种方式进行,但却都是凭着各自的军事实力进行的。其结果同样是没有真正的赢家。经过残酷的战争,特别是经过第二次世界大战之后,欧洲各国认识到,必须在国与国之间订立一个契约,并且订立契约的各国都必须遵守契约。二战之后,欧洲各国之间虽然存在着这样那样的矛盾,但是,从总体来说,在实际行动中基本遵守了契约。因此,今天的欧洲才有可能真正成为不断走向和平的欧洲。这一切都说明了,只有订立契约的各方都遵守了契约,才能达到共赢,这正是对游酢的思想进行借鉴中所得到的重要启示之一。

(六)国家体现为契约

孔子的思想强调君臣、父子等各种关系。不同的人所处的地位不同,《论语》便规定了不同的人必须按照各自的规则去履行各自的职责,社会才有可能具有一个良好的秩序,这就是君臣之间、父子之间的一种契约。对于这个问题游酢予以深刻的论述,即他在《易说》中所写的:

> 传曰:"不有君子,其能国乎?"盖惟君子在朝,然后,君臣各得其道,上下合志而天下之情通,此国之所以立也。如君不君,臣不臣,则天下无邦矣。犹之父不父,子不子,则无家矣。无邦者,其道亡也。①

---

① 《宋·游酢文集》卷二,《易说·"象曰:'否之匪人'"节》,延边:延边大学出版社,1998 年,第 42 页。

　　游酢的论述体现了家政与国政合一中的契约思想。

　　早在一千多年前,儒家就提出了契约思想,游酢在《论语》中找到依据,并予以进一步发挥,他指出,若没有君子,国家就不能存在。只有君子在朝,君臣才能按照各自的规则行事,才能做到上下志向共同,全国情意相通。游酢认为这是立国的依据。

　　游酢阐述了家政与国政合一的思想,提出在关于家政与国政合一的思想中要体现契约精神。他认为家庭中父子之间的契约,是一个国家中君臣之间契约的基础;国家中君臣之间的契约,则是家庭中父子之间契约的延伸与扩展。无论是家政还是国政,都体现了契约思想的萌芽。游酢认为,只有遵守了契约,才有可能实现从家庭到国家的和谐。如果在家庭中父子之间不讲契约,各行其是,就成不了家庭。如果君臣之间,臣与臣之间不讲契约,国家也就不成为国家。只有从家庭到国家都遵守了契约,才能实现从家庭到社会的和谐,从而使这个社会成为一个真正和谐的社会。

　　游酢论述的这个问题十分深刻,我们在借鉴的过程中仍然需要进行批判地继承,对于国家来说,必须建立健全监督机制,即监督各方是否真正遵守了契约。因此,从儒家到理学所阐述的"性善论"有着不足之处。不足之处表现在过分强调了君子的作用,这种思想在现实社会中是根本行不通的。如果没有对权力进行监督、制约与制衡,清官廉吏也会变成贪官污吏。如何解决这个问题呢? 这就是要与"性恶论"有机地结合起来。

　　首先必须相信每一个人都是君子,肯定他们的本性都是"善"的。但是,这种"善"必须有一个前提,这个前提就是要对每个人的行为进行监督,人与人之间要互相进行监督、制约与制衡。在确定每个人都是君子之前,先把他们当成是"小人"看待,即人们通常说的"先小人,后君子",然后对他们进行互相之间的监督、制约与制衡,从而使他们难以产生"恶"的行为。这样,作"恶"的可能性就会减少,甚至还有可能不会作"恶",从而成为真正的君子。

　　如果只是单纯地相信每个人都是君子,特别是在看待帝王和政府官员方面,绝对相信他们是清官廉吏,并且绝对相信他们的本性是"善"的,而不对他们的行为进行监督、制约与制衡,即使他是清廉的,是一位廉吏,只要环境变化,就极有可能变得贪婪,变成一个污吏。因此,儒家的"性善论"把人性中的"善"予以绝对化,是儒家的不足之处。对于儒家传承者的游酢来说,同样没有摆脱儒家的不足之处。因此,当谈到从儒家到理学的国家理论具有契约因素的萌芽时,我们又要指出,这种思想虽然具有契约精神的萌芽,甚至还谈到了契约的重要性,但是,却没有谈到必须通过建立制度,使执行契约的履约者能很好地遵守契约,这就是从儒家到理学中所存在的不足之处。

六、具有现代国家理论的萌芽

游酢关于国家理论的阐述包含有现代国家理论的萌芽。现代国家理论产生于文艺复兴时期的西欧,游酢的思想与文艺复兴时期许多哲学家、政治家、思想家所提出的现代国家理论内容是一致的,从以下方面表现出来。

(一)强调帝王享有绝对权力和权威

文艺复兴前后西欧许多哲学家、政治思想家针对当时的封建领主制和神权统治,认为当时的制度严重束缚了经济社会的发展。因此,他们提出必须建立一个使帝王享有绝对权力和权威的国家制度。只有这样,才能结束基督教神权统治和封建领主制,促进经济社会的发展,这在当时情况下具有十分积极的意义。现代国家理论是从那个时候开始的,而这种思想在北宋末年游酢的文集中已经具有了萌芽。游酢在《易说》中写道:

> 为大有之主,高拱尊位,其明不可欺,其健不可陵,则人之畏之将如神明矣。故曰威如吉。彼且推赤心置人腹中,其胸中坦然无疑忌,谁肯用数以御下哉!此太平之君子所以易而无备也。[①]

中世纪,处在基督教神权统治和封建领主制下的西欧的现状是:一方面,神权早已对世俗皇权异化,神权实际上控制着世俗皇权;另一方面,在一个国家内,大大小小的封建领主各自为政,他们所统治的封建领地实际上已经成了"国中之国"。这种现状对当时的经济社会的发展产生了十分不利的影响。因此,从中世纪末开始到文艺复兴时期,许多思想家提出必须结束当时的状况。

---

① 《宋·游酢文集》卷二,《易说·"六五,厥孚交如"节》,延边:延边大学出版社,1998年,第45页。

西欧许多哲学家、政治家、作家、诗人纷纷发表文章和著作,同时又以小说、戏剧、诗歌等文学形式提出自己的思想,主张结束当时压抑人性的基督教神权统治和各封建领地中封建主各自独立的制度,使人们不受教权和封建领主的束缚,能最大限度地发挥个人的作用,从而能真正实现人的个人价值和社会价值。如何才能真正实现人的个人价值和社会价值呢?最重要的就是要冲破封建领地,使人们能在一个国家内自由行动。人们如何才能在一个国家内自由行动呢?首先要摆脱宗教神权统治,打破封建领主制,建立一个使帝王具有绝对权力和权威的国家制度。

但丁所写的《论世界帝国》一书,就是主张必须结束封建领主制,建立一个像罗马帝国那样的"大一统"的欧洲。《论世界帝国》一书特别指出,罗马帝国实行的制度是最理想的国家制度。文艺复兴进入中后期,马基雅维利所著的《君主论》;文艺复兴即将结束的 16 世纪下半叶,博丹所著的《主权论》;文艺复兴结束之后,霍布斯所著的《利维坦》等,都是主张结束宗教神权统治和封建领主制,建立一个使帝王具有高度权力和绝对权威的国家制度。特别是马基雅维利的《君主论》提出,只要能建立一个实行帝王绝对统治的制度,帝王可以不惜一切手段去达到目的。博丹的《主权论》主张从神权统治下摆脱出来,使国家具有至高无上的主权。博丹还特别强调,只有建立绝对的皇权统治,才能真正实现国家的主权,皇权就是代表着国家的主权。只有加强了帝王的高度权力和绝对权威,才能结束各自为政的封建领主制,摆脱基督教神权的统治,使经济社会得到发展,这样的国家才是一个真正统一的国家。霍布斯所著的《利维坦》则从"性恶论"出发,主张为了遏制人性中"得一思二"和"得陇望蜀"的"恶"的本质,人与人之间必须订立一个契约,互相之间进行监督是否遵守了这个契约。契约一旦形成,就如同《圣经·旧约》的《约伯记》中所假想的那个如同鳄鱼一样的力大无穷的巨兽,即"利维坦"。在契约制度下,帝王真正代表了国家,帝王的高度权力和绝对权威就是国家权力和权威的象征。

欧洲文艺复兴前后,西欧的哲学家、政治家、思想家们提出的思想是现代国家理论的先导,而且这些理论早已是众所周知的。然而,欧洲文艺复兴时期前后,那些创立现代国家理论的哲学家、政治家、思想家提出的国家理论,实际上在中国古代就已经有了原型。例如,他们的国家理论所强调的就是必须建立帝王的高度权力和绝对权威,游酢对这个问题已经进行了论述。中国古代思想家已经有了这种思想的萌芽。

游酢所论述的有关人们必须对帝王要有着一种敬畏之心,实际上的含义就是游酢主张要建立帝王的高度权力和绝对权威。认为只有这样才能使社会有一个良好的秩序,并且对社会的发展是十分有利的。可以看出,欧洲文艺复兴前后许多思想家创立的现代国家理论,在北宋末年游酢所著的文章中已经有了萌芽。他写道:"为大有之主,高拱尊位,其明不可数,其健不可陵,则人之畏之将如神明矣。"

对于现代国家理论,但丁、马基雅维利、博丹、霍布斯等哲学家、政治家、思想家所主张的结束封建领主制,实行绝对的帝王制,实际上在秦统一了六国之后的中国就已经实现了。即使是进入战国的"七雄"时期,即赵、魏、韩、燕、齐、楚、秦,也已经结束了封建制,而实行了"大一统"的帝王制,虽然当时全国总体上仍然还是处在封建制中。只有到公元前221年秦统一了六国,全国才结束了封建制,建立了"大一统"的帝王制。

游酢的论述充分说明欧洲文艺复兴前后的哲学家、政治家、思想家、历史学家提出建立"大一统"帝王制的国家制度,中国战国时期的"七雄"就已经建立了。只不过是在现实中,国家政权的运行处于一种自发的不自觉的状态中。近代欧洲思想家提出的国家理论,游酢思想虽然已经有了原型,但只不过还是一些碎片化的言论,还没有上升到理论思维的高度而已。因此,有必要将游酢关于国家问题的碎片化言论,形成理论化、系统化的国家理论。

(二)具有民主政治的萌芽

民主政治的萌芽主要体现在游酢所提出的广开言路上,其意为真正有智慧的人在于能听取各方面的意见,游酢在《陈太平策》中指出:

> 古语有曰:"樵夫之言,圣人择焉。"又曰:"愚者千虑,必有一得。"或冀一言见听,可为涓埃之助云尔。如言而足取,则施之时政,必有所裨,言无可采,亦宜恕其狂僭,以来谏诤之路。[1]

游酢认为,一个人的智慧是有限的,必须听取各方面的意见,尤其是对

---

① 《宋·游酢文集》卷六,《陈太平策》,延边:延边大学出版社,1998年,第164页。

于执政者来说,更为重要。

　　游酢非常希望帝王在决策中能听取各方面的意见。他引用古代的一些俗语,认为打柴的人,有时也会说出一些十分有价值的话,从而被有德行、有智慧的人所采纳。即使是一个十分蠢笨的人,他所考虑的一千件事中,也极可能有一件是可取的。因此,他提出希望帝王能听他的谏言。如果他说的话有可取之处,皇帝就可以采纳,并且实行;如果认为他的话没有可取之处,也希望皇帝能对他予以宽恕,从而使更多的人敢于向皇帝谏言。只有这样,才能使这个王朝振作起来。其实,游酢是主张广开言路的,认为只有广开言路,人们才敢于说真话,人们才敢于提出自己的思想供帝王参考,这样才能推动社会不断地进步。因此,在北宋,游酢能大胆地提出自己的观点,向当朝者陈述,这种精神在当今也是十分值得人们借鉴的。

(三)强调群众对政府官员的监督

　　游酢在《论士风疏》中这样写道:

　　　　古人有言:"礼义廉耻,谓之四维,四维不张,国非其有也。"今欲使士大夫人人自好,而相高以名节,则莫若朝廷之上,倡清议于天下。士有顽顿无耻,一不容于清议者,将不得齿于缙绅。亲戚以为羞,乡党以为辱。[1]

　　游酢的思想在当时就已经具有权力监督、制约与制衡的萌芽,游酢认为要使政府官员能真正做到礼、义、廉、耻,成为一个清官廉吏,必须接受群众对他的监督和评议。他明确指出,要使每一个政府官员爱惜自己的声名,并且互相推崇名节,莫过于政府提倡民间对官吏进行公正的评议。只有这样,才能知道政府各级官员到底有没有节操,能不能做到礼、义、廉、耻。在民间评议中声名很坏的政府官员,就会受到人们的鄙视。他们的亲属,还有故里的乡民,也会因此而感到这是自己的耻辱,从而疏远他。这会迫使政府官员为了自己的声名和亲属,不敢从事一些"恶"的行为,从而成为真正的清官良吏。制定一系列制度对权力进行监督、制约与制衡是现代国家制度建立的一个极其重要的方面。游酢的思想与"把权力关在制度的笼子里"这一论断

---

　　① 《宋·游酢文集》卷六,《论士风疏》,延边:延边大学出版社,1998 年,第 167 页。

是相吻合的,在当今,具有十分积极的意义。

从儒家到理学虽然强调的是"性善论",但在这个问题上,游酢对这种思想予以继承和发展,最重要的就是在继承和发展"性善论"的时候,认为人性照样会从"善"走向"恶"。认为人性从"善"走向"恶",是受到外界一些消极因素的影响。如何才能防止人性从"善"走向"恶"呢? 游酢认为,还是要通过外界的作用来解决。除了政府官员要保持和发扬人性中"善"的本性以外,最重要的就是必须接受群众的监督。关于对权力的监督、制约与制衡问题的论述,游酢的思想又是十分积极的,值得我们借鉴,值得我们思考。

在论述游酢的思想具有民主政治的萌芽时,我们联想到杨时也对这个问题进行了深刻的论述。杨时是通过提出执政者在施政中,必须实行宽严相济的执政理念来说明这个问题。其含义就是强调统治者必须对人民施行宽政,这种宽政就是要在人民守法的前提下,使人民具有充分的自由。杨时在《余杭所闻》中写道:

> 为政要得厉威严,使事事齐整甚易。但失于不宽,便不是古人所作处。孔子言,居上不宽,吾何以观之哉。又曰:宽则得众,若使宽非常道,圣人不只如此说了。今人只要事事如意,故觉宽政闷人,不知权柄在手,不是使性气处。何尝见百姓不畏官人,但见官人多虐百姓耳。[①]

杨时认为施行宽政是符合"天道"的,施行宽政就是施行仁政。只有施行宽政的执政者才是真正的圣人,他所阐述的"宽政"的含义是使人民享有充分的"自由"。

杨时认为当时的统治者只想着事事按照自己的意志实行,不愿意给予人民更多的自由。他们不知道自己手中有权力时,是不能随意行使的这个道理。如果因为有权力而随意行使,是十分危险的。在现实社会中,人们所看见的不仅仅是老百姓对官吏的畏惧,更重要的是官吏肆虐百姓的现象。政府对人民实行的严政、苛政,久而久之,就会丧失人心,对政权的巩固是十分不利的。因此,要想得人心,使政权真正得到巩固,必须克服这些消极之处,使人民得到更多的自由。

杨时认为,对人民实行宽政,所谓的"宽"并不是"宽大无边",而是要实

---

① 《杨龟山集》,上海:商务印书馆,1937 年,第 35 页。

行宽严结合。杨时所说的"严",针对的对象是朝廷及其各级政府官员。"严"就是必须对他们的行为进行约束,使他们不能为所欲为、反复无常。杨时在《余杭所闻》中写道:

> 然宽亦须有制始得。若百事不管,惟务宽大,则胥吏舞文弄法,不成官府。须要权常在己,操纵予夺,总不由人,尽宽不妨。①

宽政必须是在有制度的前提下施行,实际上就是要约束朝廷和各级政府官员的行为。

杨时认为,如果没有制度的约束,朝廷就会变得无所作为,变得不以维护人民的利益为主,这样的朝廷是不可能维持长久的。正是因为这样,就必须制定一些稳定朝纲的制度举措。从这个意义上讲,杨时所阐述的宽严结合中的这个"严",指的就是通过严格的制度,对朝廷和各级政府官员进行制约,使他们在制定政策,并且在实行的过程中不能为所欲为、反复无常。归根结底,这种"严"就是为"宽"服务的。只有实行了"严",才能制约朝廷和各级政府官员的为所欲为、反复无常,从而使人民得到更加充分的自由。

无论是游酢的思想还是杨时的思想,都具有现代民主政治的萌芽。特别是杨时的思想中又体现出现代社会中民主与法制的萌芽,即对政府和官员"宽严相济"。宽严相济,就是把"宽"解读为政府和官员在施仁政中,使人民享有充分的自由。至于"严",则可以解读为政府必须建立一个制度,用法制对人们的行为进行约束。"严"最重要的就是对朝廷和各级政府官员进行制约,使他们不能为所欲为、反复无常。归根结底,杨时主张具有民主、自由必须要有制度保障。

孙中山先生在《三民主义》之"民权主义"中对这个问题也进行了论述。孙中山先生认为民权在西方国家只是近二百年左右才有的,在中国,则是数千年前就有了,只不过在当时民权思想还没有上升到理论思维的高度。当时只有关于民权政治的"行",而没有上升到民权问题的"知",当时的民权思想更多的是一些碎片化的言论。游酢的论述进一步证实了孙中山先生对这个问题的论证是十分正确的。由此说明了对中华优秀的传统文化必须进行批判性地继承,将碎片化的言论上升到理论思维的高度。

---

① 《杨龟山集》,上海:商务印书馆,1937年,第31页。

第七章　中西文化比较中的借鉴与批判

　　我们在对游酢的思想进行批判地继承的过程中,要对中西文化进行比较,找出共同之处,将中西文化进行融合。今天对于中华优秀传统文化的继承者和批判者来说,对中华优秀传统文化的科学态度必须是扬弃,即:取之精华、去之糟粕。对于精华的部分要批判地吸收,对于糟粕的因素必须予以抛弃,要把最新的科学文化成果有机地结合在一起,使中华优秀传统文化不断以崭新的面貌出现,从而推动中国社会的不断发展和进步。

一、中西文化比较中的一致之处

　　当我们对中西文化进行比较的时候可以发现,中西方文化二者虽然存在着差别,但是,从总体上讲,内涵是一致的,是非本质的差别。我们可以从游酢对儒家的继承和发展及对理学的进一步传承和弘扬中探寻中西文化的一致之处。

(一)"性善论"体现中西文化的一致性

　　中西文化中都有着"性善论"的因素,西方文化也同样主张"性善论"。西方文化也认为人性是"善"的,但也会从"善"走向"恶"。我们首先从儒家的《三字经》谈起。

　　《三字经》论述"人之初,性本善""性相近,习相远",指的就是当人们接触了不同的事物之后,或者是继续保持"善"的本性,或者是从"善"走向了"恶",说明了在"人性善"的前提下,人们由于受到外部环境影响,极有可能从"善"走向"恶",由于人们接触的事物不同,从而使人性产生了不同的变化,经过个人的修身,或者是再受到外界事物中"善"的因素影响,最终还是会回到"善"的本性中。游酢对此进行了生动的比喻,他在《论语杂解》中写道:

> 惟其同出于一气,而气之所值,有全有偏,有邪有正,有粹有驳,有厚有薄,然后有上知下愚中人之不同也。犹之大块气,其名为风,风之所出,无异气也,而叱者、吸者、叫者、号者,其声若是不同,以其所托者物,物殊形耳。其声之不同,而谓有异风,可乎?孟子谓性善,正类此也。荀卿①言性恶,杨雄言人之性善恶混,韩愈言性有三品,盖皆蔽于末流,而不知其本也。观五方之民,刚柔、轻重、迟速、异齐,则气之所禀,可以类推之也。以尧为君而有丹朱,以瞽瞍为父而有舜,又何足疑乎?孔子言性相近者,以习而相远,则天下之性或相倍蓰者固多矣。②

荀子批判地接受并创造性地发展了儒家正统的思想和理论,主张"礼法并施",提出"制天命而用之"的人定胜天的思想,反对鬼神迷信,提出"性恶论",重视习俗和教育对人的影响,并强调学以致用。

游酢深受荀子思想的影响,游酢认为,虽然"善"是人的本性,但由于受到外界的影响,也有可能使人们从"善"走向"恶",这是由于接受的"气"不同而产生的。"气"指的就是外部环境。

对于"气"的问题,游酢认为,有的"气"是"正气",有的"气"是"邪气";有的"气"是纯正的"气",有的"气"是混杂的"气";有的"气"是厚重的"气",有的"气"是轻薄的"气"等。游酢特别强调,由于每个人所接受的"气"不同,在不同的环境下,有的人聪明,有的人愚钝,有的人杰出,有的人平凡。这如同"风"一样。"风"本来就是"气",即流动着的"气"。但是,这种流动着的"气"却会发出不同的声音,有呼啸而过的,有温柔拂面的。为什么会这样呢?游酢认为,这是因为"风"所寄托的"物"各自不同,才会发出不同的声音。像尧

---

① 荀卿,即荀子(约前313—前238年),名况,字卿,战国末期赵国人,两汉时因避汉宣帝询名讳称"孙卿",思想家、哲学家、教育家,儒家学派的代表人物,先秦时代百家争鸣的集大成者。

② 《宋·游酢文集》卷三,《论语杂解·"唯上知与下愚不移"章》,延边:延边大学出版社,1998年,第114页。

这样的贤君,为什么会生出了像丹朱这样不肖的儿子呢?[①];像瞽瞍这样不贤的父亲,为什么会生出像舜这样贤明的君主呢? 游酢认为,这一切都是后天的环境所造成的,即后天的环境有可能把人引向"善",也有可能把人引向"恶"。

对于游酢阐述的这个问题,我们可以用现代哲学思想进行解读,即社会存在决定社会意识,结论是:游酢的思想具有社会存在决定社会意识的萌芽。然而,无论游酢怎样认为人性受后天环境的影响会发生变化,他始终坚持的却是"性善论"。游酢始终认为人由于受外部环境的影响,本来就存在的"善"的本性会发生变化。因此,他才对否定"人性善"的思想进行否定。他指出荀卿提出的"性恶论",杨雄提出的"善恶混合论",韩愈把人性分为善、恶、中三种等等,所论述的是一些细节的方面,而没有论述到问题的实质。游酢认为荀卿、杨雄、韩愈等所说的"人性论",都存在没有真正认识到人性是"善"这个根本的问题,只是把人性受到外部环境的影响,所产生的一些变化,归结为人的本性,这就决定了他们的思想是片面的。

论述了这个问题之后,再来论述中西方文化的比较时,我们就能更好地理解关于"人性善"的问题。以 19 世纪法国批判现实主义作家维克多·雨果(1802—1885 年)写的《悲惨世界》这部巨著为例。当我们用从儒家到理学所主张的"性善论"进行解读的时候可以发现,这部巨著体现的"性善论"的思想是把儒家对人性的发展说成是"善—恶—善",这与理解为具有现代哲学萌芽的否定之否定原理又具有一致性。

《悲惨世界》中,雨果笔下的那位主人公让·阿冉,年轻的时候因为贫困、饥饿,偷了一个面包而被判了重刑,服刑期间多次越狱,被抓回来后又被加刑,产生了对社会的仇恨,总是想着报复社会,当刑满释放后在回家的路上,又偷了神父的银器而被警察抓获。神父为他开脱,说这个银器本来就是要送给他的,警察才放了他。他被神父的行为所感动,从此以后开始做善事,改名为马德兰。

书中写到,他开办实业,事业发达后救济穷人,当选为市长后又帮助更多的穷人,而且还收养了妓女所生的私生女珂赛特。但是,即使是这样,在

---

① 即《史记·五帝本纪第一》所写的:"尧辟位凡二十八年而崩。百姓悲哀,如丧父母。尧知子丹朱之不肖,不足授天下,于是乃权授舜。"见《史记》卷一,《五帝本纪第一》,北京:中华书局,1959 年,第 30 页。

那个曾经亲自处理过他案件的沙威警长眼里,无论是过去的阿冉,还是现在的马德兰,都始终是一个犯罪分子,一直对他怀有偏见。他因此当不成市长,又沦落到贫穷的境地。然而,对于这一切的结果他都毫无怨言。

雨果这部巨著反映的是 1789 年法国大革命之后至 19 世纪中叶法国社会的状况。那个时候的法国社会处在大动荡之中,特别是拿破仑·波拿巴(1769—1821 年)称帝导致革命失败。拿破仑被流放后,法国还出现了波旁王朝的复辟,反复辟的革命以及人民从事反政府的武装起义,等等。总之,这个时期的法国社会处在连绵的战乱中。

雨果在《悲惨世界》里描写了在人民起义中,起义者筑起街垒,同政府军作战。在街垒战中,沙威警长属于政府军的那一方,阿冉则是属于起义者这一方。当沙威警长在街垒战中被起义者打伤后,阿冉不仅对他没有丝毫的报复之心,还把他从枪口下救下来,为他包扎伤口,治好了他的伤。最后沙威警长感到自己受到了良知的谴责而自杀身亡。阿冉把珂赛特抚养成人后,珂赛特与一个贫困的青年马吕斯相识,直至相爱、结婚。当马吕斯知道阿冉曾经是被判过刑的罪犯后,便与珂赛特抛弃了他。阿冉又成全了这对青年夫妇,自己一个人生活。他所做的一切感动了这对青年夫妻后,夫妻二人同样感到自己的良知受到谴责,便准备把他接回来,同自己在一起生活,阿冉的心脏却停止了跳动。

《悲惨世界》这部巨著实际上体现的就是"人之初,性本善"的思想。雨果的思想自觉或不自觉地表现出人性的发展是"善—恶—善"这样一个否定之否定的过程。雨果笔下所描写的那个青年时期的阿冉,从本质上讲是"善"的,只是因为贫困、饥饿威胁着他,迫使他不得不偷一个面包充饥。然而,按照当时法国的法律,他却是犯下了严重的罪,从而被判了重刑。雨果认为,这就是当时的法国社会制度把阿冉从"善"推向了"恶"。然后他便开始仇恨社会,又因为刑满释放后又继续作案,偷了神父的银器,警察要逮捕他时,是神父为他开脱,他深深感动,又重新回到了"善"的本性中。阿冉改名为马德兰之后所做的一切都是回到"善"的本性中的表现。《悲惨世界》这部巨著使人们感到这是雨果将人性、良知问题的论述推向了一个巅峰。这部巨著对阿冉到马德兰的描写,与儒家所阐述的"善—恶—善"这个否定之否定的人性发展过程是根本一致的。

除了雨果的《悲惨世界》以外,还有许多哲学、政治学、社会学著作及文学作品对"性善论"这个问题都进行了论述,例如,德莱塞写的"欲望三部曲"，即《金融家》《巨人》《斯多噶》，同样可以看出其所包含的"善—恶—善"这个人性发展的否定之否定过程。《悲惨世界》是以一个人为出发点和归宿，谈人性发展过程中"善—恶—善"这个否定之否定的原理。与之不同的是，"欲望三部曲"则是以不同的人为出发点和归宿，谈人性发展过程中"善—恶—善"这个否定之否定的原理。在德莱塞的笔下，柯柏乌因为受到外部环境的影响，从"善"走向了"恶"，德莱塞在书中谈到他所表现出的各种丑恶的行为。当柯柏乌暴毙身亡，爱玲回到了"善"的本性中，她到一个极其贫穷的国家——印度，从事着各种慈善事业，尽自己最大的努力，帮助这个国家更多的穷人。

这两部巨著使我们认识到，无论是雨果还是德莱塞，尽管他们对人性发展中"善—恶—善"这个否定之否定的过程，是从不同的角度进行叙述的。即雨果是从一个人的经历谈"善—恶—善"这个否定之否定过程；德莱塞则是在不同的人在不同的生存阶段中，体现"善—恶—善"这个否定之否定的过程。但是，两者都有一个共同之处，他们的主张都是"性善论"。因此，"性善论"这个人性发展的否定之否定过程，既可以把一个人作为出发点和归宿，解读一个人的人性发展过程，又可以把同一时代和不同的人作为出发点和归宿，彰显"善—恶—善"这个否定之否定的过程。同时，还可以把数代人作为出发点和归宿，解读数代人在社会发展的过程中，体现的"善—恶—善"这个人性发展过程中的否定之否定原理。

同样，如果把这种思想与基督教《圣经》进行比较，我们也可以看出中西文化在"性善论"问题上的一致性。《圣经·旧约》的《创世记》写的是夏娃在蛇的引诱下，偷吃了智慧树上的智慧果，并且叫亚当也吃了智慧果，从而犯下了"原罪"，并且他们所生的后代是带着"原罪"来到这个世界上的。因此，人们通常把基督教说成是主张"性恶论"，而这种"性恶"就是源自于亚当和夏娃所犯下的"原罪"。但是，耶和华最初为亚当和夏娃建造了东方伊甸园，他们生活在这个伊甸园的时候是不存在任何邪恶的，这个伊甸园完全是一个善良的世界。因此，《圣经》实际上主张的就是"性善论"，并且与儒家所说的"人之初，性本善"表现的内涵是一致的。

从儒家到理学所谈的人性会从"善"走向"恶"，是因为人受到外部环境的影响而产生的结果。《创世记》中所描述的夏娃在蛇的引诱下，偷吃了智慧树上的智慧果，并且叫亚当也吃了智慧果，二人犯下了"原罪"。实际上这个"原罪"就是受到外界的影响之后所犯的。夏娃是在蛇的引诱下，偷吃了智慧树上的智慧果之后,人性才从"善"走向了"恶",即犯下了"原罪"。这同儒家所认为的人受外界的影响,从"善"走向"恶"是一致的。因此,从儒家到理学体现出中西文化的一致性。

(二)在性别的地位问题上体现出中西文化的一致性

我们将游酢的思想同《圣经》相比较时会发现,中西文化实际上都谈到了因性别的不同所产生地位上的不同,其中之一就是涉及男女分工问题。

在性别问题上,儒家总是强调"男女有别"。这种"男女有别"强调男女之间的"授受不亲",还强调男女之间分工的有别。儒家认为,对于一个家庭来说,必须是"男主外,女主内"。作为家庭中的妻子主要是"相夫教子",管理好家中的一切事务。作为家庭中的丈夫,就是在外从事各种活动,包括从事各种生产劳动等,然后挣钱养家。《圣经·旧约》的《创世记》中写到当亚当和夏娃犯下了"原罪"之后,耶和华对他们进行判决时,叫亚当从事耕种,叫夏娃从事家务,服侍好丈夫,为丈夫生子,等等。显然,上述所涉及的就是在男女分工问题上中西文化所体现出的共同之处,由此说明了中西文化对此的一致性。

(三)从对"神"的认识上所看到的一致性方面

《圣经》阐述的造物主耶和华,同游酢阐述的"天""天道",实际上体现的是中西文化具有的相似之处。最重要的就是游酢所阐述的"天""天道"具有同《圣经》所阐述的未知的"神"即造物主耶和华具有一致性的因素。游酢在《易说》中写道:

> 天地之心主于生物,复之时未有物也,而物以阳复而生。博爱者,圣人之心也,复礼未有爱也,而博爱之实由复礼而出。①

游酢认为,"天地之心"是万物的主宰。最初世界上是没有任何的物,处在混沌状态之中。又由于这个混沌的世界存在着阴阳二极,阴阳二极又是

---

① 《宋·游酢文集》卷二,《易说·"象曰,复亨刚反"至"天地之心乎"》,延边:延边大学出版社,1998年,第52页。

处在不断地运动之中。因此,阴阳二极的相互作用便产生了世界万物。至于"人",游酢认为是由"天地之心"所产生的。"人"所具有的博爱之心也是由"天道"应运而生的。

游酢所指的"天地之心"就是《圣经·旧约》的《创世记》中的耶和华,创造世界万物和人。用游酢的思想进行解读,"天地之心主于生物"与《圣经·旧约》的《创世记》是相通的,如果我们把游酢的论述同《圣经》谈的耶和华创造世界万物和人进行比较时,二者实际上是同一含义,即《圣经》所谈的"神",或者是游酢所谈的"天道",实际上都具有未知的内涵。因此,从这个意义上讲,游酢思想和《圣经》体现中西文化的一致性。

"天地之心主于生物"与《圣经·旧约》的《创世记》二者之间存在的差别在于,基督教虽然把耶稣当成是众先知之一,但是,基督教却把耶稣当成是上帝唯一的使者,同时又把他说成是"三位一体"(圣父、圣子和圣灵)的神。中华优秀传统文化中也谈到了许多圣人,如周公、老子、庄子、孔子、孟子等,在中华优秀传统文化的发展进程中,他们都具有先知先觉者的天性。后人在很大程度上也把他们当成了"神"。然而,与《圣经》所不同的是,中国人却把历史上这些先知先觉者当成是已知的"神",而没有把他们当成是看不见的"神"的"使者",即没有把他们当成是"天地之心"的"使者"。因此,有形的"子"和无形的"神"是体现中西文化在这方面的差别。中西文化虽然存在差别,但是,这种差别却是非本质的。

《圣经》把亚伯拉罕、摩西、耶稣、所罗门、大卫王、保罗等理解成是具有博爱之心的圣人,并且都是先知先觉者。从儒家到理学所阐述到的许多圣人,如周公、老子、庄子、孔子、孟子等,甚至还包括许多圣王,如三皇五帝、夏禹、商汤、周文王、周武王,他们也同样是具有博爱之心的圣人。因此,我们同样可以把他们当成是先知先觉者。游酢的论述使我们进一步认识到,中西文化在一定程度上表现具有一致性,关键在于如何去实践。

(四)从对世俗的超脱看中西方文化的一致性

关于这个问题,我们同样可以从游酢的有关论述中进行分析:

> 世事浮云薄,劳生一梦长。
> 散材依栎社,幽意慕濠梁。
> 风急鹰鹠迅,霜残草木黄。

投闲如有约,早晚问耕桑。①

从诗中可以看出,此时的游酢,虽然没有表露出来任何愤世的情绪,但是,内心却一直向往松桥下的护城河,他仍然把目光注视着天空,看到的是老鹰这类攫食小鸟的猛禽,在风急时飞得迅疾,看的是寒霜快要消失时,草木已经枯黄。他所想的是,如果能够把自己放置在闲散的位置上,即自己能辞官回乡,便是最理想不过了。如果能做到的话,自己就可以把时间用在过问农事方面。

很明显,游酢把人生的一切,特别是把荣华富贵和高官厚禄都看成是如同天上的浮云,或者是寒秋中的霜一样,不过是在瞬间就消失无存。

这首诗同他当时所处的那个社会环境是密切联系在一起的。这首诗表达出他看到的是宋王朝已经腐败极致,已经到了没落的地步,但是,自己对这个腐败极致的宋王朝却是无能为力。这个时候的游酢虽然是政府官员,并且还是政府的重要官员。然而,他整天忙忙碌碌,身心疲惫不堪,却根本无法改变现实的一切,到最后不过就是做了一个很长的梦,醒来之后则是一场空。

在游酢看来,这个时候的他已经不是真正的自己,受着朝廷的支配。因此,这个时候的他幻想着,假如他可以辞官回乡,就可以摆脱一切烦恼。此时才算是真正找回了自己,如同东晋时的陶潜那样,可以辞了官,过着田园般的生活。由此说明了将"儒"与"道"融合在一起所形成的理学,经过游酢的解读之后,儒家实际上也包含着"返璞归真"的思想。正是因为这种返璞归真的境界,才使人们能用这种思想指导以找回真正的自我。

我们追溯至19世纪英国著名作家查尔斯·狄更斯(1812—1870年)于1860—1861年写的长篇小说《远大前程》,该书不自觉地体现出这种思想。从总体上讲,狄更斯笔下的主人公——皮普在其前程破灭之后,才回到了真正的自我中,即道家所谈到的"返璞归真"。

在《远大前程》中,主人公皮普是一个孤儿,从小失去了父母,生活在姐姐家里,日子过得十分艰苦。他最初的理想是期望像姐夫那样,当一名铁匠,并且想着自己手艺学成满师后,同别人合伙开一个铁匠铺,有着自己的小产业,当事业有成之后,还要同自己看中的那个姑娘毕蒂结成良缘。这个

---

① 《宋·游酢文集》卷七,《感事》,延边:延边大学出版社,1998年,第201页。

时候的他并没有想着要进入到上流社会,所想的只是能成家立业,然而,正当他兴致勃勃,想得天花乱坠的时候,却使糊涂观念顿起,他看到昔日的郝维仙小姐家中的情景之后,使他脑海翻腾,这时的他仿佛失去了正常的理智。因此,便开始胡思乱想,特别是想着如果同郝维仙小姐在一起,会不会造就自己的"远大前程"。也就是在这个时候,他的第一个"远大前程",即想着创立铁匠产业的前程破灭了,这个前程之所以会破灭,最重要的原因就是这个偶然的机会把他带入上流社会,当他一步一步进入上流社会之后,在上流社会中所看到的一切使他动了心,从此便混迹上流社会。

当他混迹上流社会之后,就意味着他第二个"远大前程"的开始。他所接触的上流社会中各种各样的人物,使他的社会地位发生变化,走向飞黄腾达。由于地位的变化,各种各样的人都来奉承他,特别是那个地位和身份尊贵的考埃勤夫人,从最初是他对这位贵夫人的奉承,发展到现在则是这位贵夫人对他的奉承。也就是在这个时候,他一步一步走向堕落。他追求的荣华富贵到手了,过着挥金如土的生活,成了一个脱离劳动、六亲不认的绅士。正是因为他的堕落和挥金如土,最后走向破产,变得穷困潦倒。因此,第二个"远大前程"就这样破灭了。

然而,正是因为第二个"远大前程"的破灭,却使他已经泯灭了的人性、良知开始复活。从这个时候开始,他便努力工作,首先还清了数不清的债,然后在一家公司里当一个一般的职员,与埃斯苔娜组成了一个幸福的家庭,表示要永远和她在一起,不再分离。

狄更斯的思想不自觉地包含了以儒家为主的理学中所阐述的人性发展过程中"善—恶—善"这个否定之否定过程,更重要的是包含了理学吸纳的道家关于"无"的思想。"无"的思想不经意间体现在狄更斯的思想中,具有理学关于"儒道合一"的思想。

《远大前程》中皮普第一个"远大前程"的破灭,标志着人性、良知的泯灭;第二个"远大前程"的破灭,却使人性中本来就存在的良知、道德重新复活。这既可以用理学中以儒家为主的"性善论"进行解读,同时又可以用理学所吸纳的道家关于"无"是最高境界进行解读。由此说明了中西文化体现出的一致性。

二、中西文化比较中进行的借鉴

用游酢的思想进行中西文化的比较,可使中华文化不断融入积极的因素,更重要的是能将西方先进文化予以中国化,使中华文化层出不穷、与时俱进。

(一)文艺复兴与宗教改革的启示

公元 14 至 17 世纪初进行的欧洲文艺复兴,以及文艺复兴进入后期的 16 世纪初叶在德国进行的宗教改革,不仅使人们逐渐从基督教神权统治下解放出来,而且在宗教改革中又吸收了基督教中具有的积极因素,特别是在对基督教教义的不同解读中,无形之中把人们带入科学思维中。在对这段历史进行认真分析和研究中,我们有必要同游酢的思想结合起来。游酢所阐述的"神"与"道"包含欧洲宗教改革中的某些因素。他所谈的"神"与"道"的关系具有同一含义。

游酢的理学思想强调对"道"的遵循,即对规律的遵循。游酢认为"道"是万物的本源,"道"支配着世界万物,也支配着人们的一切行为,人们必须遵守它。游酢特别指出,对"道"的认识和掌握必须掌握一个"度"。游酢在《易说》中写道:

> 范之使有常,则日月无薄食,陵谷无迁易,四时常若,风雨常均,若此者,范之者也。围之使无逾,则春无凄风,秋无苦雨,冬无愆阳,夏无优阴,若此者围之者也。神无方而易无体,易者道之用也。既已涉于用矣,且得无从乎?惟其变易而不离于道,斯可名于无体矣。若春作、夏长、秋敛、冬藏,皆神之所为也。神之所为,异于人为者,以其从道而已。[①]

阐述了"度"的问题之后,游酢还阐述了关于"神"的问题,"神"是没有实

---

① 《宋·游酢文集》卷二,《易说·"范围天地之化"节》,延边:延边大学出版社,1998年,第 69~70 页。

形的,其变化也是没有实体的,只是"道"的表现和运用。既然涉及的是"道"的表现和运用,那么世界万物包括人类就不能不顺从它。之所以要顺从"神",这是因为"神"是遵循"道"而变化的,并且表现为无实体,如同春天发生,夏天滋长,秋天收敛,冬天隐藏,这些都是"神"按照"道"的规定所起的作用。因此,游酢认为"神"的所作所为与人类的所作所为的不同之处就在于,"神"最重要的在于顺应事理。

我们对他所论断的"神"可以解读为"神灵"。中华传统文化中本来就是"有神论"的文化。然而,当我们对中华优秀传统文化在批判中继承和在继承中批判的时候却要做到与时俱进,要用发展的眼光来看问题,吸收一切优秀科学文化成果,并且积极地汲取其养分。因此,对游酢所谈的"神",我们可以将这种思想从对"神灵"的理解,改变成为用科学的观点,将其解读为规律。我们也可以说,游酢把自然规律中的春、夏、秋、冬四季的更替,理解成神灵的作用,解读为自然规律的作用,即把"神"从"神灵"解读为"规律"。

我们再审视一下欧洲文艺复兴中期波兰天文学家尼古拉·哥白尼(1473—1543年)提出的"日心说",哥白尼使天文学出现了一次巨大的革命。"日心说"在明末清初基督教第三次大规模传入中国的时候,也随着西方传教士传到了中国。特别是进入清朝后期,欧洲许多科学理论传到中国的时候,天文学的"日心说",以及更多的科学理论不断地被越来越多的中国人所接受。人们更加认识到一年四季春、夏、秋、冬的变化,是地球围绕着太阳的公转形成的,从而认识到这就是规律。当我们用科学思想对中华优秀传统文化进行批判地继承的时候便可以理解为,中华传统文化的"有神论"观点把"神灵"说成是看不见、摸不着的和听不到的,并且可以通过具体事物体现出来,实际上是针对神灵统领自然即自然规律,用"有神论"这种思想来解释自然界的一切变化。规律是看不见、摸不着和听不到的,然而又是通过具体事物体现出来的。当联系到游酢思想中谈到的"理""道"等问题的时候,"理""道"我们都可以解读为规律,这就是我们对中华优秀传统文化应当持有的正确态度。

(二)将"有神论"向科学引导

游酢的思想又给了我们这样的启示,科学与"有神论"并不是对立的,与科学对立的是迷信、邪教,如存在于人们生活中的巫师、巫婆进行的跳神及其各种装神弄鬼的行为。不仅是游酢,追溯到游酢之前的诸多古代思想家,从儒家到理学,都贯穿着"有神论",只不过这种"有神论"不是迷信、不是邪教。游酢倡导的是中华传统文化本身就是"有神论"的文化,因此游酢在《易说》中写道:

> 春作、夏长、秋敛、冬藏,皆神之所为也。神之所为,异于人为者,以其从道而已。此四时之所以不忒也。[1]

在游酢的思想中,大自然一年四季轮回,春天发生、夏天滋长、秋天收敛、冬天隐藏,四季更替都是神灵为人类所呈现出的情形。在他看来,神灵所呈现的这些之所以不同于人类所做的,就在于神灵能顺从"道",这就是四季不会有混乱的道理。

游酢的论述使我们认识到,科学与"有神论"、宗教等虽然不同,但却不是对立的,科学仅仅是同迷信、邪教等对立,科学与"有神论"还是可以融合的。这种融合表现在于,宗教、"有神论"所谈的"神"同规律一样,都是看不见、摸不着、听不到的,然而,却可以通过具体的事物的运动表现出来。我们对此进行批判地继承,就是要把游酢所说的神灵对自然界、社会变化所起的那种看不见、摸不着、听不到的作用,用科学的理论加以研究,将其解读为规律,这就是将"有神论"、宗教与科学相互融合。

游酢也提出过"鬼神"是人造的思想,即"鬼神"是人的观念的产物。然而,他提出的"鬼神"是人造的这种思想,又引导人们对未知事物的探索。游酢在《中庸义》中写道:

> 道无不在,鬼神具道之妙用也,其德固不盛欤!夫欲知鬼神之德者,反求诸其心而已。不可度,故视不见,听不闻;不可射,故如在其上,如在其左右也。夫微之显如此,以其诚之不可掩也。诚则物物皆彰矣,故不可掩。微之显者,其理也;诚之不可掩,以其德言也。[2]

---

① 《宋·游酢文集》卷二,《易说·"子曰知变化之道"节》,延边:延边大学出版社,1998年,第70～71页。

② 《宋·游酢文集》卷四,《中庸义·"鬼神之为德"章》,延边:延边大学出版社,1998年,第131页。

游酢认为,"道"无处不在。至于"鬼神",则具有"道"的奥妙作用,其作用十分大。要想知道"鬼神"的德行,只要回过头来从自己的心里对"道"进行探索,便可以明白。他认为,由于"鬼神"是不可推测的,所以,"鬼神"是看不见,摸不着,也听不到的。同时,"鬼神"有时候又是不可猜测的,漂浮不定。"鬼神"本来是隐微的,却能通过具体的事物显现出来。为什么会这样呢?是因为"诚"所起的作用,"诚"是掩盖不住的。对所隐微的事物要将它显露出来,是要真心去探索的。

游酢的论述使我们认识到,"道"是无处不在的。至于他所说的"鬼神"具有"道"的奥妙作用,我们可以进行这样的解读。"鬼神"是一种神秘的、不可知的事物,要想知道"鬼神"的德行,就必须诚心地去探索。"鬼神"实际上就是人的观念的产物,"鬼神"是按照人的形象、人的意志等假想出来的事物。所以,要想知道"鬼神"是什么样的,首先要从自己的心里开始进行探求。只要是真诚地对问题进行探索,未知的事物是会被认识的。"鬼神"就是如此。归根结底,无论是"道",还是"神灵",都自觉或不自觉地引导人们去探索未知的事物。

(三)把"天道"看成最高智慧

理学吸收道学因素时,游酢认为,"天道"体现为最高智慧,作为人来说,必须遵循"天道"。游酢所阐述的"天道",可以解读为规律。游酢认为,遵循"天道"实际上就是遵循规律。这种思想十分值得借鉴。

1517 年在德国进行的宗教改革是在基督教内部进行的一场深刻的革命,这场革命对欧洲社会发展起了巨大的推动作用。同游酢的思想密切联系时,可以认为,德国进行的宗教改革对促进中国社会的发展具有一定的启示。游酢在《论语杂解》中是这样写的:

> 孟子曰:"仁之于父子,义之于君臣,至圣之于天道,命也。"有性焉。君子不谓命也。论性之妙而与于天道,虽圣人有所不能知焉。闻即是知可得而闻者,可以与知之谓也;不可得而闻者,亦有所不能知之谓也。[1]

---

[1] 《宋·游酢文集》卷三,《论语杂解·"夫子之文章"章》,延边:延边大学出版社,1998年,第98页。

游酢引用孟子的论述,指出孟子把"仁"相对于父子关系,"义"相对于君臣关系,最高的智慧相对于"天道",理解为是由"天命"所决定的。

游酢特别指出,性(指人的本性)是人禀受"天命"而生的。君子是不谈"天命"的。在谈到"性"的奥秘和"天道"问题的时候,游酢又认为,即使是圣人,也有对事物不知晓的方面,既然"天道"是最高的智慧,一切都是由"天命"而产生的,那么对于人来说,其本性就是由"天命"所决定。所以对于君子来说,其本性主要不是谈"天命",而是在于如何使自己能够顺从"天道",即规律。游酢认为对"天道"的认识是永无止境的。

中世纪即将结束时,欧洲经历了基督教神权统治最黑暗的一千多年,而在宗教改革之后,为什么会在基督教信仰者中出现许多的科学家,特别是他们能提出一系列的科学理论?反观中国的道教、佛教,还有准宗教性质的民间信仰中,却几乎产生不出现代科学家,也提不出现代科学理论。游酢所阐述的"天道"给了我们很好的启示,他指出即使是圣人,也只是对"天道"中某些方面能够认识,无法对于整个"天道"都能认识,即他所说的"闻即是知可得而闻者,可以与知之谓也;不可得而闻者,亦有所不能知之谓也"。归根结底,游酢认为,"天道"中有许多方面对于人来说,是根本不可能被认识到的。

根据游酢的论述,对于基督教本身来说,不存在任何科学理论。在整个基督教教义中,找不到科学定理。但是,基督教信仰者中却能出现许多现代科学家,并且也提出了许多现代科学理论。为什么会导致这样的结果呢?原因就在于基督教所信仰的"神",即耶和华是未知的"神"。在基督教信仰者看来,耶和华是虚幻的,是通过耶稣这个"三位一体"的"神",担负着耶和华的使命,然后把耶和华的旨意传递给人。

既然所阐述的这个"神"是未知的"神",就使人们要想方设法寻找到耶和华这个"神"。历史进入最黑暗的中世纪神权统治时期,人们还是进行着这样的思考。经过文艺复兴,特别是经过宗教改革,基督教不断地走向平民化,人们对耶和华产生了各种认识,其中不少人就想着必须找到耶和华这个未知的上帝。

如何才能找到耶和华这个未知的上帝呢?这个问题促使一些人用古希腊早已存在的逻辑思维和当时还处在萌芽状态且具有猜测性的一些科学理论进行论证,如从数学、物理学、化学、生物学等各方面进行论证。但是,无论人们怎样进行论证,耶和华这个未知的上帝是根本找不到的,而且总是虚幻的。然而,就是在寻找这个未知的且纯粹是虚幻的上帝的过程中,自觉或不自觉地把对问题进行思考的人引入科学思维,促使人们产生对未知的问题不断地进行探索,从而在基督教信仰者中产生了许多现代科学家,提出了许多科学理论。

相反,对于中国的道教、佛教,特别是准宗教性质的民间信仰来说,所信仰的"神"却是已知的"神"。既然所信的"神"是已知的"神",那么在人与神之间的关系中,与其说是对"神"的信仰和崇敬,不如说是人与神之间所进行着一场交易,如进到寺庙或道观后,给龛台上的"神"点上香,奉上供果,再捐上一些钱,采取各种行为企盼着这个"神"能给自己带来所需要的一切。在民间信仰中这种状况最为突出。

正是因为人们把所信仰的"神"当成是已知的"神",就决定了在人们的思维中,早已知道这个"神"已经存在,虽然也不知这个"神"是什么情形的,但是在各自的精神世界里已经被这个"神"左右了,现实中的人们也就不会再对一些问题进行探索。由此说明了在中国的宗教信仰者中,难以产生现代科学家。

游酢思想具有对这个问题进行探索的萌芽。在游酢看来,圣人并不是全能的人,也并不是什么事都知道的人。圣人的思维与普通人的思维差别在于,圣人能遵循"天道",并且按照"天道"的要求完成"天道"所赋予的使命而已。游酢因此在《中庸义》中指出:

> 唯费也则良知良能所自出,故夫妇之愚不肖,可以与知而能行焉。唯隐也则非有思者所可知,非有为者所可能,故圣人有所不知不能焉。盖圣人者,德之成而业之大也。过此以往则神矣。无方也不可知,无体也不可能,此凡圣皆迷之地也。①

圣人与普通人实际上并没有太大的差别。所存在的差别就是,对于一般人来说,都是能看到和想到的但却不去思考的问题,圣人却能够认真地思考。同样,对于一般的人来说,都是能做到但却不去做的事情,圣人却能够认真地做。因此,圣人与普通人的差别仅仅在于对一些设想敢不敢思考和谋划,对一些事件敢不敢去探索和实践。这就是游酢所阐述的,"盖圣人者,

---

① 《宋·游酢文集》卷四,《中庸义·"君子之道,费而隐"章》,延边:延边大学出版社,1998年,第128页。

德之成而业之大也"。游酢认为,能思考一般人不去思考的问题,能实践一般人不去实践的事,这样的人才是真正的圣人。圣人能站在问题的制高点上,做出伟大的事业,这就是圣人与普通人之间的区别。

游酢认为圣人也是人,圣人所思考的问题和所做的事,实际上都是在一般人力所能及的范围内。至于一般力人所能及范围之外的事,则是由"神"所决定的。因此,游酢的论述使我们进一步认识到,"神"是"无方也不可知,无体也不可能",即"神"是看不见,也摸不着的。游酢所认为的"神"实际上具有未知的因素。

三、中西文化比较中进行的批判

即无论是对中华优秀传统文化,还是对国外一切先进思想文化,所采取的科学态度是必须扬弃,即发扬与抛弃的统一,说得通俗些就是在继承中批判和在批判中继承。作为既是中华优秀传统文化的继承者,又是中华优秀传统文化的批判者来说,我们要在借鉴中华优秀传统文化的过程中,对糟粕的部分必须批判和抛弃;对精华部分虽然要继承,但也不是全盘吸收,必须批判地继承。游酢,这位北宋著名的理学家,即使是对于其思想中的精华部分,我们也不能全盘吸收,同样必须做到与时俱进,根据时代的要求,对其思想在批判地继承的过程中,用最先进的科学文化成果进行改造。如何在借鉴中进行批判地继承,可以从以下方面说明。

(一)将"性善论"绝对化表现出的缺陷加以改变

从儒家到理学总是认为人性是"善"的,对于这个思想我们必须充分肯定。"性善论"所具有的积极方面是表现出对人的充分信任,如作为东方文化的日本来说,把西方文化强调的"性恶论",理解为对人的不信任。东方文化强调的"性善论",是对人的充分信任,这是积极的方面,我们必须予以充分肯定。但是,如果将这种"性善论"予以绝对化,则会走向偏激。对这个问题的认识,游酢的确有着不足之处,如他在《易说》中写的:

> 用贤得民,则我无为也,中心守至正而已,故曰含章。若是者天实临之,降之百祥,将不旋踵矣,故曰有陨自天。盖明君之于天下,安危利

害不惑其心,居中守正,强为善以俟之,所以作元命也。故曰志不舍命。[1]

游酢认为作为统治者来说,能够用贤人就能得到人心。不一定要采取一些措施,只要认定他们心中能保持纯正忠诚即可,不要有再多的考虑,而是要大胆地重用。只要统治者能做到这样,"天"都会看到,福气便会从天而降,各种福气都会赐予他。

游酢还认为,贤明的君主对于天下的安全利害方面,始终能做到心中不会惑乱。他只是处于"中庸"的位置,保持着正道,努力施行善政,等候上天的赐福,因为他所施行的是"天命"。因此,决定了"天命"虽未下行,却因居于尊位,就能使他坚持心志,不放弃"天命"。

游酢的论述表达的意思是,只要重用了贤人,一切事情都好办了。这就是游酢思想所表现的缺陷,这种缺陷表现在于把"性善论"予以绝对化。"性善论"的优点,就是表现为对人的充分信任,但是,这种信任是不能绝对地相信任何一个人。对于一位清官来说,也同样是不能绝对地相信他们的。还是要对他们进行监督、制约与制衡,使他们本身具有的"善"的本性能充分发挥出来。如果不对他们进行监督、制约和制衡,他们依然会从"善"走向"恶"。他们极有可能从一个清官廉吏变成污官贪吏。因此,从儒学到理学,一个不足的方面就是总是把"性善论"予以绝对化,游酢论述的问题正是这样的观点。游酢总是把治国理政的希望寄托在明君、清官、廉吏的身上,提出只要用贤人就可以使天下安定了,这就是他思想中所存在的不足之处。

游酢所强调的"中庸",是有许多积极因素的,并且是十分可取的,"居中守正,强为善以俟之",实际上就是前面所阐述的"中"才是真正的强势,并且可以驾驭左右是同一个道理,"中"才是真正的正道。联系到治国理政方面,对于帝王来说,只有始终坚持一个"中"字,才能成为一个真正有作为的帝王。因为作为帝王,只有坚持了"中",才能做到更好地驾驭各方。同时将各自的意见集中起来,进行分析、综合,形成自己的思想,并将所形成的思想运用到指导治理天下的实践中。

---

[1] 《宋·游酢文集》卷二,《易说·"九五,以杞包瓜"至"志不舍命也"》,延边:延边大学出版社,1998年,第68页。

(二)必须去除愚民思想的束缚

当今社会的现状决定了我们既要看到游酢思想有许多精华部分,同时也要看到其中有不少的糟粕,如他所提出的愚民思想。他在《论语杂解》中写道:

> 夫先王岂以其术智笼天下之民而愚之哉!盖道无方也,反而观之则无己,泛而观之则无物。虎豹得之而猛噬,蛇虺得之而毒螫,厚者见之而为仁,薄者见之而为恶。观老子之学变而为申、韩,则民不可使知之理可见矣。盖其气质或不良,而窃窥其端倪,则适足以逞其不肖之心而已。此小人之童观所以天咎也。[①]

可以看出,一贯主张将儒家作为治国理政理想的游酢却对法家予以认同。他认为,作为统治者来说,为了维护自己的统治,必须把广大的民众变成愚昧者,要想巩固自己的统治,必须不惜一切手段,使民众变成愚昧者。对于民众而言,只要让他们按照统治者的意志去做,而不要让他们知道为什么要这样做。也只有这样,统治者才能更好地维护自己的统治。如果让民众知道了为什么,特别是让民众知道了更深刻的道理,就难以统治民众了。这就是游酢思想中的缺点和不足之处。这种观念与毛泽东同志在《关于领导方法的若干问题》中所论述的从群众中来到群众中去的党的群众路线是背道而驰的。他是这样写的:

> 在我党的一切实际工作中,凡属正确的领导,必须是从群众中来,到群众中去。这就是说,将群众的意见(分散的无系统的意见)集中起来(经过研究,化为集中的系统的意见),又到群众中坚持下去,见之于行动。然后再从群众中集中起来,再到群众中坚持下去。如此循环,一次比一次地更正确、更生动、更丰富。这就是马克思主义的认识论。[②]

---

① 《宋·游酢文集》卷三,《论语杂解·"民可使由之"章》,延边:延边大学出版社,1998年,第108~109页。

② 《毛泽东选集》第三卷,北京:人民出版社,1991年,第899页。

从北宋到近代,在人类社会历史的进程中,将游酢思想和毛泽东同志有关党的群众路线理论这二者进行比较,游酢所论述的问题就是儒家和理学中的糟粕部分。因此,必须坚决摒弃。

如果我们按照游酢的思想去实践,把民众带向了愚昧,就意味着这个社会必将出现落后和倒退。实践证明,能够促进社会发展的思想动力,必须是充分相信和依靠群众。无论是在革命战争年代,还是在今天社会主义建设的年代,都是必须依靠广大人民群众才能够取得胜利。

统治者一旦把民众带向了愚昧,就意味着这个社会必将出现落后和倒退。能够促进社会发展的思想动力,必须是"百花齐放,百家争鸣"。这不仅对人文科学的发展十分有利,而且对自然科学的发展也是十分有利的。

按照游酢所提出的这种思想去治理国家,作为统治者来说,为了巩固自己的统治,对人民实行愚民政策,人民只是盲从,对一些思想问题不能争论时,人文科学是不能得到发展的。对自然科学方面发现的问题同样不能进行争论,故步自封,举步维艰,就不能促进自然科学的发展。这就决定了在思想文化领域内的愚昧,必然会导致在自然科学领域内的愚昧。因此,最终阻碍了整个社会的进步。

(三)对国家制度问题的论述体现的前后矛盾

游酢在肯定"大一统"帝王制的过程中,有时又肯定封建制。"封建",从字面上解释就是封地建邦,如周武王灭了殷商,建立了周天下之后,分别给姬姓者和非姬姓者封了地,让他们建国。小国称为"方国",类似今天的县,也有的只相当于今天的乡镇;若干个方国组成为一个"方伯",即后来的诸侯国,类似于今天的省。司马迁《史记》记载,当周平王东迁洛邑,周天子已经是个空有其名的天子时,"方伯"之间便开始互相征战,即《史记·周本纪第四》中提到的:"周室衰微,诸侯强并弱,齐、楚、秦、晋始大,政由方伯。"[1]很明显,这就是周武王建立周天下时所实行的封建制,即封地建邦。这种封建制延续到东周时,周天下便走向衰落,一直持续到公元前221年,秦始皇统一了全国之后,才结束了封建制,由"大一统"的帝王制所取代。

从历史的观点来看,由封建制发展到"大一统"的帝王制是一个巨大的

---

[1] 《史记》卷四,《周本纪第四》,北京:中华书局,1959年,第149页。

进步。然而,游酢强调帝王必须具有绝对权力和权威,却又认为封建制相较于"大一统"的帝王制,是更加理想的社会制度。他的思想是前后矛盾的,一方面强调"大一统"的帝王制,一方面又赞美封建制的因素,游酢在《陈太平策》中写道:

> 三代以降,自周至今二千年间得大一统者,惟秦、汉、晋、隋、唐而已。秦、隋、晋以贻谋不远,旋踵败亡。汉唐虽传数十世,其间又乱日常多,治日常少。古今一统其难如此,而能保于长且久者,又难如此。[①]

"三代"指的是夏、商、周三个朝代,从游酢的论述中我们可以看出,与"大一统"的帝王制相比,夏、商、周三代实行的封建制是一种更为理想的制度。

游酢认为实行封建制的每个朝代时间都很长,如夏朝达到四百余年,商朝达到六百余年,周朝则达到八百余年。游酢特别强调,周朝持续的时间几乎是秦、汉、魏晋南北朝存在时间的总和。相反,当秦始皇结束了封建制,建立了"大一统"的帝王制之后,一直到隋朝灭亡,仅历时八百三十年左右,而且存在时间较长的汉也只有三百年左右。汉实际上是两个王朝,即西汉和东汉,东汉的世祖刘秀从真正意义上讲是一个"布衣天子";对于秦朝和隋朝,游酢认为统治者由于在决策上缺乏远见,在位时间则更短。不仅如此,即便汉朝是时间比较长的王朝,其间还经常发生各种社会动荡,即游酢所认为的,动荡时间长,社会处于稳定的时间则短。正是因为这样,游酢认为,"大一统"的帝王制要使一个王朝长久地存在下去是很困难的。

游酢在此显然对封建制进行赞扬,他认为封建制比"大一统"的帝王制更理想。为什么他会这样认为呢?原因就在于他认为"大一统"的帝王制,始终没有一个系统的思想来统领社稷,即他所认为的没有用儒家思想来进行统领。然而,游酢继承了二程的理学之后,仍然没有使北宋走向强大,反而在他离世不久后,北宋还被女真族建立的金国打败后南逃,饱含屈辱,过渡到了南宋。

游酢在对历史进行分析和研究时,也发现了宋王朝存在的各种危机。他特别指出,天下的治乱、分合是相互交替的。同时又列举了西汉时期贾谊看到汉文帝在位时天下太平,但却仍然感到存在危机的例子。西汉初期,贾

---

① 《宋·游酢文集》卷六,《陈太平策》,延边:延边大学出版社,1998年,第163页。

谊冲破汉文帝时黄老之学①的束缚，将儒家学说推到了政治前台，制定了"仁"与"礼"相结合的政治蓝图，得到了汉文帝的重视，在历史上留下了深刻的影响。贾谊的"仁义观"带有强烈的民本主义色彩。贾谊从秦的强大与灭亡中，看到了"民"在国家治乱兴衰中所起的至关重要的作用。以这种民本主义思想为基础，贾谊认为施仁义、行仁政，其主要内容就是爱民，"故夫民者，弗爱则弗附"，只有与民以福、与民以财，才能得到人民的拥护。游酢的思想深受其影响。因此，他特别强调，现在的宋王朝从表面上看是一派歌舞升平，实际上是岌岌可危、摇摇欲坠。最主要的原因就是那些大大小小的政府官员领着朝廷的俸禄，无所作为，虚度光阴，从未顾及老百姓的利益，只是想着自己的利益，特别是想着自己如何升官发财。

游酢的一生是从仁宗皇祐五年（1053 年）出生开始，到徽宗宣和五年（1123 年）去世结束。在他一生的七十年中，全国许多地方出现过民反。这些民反最终都被平息了，但宋王朝却是越来越走向危机。特别是他去世后，虽然宋朝与金国联手彻底打败了辽国，然而，由于宋王朝的腐败，对宋统治的地区完全失去了人心，因此，根本抵挡不住金国的进攻，很快被金国打败而南逃，由北宋改朝成了南宋。由此可见，他为这个王朝担忧，其目的就是想着如何使这个走向腐朽没落的宋王朝能够重新振作起来。

能够依靠什么来振兴这个宋王朝呢？游酢认为，要依靠儒家思想。宋初，胡瑗、孙复、石介、周敦颐、张载等人创立和发展了理学，后来二程又予以进一步发展。游酢向二程学习理学之后，便思考着如何将理学作为宋朝的治国理政思想，使宋王朝重新振作起来。然而，事实却相反。为什么会这样呢？在一定程度上就是统治者把儒家思想予以绝对化。甚至可以说，在游酢的同一论述中，是精华和糟粕的同时存在，游酢的思想始终处在一种矛盾之中。因此，游酢这种前后矛盾的思想是根本不可能使这个腐朽没落的宋王朝得以振兴的。

（四）寓情于景以表现一种十分矛盾的心理

游酢也是诗人，他留下来的诗虽然不多，但却折射出他在不同时期的思想。这些诗绝大部分具有积极的方面，但也存在一些消极之处，而消极之处

---

① 黄老之学，为黄帝之学和老子之学的合称，是华夏道学之渊薮。

正是体现了他十分矛盾的心理。他矛盾的心理在一定程度上又是通过对自然界的描写所表现出来的。诗中所反映的矛盾心理，也正是同北宋末年的社会状况密切联系在一起的。北宋末期，政府腐败，民不聊生，如五言律诗《归雁》所写的：

> 天末惊风钯，江湖野思长。
> 悲鸣愁绝塞，接翼冒风霜。
> 泽岸多矰弋，云间乏稻粱。
> 茫然栖息地，饮啄欲何乡？[①]

　　这首诗描写的就是他为官的地方已进入岁末时的景色。通过对高空大雁的描写，这首诗实际上反映了游酢当时的思想状况。他在外为官多年，任期已满，已经到了告老还乡的时候。他所想的却是另一种困境，如果自己回到了家乡，家乡对于他来说早已陌生，除了乡音不改以外，简直就是又到了一个陌生的地方；如果不回家乡，自己已经老了，却孤零零地还在异地，像大雁一样孤独地飞翔。

　　寓情于景，游酢想表达的是社会进入北宋末年，这个时候政府腐朽没落，贪官污吏横行，对于老百姓来说，为了生存，从事一点点小小的生计，有了一点点收入，都被那些贪官污吏层层盘剥；如果他们不从事这些生计，就连生存也难以保证。对于老百姓来说，他们处在进退两难的境地中，从而反映出这个宋王朝的腐朽没落，老百姓到了民不聊生的地步。

　　游酢认为，对于统治者来说，遵循"道"，即坚持公平、正义，就是要顺人心。顺人心必须是"非故矫揉其性，而为不顺从之事也"。不能故意扭曲广大人民的本性，做出使群众从根本上反对的事。这个论述同他所阐述的统治者只要求人民盲目顺从，而不需要人民知道为什么要这样做的思想，形成了鲜明的对比，充满了矛盾。

　　游酢又指出，只有顺从民意，才能达到公平、正义，天下才能很好地得到治理，这是从孔子的思想中总结出来的，由此说明了强调公平、正义是儒家一个十分重要的思想，这正是我们必须批判地继承游酢思想的一个重要方面。在对游酢思想的借鉴中，我们认为，无论是积极的因素还是消极的因

---

① 《宋·游酢文集》卷七，《归雁》，延边：延边大学出版社，1998年，第200页。

素,在对同一个问题的思考中所产生的前后矛盾,我们都要一一列出来,进行比较,决定取舍。

游酢在对上述问题的阐述上,同他所阐述的统治者为了加强自己的统治,必须实行"愚民政策",要用愚民的方法对人民进行引导是互相矛盾的。游酢对同一个问题的论述,经常是精华和糟粕这两个方面同时存在。这就决定了他的思想是不太可能指导这个宋王朝重新振作起来的。正是因为这样,在对他的思想进行批判地继承中必须坚持科学的态度,既不能二者都取,也不能二者都舍,而是要取其积极的因素,舍其消极的因素;对他思想中的积极方面,不能全盘吸收,而是必须批判地继承。

(五)必须重视理论思维

从古至今,我们不缺乏优秀的历史文化,而是缺乏严格的理论思维。虽然历史上包括游酢在内的许多思想家,在表述他们思想的过程中会体现出一定的理论思维,如强调"形而上"等思维。但是,他们并没有真正把"形而上"贯穿到底,而是以"形而下"来统领民众、治理社稷,即以对具体事物的论述为主。游酢的思想正是因为重视的是"形而下",便不能产生真正意义上的现代科学理论。

"形而上"出自《易经·系辞》"形而上者谓之道,形而下者谓之器",是中国古代哲学的重要范畴,儒家哲学中指无形或未成形体的东西,与表示有形的或已成形的东西的"形而下"对称。用来说明"道"(形而上)与"器"(形而下)的关系,即本源、本体和器物、现象的关系。

"形而上者谓之道"。道,宇宙的本源,"形而上"的本体,超越一切世间存在,包括时空能量因果这些存在。"形而下者谓之器"。器,有形的存在,大器者,名也,即文字、文理、真理、公理,是"道"之载体。

上述的"上"与"下",指抽象的相对位置。"道"为上界,统领约束下界作为"器"的自然万物。所以,"道可道,非常道;名可名,非常名。道不可道,可道之道非常道,可名之名非常名",其中"常"是恒的意思,《老子》原文中为"恒道",在汉代为避文帝(刘恒)的讳,才改为"常","常"即永恒。可以说出来的"道"不是真正的"道",可以说出来的"名"不是真正的"名"。大道只可意会不可言传。按道家学说,"形而上者"超越了一切世间存在,包括精神思想意识这些存在。

"道"是一切的本源所在,而人的思想意识精神是由"道"而生的、不永恒的存在,故不可认为"形而上"就是精神方面的抽象思维。人的精神思想意识,均属于"形而下"的"器",包括时间、空间在内的一切概念,也只是接近真理而并非真理,是"形而下"的"器",我们所能说和所能想的,均不离"器"的范畴,"道"是说不出也想不出的,说出想出即变质,离"道"远矣。

所谓"形而上",我们可以将其解读为理论思维。中国古代思想家对这个问题都予以深刻论述,指出"形而上"是一个总的指导思想,是理论思维,是"道";"形而下"是指具体问题,或者是具体事物等。游酢对这个问题予以继承和发展,他在《论语杂解》中写道:

> 形而上者,谓之道;形而下者,谓之器。君子体夫道者也,故不器。不器则能圆能方,能柔能刚,非执方者所与也。[1]

在游酢看来,君子所要掌握的是"形而上",即以掌握"道"为主,而不是以掌握"形而下",即具体的事物为主。

游酢对这个问题的论述是十分深刻的。但是,问题就在于游酢同中国历史上的诸多思想家一样,对于"形而上"的问题却没有融会贯通。我们在对游酢的论述进行借鉴时,必须指出,我们不缺乏具体的发明创造能力,我们也不缺乏深刻而优秀的思想文化,即"形而下"。我们所缺乏的是系统化的理论思维,即"形而上"。因此,对中华优秀传统文化进行借鉴的过程中,我们不能忽视对"形而上"问题的研究,形成系统的"形而上"理论。

游酢认为君子最重要的就是强调一个"道"字,即哲学思维,而不是沉浸在具体事物中。只有掌握了"道",才能把握和驾驭事态的发展和进程。我们对此进行的借鉴就在于,对于一个国家和一个民族来说,重要的是要建立自己国家和民族的理论思维,即建立自己的哲学体系。这样,才能使国家和民族真正屹立于世界之林。恩格斯对这个问题论述得十分清楚,他指出:"一个民族想要站在科学的最高峰,就一刻也不能没有理论思维。"[2]我们引用游酢和恩格斯的论述的目的就在于,一个国家、一个民族建立自己独特的理论思维在今天是刻不容缓的事。一个国家、一个民族只有建立自己的理

---

① 《宋·游酢文集》卷三,《论语杂解·"君子不器"章》,延边:延边大学出版社,1998年,第89页。

② 《马克思恩格斯选集》第三卷,北京:人民出版社,1972年,第467页。

论思维,才能不断地创新和发展。以科学技术为例,一个国家如果没有自己的理论思维,那只能把国外先进的产品引进来,进行拆装,然后进行模仿,一直在复制;国外如果有了更新的产品,再引进来,再进行拆装,再进行模仿,一直循环反复,是不可能赶上和超过世界先进水平的。

我们以古代欧洲的炼金术和古代中国的炼丹术为例,二者最初都是属于巫术。但是,由于欧洲主要国家经过文艺复兴之后形成了自己的理论思维,所以能在这个基础上,把纯粹属于巫术的炼金术演变成为现代化学。特别是 19 世纪末至 20 世纪初,俄国化学家德米特里·门捷列夫(1834—1907年)总结发表了元素周期表,到今天虽然已经有一个多世纪,许多科学理论随着实践的发展都在不断地被否定和更新,但是,只要是在常规状态下,元素周期表都能解释化学元素的状态。而当时的中国因为缺乏理论思维,即只注意到"形而下",就使炼丹术不仅没有形成现代化学理论,而且在民间至今都没有摆脱出巫术的困扰。

游酢虽然意识到了理论思维,即认识到"形而上"的重要性,并且也指出掌握了"形而上"就能在一定程度上把握和驾驭事态的发展和进程,但是,游酢没有把"形而上"贯穿到底。游酢所论述的许多优秀而深刻的思想几乎是停留在碎片化的言论上,没有系统性。所以,我们对游酢的思想必须在借鉴中进行批判地继承,将优秀的思想上升到理论思维的高度。

结　语

　　我们论述的问题,就是希望通过对游酢思想的研究,提出对他的思想进行借鉴,借鉴的实质在于批判地继承。吸取精华,抛弃糟粕,使当今的我们既是中华优秀传统文化的传承者,又是中华优秀传统文化的批判者,能够对中华优秀传统文化在传承中批判,在批判中传承。

　　对游酢的思想进行借鉴时还必须认识到,任何一种思想文化,如要保持强大的生命力,都不能故步自封,而是必须不断地走向开放,要不断地适应新形势,批判地吸收最新的科学文化成果。如果不能适应新形势,就容易走偏,甚至走入死胡同。思想文化无论多么地优秀,在历史上曾经多么地辉煌,如果不能做到与时俱进,不能够接受新的科学文化成果,那就不能适应新形势下其他领域文化的挑战,只能在内部进行没有目的的挖掘。这样是提不出什么新思想的,只不过就是寻求一种精神寄托而已。因此,我们研究并借鉴游酢的思想时,一定要认识到这个问题。

　　我们同样还要认识到,如同在"导言"中提及的,我们不缺乏优秀的思想文化,也不缺乏辉煌的历史,我们缺乏的是逻辑思维,缺乏的是对历史文化进行深刻的反思。正是因为对历史文化缺乏深刻的反思,所以我们难以去除深藏在文化中的一些劣根性因素。久而久之,那些本来优秀的传统思想文化,却演化成为沉重的历史文化包袱,就极有可能使文化中所存在的劣根性因素演变成劣根性文化。为了说明这个问题,我们不妨对历史进行简要的回顾。

　　绵延五千多年的中华文化是世界上最优秀的文化之一。如果从文明冲突的角度去认识,当时的世界只有先进的农耕文明和落后的游牧文明。在先进的农耕文明与落后的游牧文明的冲突中,前者历史上曾多次被后者用武力征服过。最后的结果却是落后的游牧文明被先进的农耕文明所同化,即被征服者同化了征服者,而不是征服者同化了被征服者。农耕文明被游牧文明用武力征服之后,却在文化上同化了游牧文明。

然而,进入清朝初期,这个时候的欧洲早已完成了文艺复兴和宗教改革。1640年的英国资产阶级革命,使英国几经周折后成为世界上第一个由市民阶层和贵族阶层妥协后进行较为公平竞争的代议制国家。18世纪见证了法国的思想启蒙。18世纪60年代左右,英国发生了以蒸汽机运用在生产过程中的工业革命,使欧洲主要国家进入工业文明。再往前追溯到15世纪末和16世纪上半叶,哥伦布发现美洲新大陆;麦哲伦于1521年在海上探险中因病去世后,他带领的船队继续探险,终于在1522年发现了我们居住的这个世界其实是一个圆球,从而使欧洲主要国家进入海洋文明时代。在英国发生工业革命的同时,法国也于1789年爆发了大革命。与上述社会变革相伴而生的是新科学,如数学、机械学、物理学、化学、生物学、现代医学,从而推动了欧洲社会突飞猛进的发展。

与此同时,一直处于绝对强势的中国农耕文明却是停滞不前了。明朝永乐年郑和七下西洋之后,明朝政府则是时而实行海禁,时而又开放,使人们对这个政府的行为捉摸不定。因此,中国社会难以发展。清朝之后,清政府彻底实行了海禁,中国一直停留在大陆文明、农耕文明之中。但是,由于中国的农耕文明、大陆文明,还未同欧洲的工业文明、海洋文明有更多的接触,一时间还不知道如何选择。

1840年的鸦片战争,大清败给了英国,一些历史学家才开始将一些碎片化的言论,提升到理论思维的高度进行认识,从而认识到是农耕文明、大陆文明败给了工业文明、海洋文明。这已经不再是历史上游牧文明用武力征服了农耕文明之后,在文化上却仍然是被先进的农耕文明的文化同化了。这个时候是英国等西方列强以及经过1868年明治维新之后走向强大的日本等强国,不仅在军事上战胜了中国,而且在思想文化上也不断地冲击中国传统文化。先进的科学技术、进步的思想文化不断地涌入中国,现代科学中的数学、物理学、化学、生物学、机械学、电磁学、建筑学、农学、医学等传播到了中国的课堂,使以儒家为主的中华文化,特别是以教授“之乎者也”为主的教育制度,很难抵挡先进文明的进程。

简要回顾这段历史后所要阐明的就是,任何一种文化,无论是在历史上还是在现代社会中如何优秀和强势,如果不对各种先进的科学文化进行批判地吸收,不断地同先进的科学文化加以融合,而是故步自封,那么这种文化必然会在时代的进程中凸显衰退的局势,最终抵挡不了先进科学文化的冲击。因此,我们研究和借鉴游酢的思想,在对其思想进行批判继承的同时,还要同当今最新的科学文化成果融合在一起,使之成为一种新的思想文化,顺应时代的潮流,推动中国社会的不断前进和发展。

附录一　游定夫酢先生年谱

宋仁宗皇祐五年(1053 年)癸巳二月十五午时,生于建州(治今建瓯)建阳县禾坪里富垄自然村。

嘉祐五年(1060 年)庚子,年八,善文,人称神童。

宋英宗治平元年(1064 年)甲辰,年十二,潜心攻读孝经。

宋神宗熙宁元年(1068 年)戊申,年十六,与兄游醇(字质夫)一起拜族叔游复(字执中)为师就读于家塾。

熙宁三年(1070 年)庚戌,年十八,同叶敦礼、施景明从江处中先生游于集公山。

熙宁五年(1072 年)壬子,年二十,赴京师预考,拜见程颐先生,先生称之"其资可与适道"。同年八月,程颢先生任扶沟(在今河南省)县令,便在扶沟县开堂讲学,广授弟子。二程召请游酢前往,礼聘为大程书院山长,继续研究二程理学思想。

熙宁六年(1073 年)癸丑,年二十一,赴礼部参加考试不中,补入太学生。

熙宁八年(1075 年)乙卯,年二十三,程颢先生礼聘游酢任扶沟县教谕,参加太学生,推荐考核。

元丰四年(1081 年)辛酉,年二十九,与杨时、谢良佐等拜程颢为师。录有《明道先生语》。

元丰五年(1082 年)壬戌,年三十,登状元黄裳(福建南平人)榜进士。

元丰六年(1083 年)癸亥,年三十一,调越州萧山县尉,次年赴任。长子游撝出生。

元丰八年(1085 年)乙丑,年三十三,官于萧山县,被荐,召为太学录。同年六月底闻程颢先生讣,设灵位哭于寝门,作《明道先生行状》一文深表悼念。次子游拟出生。

宋哲宗元祐元年(1086 年)丙寅,年三十四,官太学录,改宣德郎,升博士。

元祐二年(1087 年)丁卯,年三十五,官博士,以家贫奉养宗亲不便为由,请求就近安排为河清县知县。

元祐三年(1088 年)戊辰,年三十六,官河清县。四月,三子游拂出生。

元祐四年(1089 年)己巳,年三十七,官河清县,是时,范忠宣公(范纯仁,范仲淹次子)为河南判官,礼遇游酢如国士,有疑难课题常同他探讨,请他参与制定政策。随同范公移守颖昌,任府学教授。

元祐五年(1090 年)庚午,年三十八,生四子游损。

元祐七年(1092 年)壬申,年四十,任教授,范公还朝,任给事中要职,提升游酢为太学博士衔。同年七月,五子游揻出生。

元祐八年(1093 年)癸酉,年四十一,官太学博士,仍好学不辍,寒冬季节,携同好友杨时,前往洛阳,以师礼求见程颐先生,留下"程门立雪"尊师好学之千古佳话。

绍圣元年(1094 年)甲戌,年四十二,官博士。六月,第六子游捄出生。

绍圣二年(1095 年)乙亥,年四十三,范公罢政,酢亦请外调,任签书齐州判官厅公事。同年十二月,唯一小女出生,该女十六岁嫁给杨时次子杨遹为妻。

绍圣三年(1096 年)丙子,年四十四,官齐州。十月,父丧,解官居丧,筑草堂于豸山之麓,著《论孟杂解》《中庸义》。

元符二年(1099 年)己卯,年四十七,正月服阙,二接调泉州签判调令,在武夷山五曲筑"水云寮"为讲论之所,著《易说》《诗二南义》。

元符三年(1100 年)庚辰,年四十八,赴泉州任,正月,宋徽宗即位,召还京任监察御史。

宋徽宗建中靖国元年(1101 年)辛巳,年四十九,官监察御史,在朝评论士风问题。第七子游握出生。

崇宁元年(1102 年)壬午,年五十,官监察御史,出知和州(在今安徽省)。

崇宁二年(1103 年)癸未,年五十一,任和州知州。

崇宁三年(1104 年)甲申,年五十二,官和州知州,同年调任管勾南京(在今河南商丘)鸿庆宫,居太平州知州。

崇宁四年至大观四年(1105—1110 年),年五十三至五十八,仍知太平州。

政和元年(1111 年)辛卯,年五十九,调任汉阳军知府。

政和二年(1112 年)壬辰,年六十,继任汉阳知府。

政和三年(1113 年)癸巳,年六十一,仍任汉阳知府。

政和四年(1114 年)甲午,年六十二,任汉阳知府时,因母亲年老,再三请求任提点生长观。

政和五年(1115 年)乙未,年六十三,七月,母逝,解官守孝。

政和六年(1116 年)丙申,年六十四,仍居制守孝。

政和七年(1117 年)丁酉,年六十五,阙服调任舒州知州。

重和元年(1118 年)戊戌,年六十六,继任舒州知州。

宣和元年(1119 年)己亥,年六十七,官舒州,调任濠州知州。

宣和二年(1120 年)庚子,年六十八,官濠州,不数月,罢归寓居历阳(在今安徽含山)家中。

宣和五年(1123 年)癸卯,年七十一,五月廿三以疾终于正寝。时十二月丙午用公治命与夫人吕氏合葬于和州含山县车辕岭(在今安徽含山)之源。杨时撰其墓志铭。

附录二　豺山八景图

出自清同治《富垄游氏宗谱》卷二

参考文献

一、典籍

《论语》,王介宏校订,天津:天津古籍出版社,1998年。

《孟子》,王介宏校订,天津:天津古籍出版社,1998年。

《诗经》,张湘泽校订,天津:天津古籍出版社,1998年。

《大学》,韩路校订,天津:天津古籍出版社,1998年。

《中庸》,韩路校订,天津:天津古籍出版社,1998年。

《周易》,韩路校订,天津:天津古籍出版社,1998年。

《尚书》,韩路校订,天津:天津古籍出版社,1998年。

《礼记》,韩路校订,天津:天津古籍出版社,1998年。

《春秋三传》,王敏、杜孝义校订,天津:天津古籍出版社,1998年。

《老子》,王敏校订,天津:天津古籍出版社,1998年。

《庄子》,何锡运校订,天津:天津古籍出版社,1998年。

《慎子》,韩路校订,天津:天津古籍出版社,1998年。

《孝经》,张湘泽校订,天津:天津古籍出版社,1998年。

《墨子》,韩路校订,天津:天津古籍出版社,1998年。

《荀子》,杜孝喜校订,天津:天津古籍出版社,1998年。

《吕氏春秋》,杜孝喜校订,天津:天津古籍出版社,1998年。

《金刚经》,鸠摩罗什译,天津:天津古籍出版社,1998年。

《黄帝内经》,张景明诠释,天津:天津古籍出版社,1998年。

《山海经》,(汉)刘歆编订,天津:天津古籍出版社,1998年。

《商君书》,史峰校订,天津:天津古籍出版社,1998年。

(汉)刘安等:《淮南子》,张玉峰校订,天津:天津古籍出版社,1998年。

(汉)王符:《潜夫论》,张显清校订,天津:天津古籍出版社,1998年。

(汉)王充:《论衡》,李福宪校订,天津:天津古籍出版社,1998年。

(汉)许慎:《说文解字》,孙振田校订,天津:天津古籍出版社,1998年。

(汉)于吉:《太平经》,龙晦等人校订,北京:中国古籍出版社,1983年。

(晋)葛洪:《抱朴子》,张湘泽校订,天津:天津古籍出版社1998年

(晋)陶潜:《陶渊明集校笺》,龚斌校笺,上海:上海古籍出版社,1998年。

(北魏)郦道元:《水经注》,陈桥驿校订,北京:中华书局,1986年。

(隋)颜之推:《颜氏家训》,王文辉校订,天津:天津古籍出版社,1998年。

(唐)柳宗元:《柳宗元集》,吴文治等人校订,北京:中华书局,1977年。

(宋)严羽:《沧浪诗话》,郭绍虞校订,北京:人民文学出版社,1961年。

(宋)陈亮:《陈亮集》,北京:中华书局,1977年。

(宋)叶适:《习学记言序目》,北京:中华书局,1977年。

(宋)黎靖德编:《朱子语类》,王星贤校订,北京:中华书局,1986年。

(宋)陆九渊:《陆象山全集》,叶航校订,北京:中国书店出版社,1992年。

(宋)司马光:《资治通鉴》,蔡美彪校订,北京:中华书局,1975年。

(宋)吕祖谦:《东莱博议》,王云五校订,上海:世界书局,1936年。

(宋)朱熹、吕祖谦:《近思录》,陈荣捷校订,北京:中国古籍出版社,2008年。

(宋)周密:《齐东野语》,朱菊如校订,北京:中华书局,1983年。

(宋)叶隆礼:《契丹国志》,贾敬颜、林荣贵校订,上海:上海古籍出版社,1985年。

(宋)汪元量:《增订湖山类稿》,孔凡礼辑校,北京:中华书局,1984年。

(明)王守仁:《传习录》,萧无陂校订,武汉:长江文艺出版社,2015年。

(明)王夫之:《读通鉴论》,北京:中华书局,1975年。

(明)王夫之:《周易外传》,北京:中华书局,1977年。

(明)李贽:《焚书 续焚书》,陈仁仁校订,北京:中华书局,1975年。

(明)冯梦龙:《警世通言》《醒世恒言》《喻世明言》,北京:人民文学出版社,1981年。

(明)凌濛初:《初刻拍案惊奇》《二刻拍案惊奇》,北京:人民文学出版社,

1981 年。

(明)李西月编:《张三丰全集》,董沛文、芮国华校订,广州:花城出版社,2001 年。

(明)郝懿行:《尔雅义疏》,王其和、吴庆峰、张金霞校订,北京:中华书局,1986 年。

《宋·游酢文集》,延边:延边大学出版社,1998 年。

《杨龟山集》,王云五点校,北京:商务印书馆,1947 年。

《孙中山选集》,北京:人民出版社,1956 年。

《毛泽东选集》1～4 卷,北京:人民出版社,1962、1977 年。

《邓小平文选》,北京:人民出版社,1993 年。

李富华:《佛教学》,台北:天山出版社,1992 年。

圣一法师:《〈金刚经〉注释》,台北:天山出版社,1992 年。

傅筑夫:《中国古代经济史概论》,北京:商务印书馆,1982 年。

傅筑夫:《中国封建社会经济史——秦汉时期经济史》,北京:商务印书馆,1982 年。

侯外庐:《中国哲学史》,北京:人民出版社,1984 年。

张岱年:《中国哲学大纲》,北京:人民出版社,1986 年。

汤用彤:《汉魏晋南北朝佛教史》,北京:人民出版社,1978 年。

二、译著

[古希腊]色诺芬:《经济论》,张伯健、陆大年译,北京:商务印书馆,1981 年。

[古希腊]柏拉图:《理想国》,王晓朝译,北京:商务印书馆,1981 年。

[古希腊]亚里士多德:《物理学》,张竹明译,北京:商务印书馆,1981 年。

[古希腊]亚里士多德:《政治学》,吴寿彭译,北京:商务印书馆,1981 年。

[古希腊]亚里士多德:《雅典政制》,日知、力野译,北京:商务印书馆,2006 年。

[古罗马]瓦罗:《论农业》,王家绶译,北京:商务印书馆,1981 年。

〔古罗马〕奥勒留:《沉思录》,宋和坤译,北京:商务印书馆,1981 年。

〔古罗马〕奥古斯丁:《忏悔录》,向云常译,北京:商务印书馆,1981 年。

〔英〕托马斯·莫尔:《乌托邦》,戴镏龄译,北京:商务印书馆,1980 年。

〔意〕康帕内拉:《太阳城》,陈大维译,北京:商务印书馆,1980 年。

〔德〕安德里亚:《基督城》,黄宗汉译,北京:商务印书馆,1980 年。

〔英〕欧文:《欧文选集》,柯象峰、何光来、秦果显译,北京:商务印书馆,2011 年。

〔法〕圣西门:《圣西门选集》,王燕生等译,北京:商务印书馆,1983 年。

〔法〕傅立叶:《傅立叶选集》,赵俊欣等译,北京:商务印书馆,1984 年。

〔法〕梅叶:《遗书》,陈太先等译,北京:商务印书馆,1996 年。

〔英〕霍布斯:《利维坦》,黎思复、黎廷弼译,北京:商务印书馆,1980 年。

〔英〕洛克:《政府论》,叶启芳、瞿菊农译,北京:商务印书馆,1986 年。

〔法〕卢梭:《社会契约论》,李平沤译,北京:商务印书馆,1981 年。

〔法〕卢梭:《论人类不平等的起源和基础》,李常山译,北京:商务印书馆,1981 年。

〔法〕孟德斯鸠:《论法的精神》,许明龙译,北京:商务印书馆,1981 年。

〔意〕但丁:《论世界帝国》,朱虹译,北京:商务印书馆,1980 年。

〔意〕马基雅弗里:《君主论》,时殷弘等译,长春:吉林出版集团,2003 年。

〔意〕马其雅弗里:《佛罗伦萨史》,李话译,西宁:青海人民出版社,2003 年。

〔英〕莎士比亚:《莎士比亚全集》,朱生豪等译,北京:人民文学出版社,1984 年。

〔意〕马可·波罗:《马可·波罗游记》,陈开俊等译,北京:商务印书馆,2008 年。

〔英〕哈贝马斯:《后形而上学》,曹卫东等译,北京:商务印书馆,1981 年。

〔美〕维纳:《控制论》,赫季仁译,北京:商务印书馆,1984 年。

〔英〕鲍桑葵:《美学史》,张今译,北京:商务印书馆,1981 年。

〔法〕萨特:《存在与虚无》,陈谊良等译,北京:商务印书馆,1983 年。

〔法〕勒内·格鲁塞:《草原帝国》,谭发瑜译,西宁:青海人民出版社,2003 年。

［德］谢林:《先验唯心论》,梁志学、石泉译,北京:商务印书馆,1976 年。

［德］黑格尔:《逻辑学》,杨一之译,北京:商务印书馆,1982 年。

［德］黑格尔:《小逻辑》,贺麟译,北京:商务印书馆,1982 年。

［德］黑格尔:《法哲学原理》,范扬、张启泰译,北京:商务印书馆,1982 年。

［匈］卢卡奇:《历史与阶级意识》,杜章智、任立、燕宏远译,北京:商务印书馆,1998 年。

［意］安东尼奥·葛兰西:《狱中札记》,曹雷雨、姜丽、张跣译,重庆:重庆出版社,2016 年。

［波兰］弗·兹纳涅茨基:《知识人的社会角色》,郏斌祥译,南京:译林出版社,2000 年。

［美］德莱塞:《欲望三部曲》,裘柱常等译,上海:上海译文出版社,1979 年。

［英］狄更斯:《远大前程》,主万、叶尊译,北京:人民文学出版社,1980 年

［英］劳伦斯:《冬日》,肖宜中等译,兰州:甘肃民族出版社,1994 年。

［法］维克多·雨果:《悲惨世界》,柳九鸣译,北京:人民文学出版社,1980 年。

［俄］列夫·托尔斯泰:《复活》,草婴译,上海:上海译文出版社,1983 年。

［俄］普希金:《普希金诗选》,田国彬译,北京:北京燕山出版社,2000 年。

［美］查尔斯·霍顿·库利:《人类本性与社会秩序》,包凡一、王湲译,北京:华夏出版社,1987 年。

［美］马斯洛等:《人的智能和价值》,林方译,北京:华夏出版社,1987 年。

［英］安东尼·吉登斯:《第三条道路》,郑戈、黄平译校,北京:北京大学出版社,2000 年。

后 记

　　多年来,我大量地阅读"二十四史"、《清史稿》、《资治通鉴》等史书,以及中国古代许多思想家的著作,特别是两宋思想家的著作,乃至今天研究理学的论文和著作;同时,我还大量阅读西方从古希腊、古罗马到中世纪,再到文艺复兴、宗教改革、启蒙运动,一直到现代许多思想理论方面的著作。在阅读的过程中,我作了大量的读书笔记。翻阅读书笔记时,一直想着如何将中国的理学与西方思想在比较中加以融合,写一部关于这方面的论著。因此,在对如同小山一般的读书笔记进行整理后,这部书稿的框架才得以形成。

　　武夷学院游酢学术文化研究所的游雪琴老师得知我更倾向研究朱熹和杨时,极力向我介绍游酢的生平和游酢的文集,积极地鼓动我创作有关游酢的专著。她在得知我的初稿形成后,第一时间与我取得了联系,花了大量时间对初稿进行初审,从文字、标点符号到语序,都认真细致地修改,对摘录的《宋·游酢文集》原稿进行认真的校对,特别是对专著中大量哲学词汇和古代思想家尽可能做了注释;著作中还补充了游定夫先生年谱和清同治《富垄游氏宗谱》中记载的《豸山八景图》,极大丰富了初稿的内容,使这本专著更具有可读性。我非常欣慰的是在我创作的过程中遇到了这位游酢二十九代后裔,是她的抛砖引玉和鼎力加持成就了这部专著。

　　与此同时,我又将写书稿一事告诉了我的恩师高令印教授。当时,他十分愉快地对我说,稿子写好后请寄给他,他将对书稿提出修改意见并为我作序。恩师高令印教授收到了我的书稿之后,不顾八十多岁的高龄,用了五十多天的时间,逐字逐句认真地审阅,并且提出修改意见,又用了一个多星期的时间为书稿作序。

　　在写这部书稿的过程中,最使我感动的还是游雪琴老师。她全力以赴为我协调书稿的出版事宜,让我没有后顾之忧;在交付出版社之前,她按编辑的要求认真修改书稿,其间始终与我保持联系,遇到不理解的地方总是及时与我沟通,不厌其烦地修改再修改,历时一年多的时间。我们彼此分工,相互配合,直至把书稿交付出版社。她从事的虽然是审计专业,但是她的文字功底和治学作风让我深感敬佩。

文章的结尾,我向恩师高令印教授和游雪琴老师致以谢意,并将此书献给恩师高令印教授!我还要表示感谢的有:德高望重的福建省政协原主席游德馨先生,九十三高龄为著作撰写书名;身居北京的程利田副教授,千里之外总是惦记着书稿什么时候出版;湖北省咸宁市的游爱民先生,百忙中为《豸山八景图》修图;武夷学院张品端教授,多次前往厦门大学出版社协调出版事宜;武夷学院兰宗荣教授,为游酢年谱提供了翔实的资料;游嘉瑞先生;项小玲女士;詹石窗先生⋯⋯

2023 年 4 月 15 日,游德馨先生在福建省姓氏源流研究会游氏委员会换届大会上的讲话中总结了游酢的四大贡献。第一个功劳就是在理学史上"承先启后""继往开来""载道南传"。游酢把祖国的文化遗产保存下来,传承下去,所以人家称他是"道南儒宗"。第二是"程门立雪",为我国"尊师重教"树立了榜样,代代相传,至今仍然是社会美德而得以传承。第三是开创了闽学先河。游酢南归以后在武夷山建水云寮,著书立说,收徒讲学。他的门人黄中、胡宪,后来就是朱熹的老师。第四就是在人品方面德才兼备、为官清廉,乃后世楷模。

在此,我也向业界专家学者呼吁,"闽学鼻祖"游子定夫先生,这位伟大的理学先驱,不应该被我们遗忘,特别是读书人更要做到尊师重道,更要常怀感恩之心。

感谢福建社会科学院·中国社科院哲学所宋明理学研究中心游酢学术文化研究所提供的平台,让我在退休之龄,能够学有所长、学以致用;感谢厦门大学出版社,接纳我笨拙的作品。我亦担心由于我水平有限,书中难免会出现疏漏和错误。因此,衷心地请读者、专家学者们赐教,并且愿意同大家一起不断地学习、不断地探索,为弘扬中华优秀传统文化奉献绵薄之力。

今年是游子定夫先生和杨子中立先生 970 周年诞辰,游酢携杨时"程门立雪"930 周年,游子定夫先生逝世 900 周年,谨以此书向先贤致以敬意!

陈 璋
2023 年 4 月 20 日